(사) 한국어문회 주관
한국한자능력검정회 시행

합격, 실력UP

한자漢字
능력검정시험

<최신 개정판>

조규남 엮음

조규남 선생님의
합격보장 자원풀이

• 핵심정리장
  (자원풀이 포함)
• 쓰기장
• 예상문제

5급·5급Ⅱ

태평양저널

조 규 남 (曺 圭 南)

성균관대학교 문과대학 한문학과 졸업
성균관대학교 대학원 졸업(한문교육전공)
민족문화추진회 국역연수부 졸업
대한민국 미술대전 서예부문 입선(미협)
추사김정희선생추모 전국휘호대회 초대작가
소사벌서예대전 초대작가
도원서예 원장
성균관대학교 강사(「금석서예」지도)
원광대학교 초빙교수

100% 합격보장하는 자원풀이 **한자능력 검정시험 5급·5급Ⅱ**

2012년 11월 30일 2쇄 인쇄
2025년 1월 20일 15쇄 발행

엮은이 : 조 규 남
펴낸이 : 박 종 수
펴낸곳 : 태평양저널.(서울특별시 영등포구 신길5동 339-119.)
전　화 : (02)834-1806
팩　스 : (02)834-1802
등　록 : 1991. 5. 3.(제03-00468)
ⓒ 조규남2007

정가 11,000원

이 책의 무단 복제, 복사, 전재는 저작권법에 저촉됩니다.
잘못 만들어진 책은 바꾸어 드립니다.

ISBN 89-90642-93-6 13710

감 수 문 (監 修 文)

우리나라는 한자문화권에 속해 있다.

우리는 수천 년 동안 한자(漢字)와 더불어 생활해왔기 때문에 한자는 알게 모르게 우리의 생활 깊숙이 들어와 있다. 한자가 비록 외국의 문자이긴 하지만 우리 민족은 한자를 맹목적으로 받아들인 것이 아니고 한자를 이용하여 우리의 문화를 풍부하게 하는 슬기를 발휘하였다. 지금 우리들에게 남겨진 찬란한 민족문화의 유산이 바로 그것이다. 그러므로 우리는 좋든 싫든 한자를 떠날 수 없게 되어 있다.

그동안 파행적인 어문정책으로 인하여 학생들의 한자학습에 커다란 어려움을 겪기도 하였으나, 근년에 한자학습의 필요성이 새롭게 인식되어 그 열기가 전국적으로 확산되고 있는 것은 늦은 감이 있으나마 지극히 다행스러운 일이다. 특히 초등학교 학생들의 학습 전반에 걸쳐 한자가 차지하는 비중은 거의 절대적이라 할 수 있다. 각 교과목에 나오는 학습용어(學習用語)들이 대부분 한자어로 되어 있어 한자를 익히면 내용의 절반 이상을 저절로 이해할 수 있기 때문이다. 더구나 표의문자(表意文字)인 한자의 특성상 한자학습은 학생들의 사고력을 증진시키고 조어력(造語力)을 향상시킨다. 또한 이 어지러운 시대에 한자학습은 학생들의 인성교육(人性敎育)에도 커다란 공헌을 하고 있다.

이러한 시대적 요구에 부응하여 조규남군이 이 책을 편찬한 것은 참으로 훌륭한 일이라 하겠다. 조규남군은 성균관대학교 한문학과에서 내가 직접 가르친 제자이다. 조군은 성균관대학교 한문학과를 졸업하고 교육대학원에서 한자교육 연구로 석사학위를 취득했으며, 재능교육에서 다년간 한자 학습지 편찬을 주관하다가 뜻한 바 있어 지금은 아담한 교실을 마련하여 학생들에게 한자와 서예를 지도하고 있다. 항상 단정한 몸가짐으로 선비의 품성을 갖춘 조규남군이, 한문학과에서 공부한 한문학 지식과 대학원에서 연구한 학습이론을 바탕으로 펴낸 이 책이 한자를 공부하려는 학생들에게 등대와 같은 길잡이가 되리라는 것은 믿어 의심치 않는다.

성균관대학교 한문학과 교수   문학박사   송 재 소

■ 미리 읽어보는 시험대비 기본지침자료

◆ (사)한국어문회 전국한자능력검정시험

◆ 응시자격
모든 급수에 누구나 응시가능.

◆ 시험일정
1년에 4회 실시(인터넷 www.hangum.re.kr 및 주요 일간지 광고면 참조).

◆ 원서접수
1. 방문접수 : 각 고사장 접수처.
2. 인터넷접수 : www.hangum.re.kr 이용.

◆ 합격자 발표
시험일 한 달 뒤, 인터넷(www.hangum.re.kr)과 ARS(060-800-1100)로 발표함.

◆ **공인급수**는 1급·2급·3급·3급Ⅱ이며, **교육급수**는 4급·4급Ⅱ·5급·5급Ⅱ·6급·6급Ⅱ·7급·7급Ⅱ·8급입니다.

❖ (사)한국어문회 **전국한자능력검정시험 급수구분 및 문제유형에 따른 급수별 출제기준**

문제유형 \ 급수구분	8급	7급Ⅱ	7급	6급Ⅱ	6급	5급Ⅱ	5급	4급Ⅱ	4급	3급Ⅱ	3급	2급	1급
독음(讀音)	24	22	32	32	33	35	35	35	32	45	45	45	50
한자(漢字) 쓰기	0	0	0	10	20	20	20	20	20	30	30	30	40
훈음(訓音)	24	30	30	29	22	23	23	22	22	27	27	27	32
완성형(完成型)	0	2	2	2	3	4	4	5	5	10	10	10	15
반의어(反義語)	0	2	2	2	3	3	3	3	3	10	10	10	10
뜻풀이	0	2	2	2	2	3	3	3	3	5	5	5	10
동음이의어(同音異義語)	0	0	0	0	2	3	3	3	3	5	5	5	10
부수(部首)	0	0	0	0	0	0	0	3	3	5	5	5	10
동의어(同義語)	0	0	0	0	2	3	3	3	3	5	5	5	10
장단음(長短音)	0	0	0	0	0	0	0	0	3	5	5	5	10
약자(略字)·속자(俗字)	0	0	0	0	0	0	3	3	3	3	3	3	3
필순(筆順)	2	2	2	3	3	3	3	0	0	0	0	0	0
읽기 배정한자	50	100	150	225	300	400	500	750	1,000	1,500	1,817	2,355	3,500
쓰기 배정한자	-	-	-	50	150	225	300	400	500	750	1,000	1,817	2,005
출제문항(개)	50	60	70	80	90	100	100	100	100	150	150	150	200
합격문항(개)	35	42	49	56	63	70	70	70	70	105	105	105	160
시험시간(분)	50	50	50	50	50	50	50	50	50	60	60	60	90

★ 위 출제기준표는 기본지침자료이며, 출제자의 의도에 따라 차이가 있을 수 있습니다.

* 상위급수 한자는 모두 하위급수 한자를 포함하며, 쓰기 배정한자는 바로 아래 급수의 읽기 배정한자이거나 그 범위 내에 있습니다.

차례

3 감수문

4 미리 읽어보는 시험대비 기본지침자료

6 이 책의 활용법

7 기초(基礎) 학습
- 육서(六書) — 8
- 한자의 필순(筆順) — 9
- 부수
  - 1. 부수자(部首字)의 이름과 위치 — 11
  - 2. 부수자의 변형 — 13
- 자전(字典)에서 한자찾기 — 14

15 한자(漢字) 학습
- 신습한자표(新習漢字表) — 16
- 신습한자 익히기 — 25
- 약자(略字)·속자(俗字) 익히기 — 125

131 한자어(漢字語) 학습
- 한자어 독음(讀音) 쓰기 (장단음 포함) — 132
- 한자어 쓰기 — 159
- 반의어(反義語) — 206
- 동의어(同義語) — 213
- 동음이의어(同音異義語) — 221
- 한자성어(漢字成語) — 224

231 활용(活用) 학습
- 5급Ⅱ 예상문제(5회분) — 232
- 5급 예상문제(10회분) — 242

271 부록(附錄)
- 한자의 한글맞춤법 — 272
- 읽기장 — 275
- 부수자 일람표

이 책의 활용법

- 이 책은 **전국한자능력검정시험을 위한 수험서**입니다.
- 다년간 현장 학습지도(學習指導)로 경험이 많으신 여러 선생님들의 의견을 반영하여 제작하였습니다.

| 학 | 습 | 방 | 법 |

① 한자의 모양(형)·뜻(훈)·소리(음)를 잘 살펴본다.
핵심정리를 통해 글자의 생성과정(字源 풀이)과 중요점을 확인한다.

② 본보기 한자(漢字)를 쓰는 순서대로 3~5회, 글자 위에 그대로 따라 써 본다.
다음에 부수(部首)·획수(畫數)·총획(總畫)·훈음(訓音)의 변화 등을 익힌 후,
빈칸을 채워나간다.

③ 신습한자 칸의 **한자어 독음**(讀音)을 미리 써 본다.
모두 해당 급수 범위 내의 출제 가능한 한자어만 선정했으므로, 아는 한자어의 독음(讀音)을 써 보고 해답은 뒷면의 **복습·쓰기장**에서 확인한다.

④ 한자어의 첫글자 다음에 **장음**(長音=긴소리. :표시)이 온 경우는, 첫글자의 음(音)을
여러 번 길게 소리내어 읽어본다.

⑤ **한자어**(漢字語)는 정확한 뜻풀이를 중심으로 익힌다.
한자는 의미(意味)를 위주로 하는 표의문자(表意文字)이므로, 그 특성을 충분히 살려
성어(成語)나 한문 문구(文句)를 이해하도록 한다.

⑥ **약자**(略字)·**반의어**(反義語)·**유의어**(類義語)·**동음이의어**(同音異義語) 등도 출제빈도가
높으므로 잘 익혀둔다.

⑦ **두음법칙**(頭音法則)·**속음**(俗音)·**사이시옷** 등, 정확한 한글 맞춤법을 알아 둔다.

⑧ **예상문제**를 풀어가며 최종 정리한다.

⑨ **읽기장**은 공부할 때마다 훈음(訓音)을 가리고 입과 눈으로 익힌다.

이 학습서가 한자학습(漢字學習)의 좋은 길잡이가 되어 공부에 자신감이 생기기를 진심으로
바라는 바입니다.

엮은이 조 규 남 드림

기초(基礎) 학습

- 육서(六書)
- 한자의 필순(筆順)
- 부수자(部首字)의 이름과 위치
- 부수자의 변형
- 자전(字典)에서 한자찾기

육서(六書)

  육서(六書)는 상형문자/지사문자/회의문자/형성문자/전주문자/가차문자를 말하며, 각각 일정한 규칙에 의해 그 구성과 응용 방법에 따라 나누어진 것이다.
  문자(文字)라는 말은 육서(六書) 중에서 문(文) 부분은 단독의 뜻을 가지고 있는 상형과 지사를 말하며, 자(字) 부분은 이미 만들어진 문(文)의 의미를 조합하여 기본 글자를 불려나갔으니 회의와 형성이 여기에 해당된다. 따라서 문(文)과 자(字)는 한자를 만드는 원리를 대표하는 말인 셈이다. 그 외에 전주와 가차는 이미 만들어진 문자(文字)를 활용하는 편에 속한다고 할 수 있다.

1. 상형문자(象形文字): 구체적임

> 구체적인 사물의 모양을 본떠서 만든 글자.
>   예) 日(해 **일**), 月(달 **월**), 馬(말 **마**), 山(메 **산**) 등.

2. 지사문자(指事文字): 추상적임

> 추상적인 생각이나 뜻을 점이나 선, 또는 부호로 나타낸 글자.
>   예) 一(한 **일**), 上(위 **상**), 下(아래 **하**), 本(근본 **본**), 末(끝 **말**) 등.

3. 회의문자(會意文字): 뜻부분(意) + 뜻부분(意)

> 이미 만들어진 둘 이상의 글자들을 결합하여 그것들로부터 연관되는 새로운 뜻을 가지도록 만들어진 글자.
>   예) 男[사내 남 → 田:밭 전 + 力:힘 력] ⇒ 논밭(田)의 일터에서 힘써(力) 일하는 '**사내**'
>   休[쉴 휴 → 亻:사람 인 + 木:나무 목] ⇒ 사람(亻)이 나무(木) 그늘 밑에서 '**쉼**'

4. 형성문자(形聲文字): 뜻을 포함한 부분(形) + 음부분(聲)

> 이미 만들어진 글자를 결합하여 새로운 뜻을 나타내되, 일부는 뜻(形)을 나타내고 일부는 음(聲)을 나타내는 글자.
>   예) 頭[머리 두 ⇒ 頁:머리 혈 + 豆:콩 두], 空[빌 공 ⇒ 穴:구멍 혈 + 工:장인 공] 등.

5. 전주문자(轉注文字): 뜻부분 위주

> 이미 만들어진 글자를 가지고 그 뜻을 유추(類推)하여 다른 뜻으로 굴리고(轉) 끌어대어(注) 활용하는 글자.
>   예) 樂(풍류 **악** / 즐길 **락** / 좋아할 **요**), 老(늙은이 **로** / 익숙할 **로**) 등.

6. 가차문자(假借文字): 음부분 위주

> 이미 만들어진 글자를 본래의 뜻에 관계 없이 음만 빌려다가 쓰는 글자.
>   예) 亞細亞(아세아 : Asia), 佛陀(불타 : Buddha), 丁丁(정정 : 도끼로 나무를 찍는 소리),
>   可口可樂(코카콜라 : Coca cola) 등.

한자의 필순(筆順)

한자의 필순(筆順)은 절대적인 규칙이 있는 것은 아니지만, 오랜 세월동안 여러 사람의 체험을 통해서 붓글씨의 획(劃)을 쓰기위한 일반적인 순서가 갖추어졌다고 할 수 있다. 글자의 모양이 아름다우면서 빠르고 정확하게 쓸 수 있는 방법이 필요했던 것이다. 붓글씨의 획(劃)은 점(點)과 선(線)으로 이루어져있는데, 필순은 이 점과 선으로 구성된 획을 쓰는 순서를 말한다. 특히, 행서(行書)와 초서(草書)의 경우에는 쓰는 순서에 따라 그 한자의 모양새가 달라진다.

필순(筆順)의 기본원칙(基本原則)은 다음과 같다. 예외적인 경우도 잘 알아두어야 한다.

1. 위에서 아래로 긋는다.

三 ⇨ 三 三 三

2. 왼쪽에서 오른쪽으로 긋는다.

川 ⇨ 川 川 川

3. 가로획을 먼저 쓰고 세로획은 나중에 긋는다.

十 ⇨ 十 十   田 ⇨ 田 田 田 田 田

主 ⇨ 主 主 主 主 主   佳 ⇨ 佳 佳 佳 佳 佳 佳 佳

馬 ⇨ 馬 馬 馬 馬 馬 馬 馬 馬 馬 馬

[예외] ++(초두머리) ⇨ ++ ++ ++ ++

4. 삐침(丿)을 파임(乀)보다 먼저 긋는다.

入 ⇨ 入 入   及 ⇨ 及 及 及

・삐침(丿)을 나중에 긋는 경우도 있다.

力 ⇨ 力 力   方 ⇨ 方 方 方 方

5. 좌우(左右)로 대칭일 때는 가운데 획을 먼저 긋는다.

小 ⇨ 小 小 小   水 ⇨ 水 水 水 水

山 ⇨ 山 山 山   出 ⇨ 出 出 出 出 出

雨 ⇨ 雨 雨 雨 雨 雨 雨 雨 雨

[예외] 火 ⇨ 火 火 火 火   來 ⇨ 來 來 來 來 來 來 來 來

6. 글자 전체를 꿰뚫는 획은 나중에 긋는다.

中 ⇨ 中 中 中 中   車 ⇨ 車 車 車 車 車 車 車

事 ⇨ 事 事 事 事 事 事 事 事

手 ⇨ 手 手 手 手

子 ⇨ 子 子 子   女 ⇨ 女 女 女

母 ⇨ 母 母 母 母 母

[예외] 世 ⇨ 世 世 世 世 世

7. (오른쪽 위의) 점은 맨 나중에 찍는다.

太 ⇨ 太 太 太 太   寸 ⇨ 寸 寸 寸

代 ⇨ 代 代 代 代 代

求 ⇨ 求 求 求 求 求 求 求

8. 안을 둘러싸고 있는 한자는 바깥부분을 먼저 쓰고, 밑부분은 맨 나중에 긋는다.

四 ⇨ 四 四 四 四 四

國 ⇨ 國 國 國 國 國 國 國 國

門 ⇨ 門 門 門 門 門 門 門

9. 받침(廴, 辶)은 맨 나중에 긋는다.

建 ⇨ 建 建 建 建 建 建 建 建

近 ⇨ 近 近 近 近 近 近 近 近

[예외] 起 ⇨ 起 起 起 起 起 起 起 起 起

題 ⇨ 題 題 題 題 題 題 題 題 題 題 題 題 題 題 題 題

부수(部首)

1. 부수자(部首字)의 이름과 위치

이 름	위 치	해 당 한 자
제부수	■	手(손 수)　　日(해 일)　　月(달 월) 人(사람 인)　　馬(말 마) 등.
몸	▯	멀경몸 - 冊(책 **책**)　再(두 **재**) 등. 큰입구몸 - 國(나라 **국**)　因(인할 **인**) 등. 에운담몸 - 問(물을 **문**)　街(거리 **가**) 등. 위튼입구몸 - 出(날 **출**)　凶(흉할 **흉**) 등. 튼입구몸 - 匠(장인 **장**)　匣(갑 **갑**) 등. 감출혜몸 - 區(구역 **구**)　匹(짝 **필**) 등. 쌀포몸 - 包(쌀 **포**)　勿(~하지말 **물**) 등.
머리	▔	돼지머리해 - 亡(망할 **망**)　交(사귈 **교**) 등. 민갓머리 - 冠(갓 **관**)　冥(어두울 **명**) 등. 갓머리 - 家(집 **가**)　安(편안할 **안**) 등. 대죽머리 - 第(차례 **제**)　笑(웃을 **소**) 등. 필발머리 - 發(필 **발**)　癸(오를 **등**) 등. 초두머리 - 花(꽃 **화**)　草(풀 **초**) 등.
발	▁	어진사람인**발** - 兄(형 **형**)　兒(아이 **아**) 등. 천천히걸을쇠**발** - 夏(여름 **하**) 등. 스물입**발** - 弄(희롱할 **롱**) 등. 연화**발** - 然(그럴 **연**) 등.

이 름	위 치	해 당 한 자
좌부**변**		이수변 – 冷(찰 랭) 涼(서늘할 량) 등. 두인변 – 德(덕 덕) 後(뒤 후) 등. 심방변 – 性(성품 성) 悟(깨달을 오) 등. 재방변 – 投(던질 투) 打(칠 타) 등. 장수장변 – 牀(평상 상) 등. 개사슴록변 – 犯(범할 범) 狗(개 구) 등. 구슬옥변 – 理(다스릴 리) 球(공 구) 등. 죽을사변 – 死(죽을 사) 殃(재앙 앙) 등. 삼수변 – 江(강 강) 海(바다 해) 등. 보일시변 – 神(귀신 신) 社(단체 사) 등. 육달월변 – 肝(간 간) 能(능할 능) 등. 좌부방변 – 防(막을 방) 陵(언덕 릉) 등.
우부**방**		병부절방 – 印(도장 인) 卵(알 란) 등. 우부방 – 郡(고을 군) 鄕(시골 향) 등.
엄		민엄호 – 原(근원 원) 厄(재앙 액) 등. 주검시엄 – 尾(꼬리 미) 尺(자 척) 등. 엄호 – 庭(뜰 정) 度(법도 도) 등. 기운기엄 – 氣(기운 기) 등. 병질엄 – 病(병들 병) 疾(병 질) 등. 늙을로엄 – 老(늙을 로) 者(놈 자) 등. 범호엄 – 虎(범 호) 號(부르짖을 호) 등.
책**받침**		민책받침 – 廷(조정 정) 建(세울 건) 등. 책받침 – 近(가까울 근) 道(길 도) 등.

2. 부수자(部首字)의 변형

부수자	변형 부수자	해당 한자
人(사람 인)	亻(사람인변)	仁(어질 인) 등.
刀(칼 도)	刂(선칼도방)	利(이로울 리) 등.
川(내 천)	巛(개미허리)	巡(순행할 순) 등.
彐(돼지머리 계)	彐 彑(튼가로왈)	彗(비 혜) 彘(돼지 체) 등.
攴(칠 복)	攵(등글월문)	敎(가르칠 교) 등.
心(마음 심)	忄(심방변)	情(뜻 정) 등.
手(손 수)	扌(재방변)	指(손가락 지) 등.
水(물 수)	氵(물수변)	法(법 법) 등.
火(불 화)	灬(연화발)	熱(더울 열) 등.
玉(구슬 옥)	王(구슬옥변)	珍(보배 진) 등.
示(보일 시)	礻(보일시변)	礼(예도 례) 등.
絲(실 사)	糸(실사변)	結(맺을 결) 등.
老(늙을 로)	耂(늙을로엄)	考(상고할 고) 등.
肉(고기 육)	月(육달월변)	肥(살찔 비) 등.
艸(풀 초)	⺿ ⺿(초두머리)	茶(차 다) 등.
衣(옷 의)	衤(옷의변)	複(겹칠 복) 등.
辵(쉬엄쉬엄갈 착)	辶(책받침)	通(통할 통) 등.
邑(고을 읍)	阝(우부방)-오른쪽에 위치	都(도읍 도) 등.
阜(언덕 부)	阝(좌부방변)-왼쪽에 위치	限(한정 한) 등.

자전(字典)에서 한자찾기

'자전(字典)'을 따로 '옥편(玉篇)'이라고도 한다.
한자의 부수(部首) 214자에 따라 분류한 한자를 획수의 차례로 배열하여 글자마다 우리말로 훈(뜻)과 음을 써 놓은 책이다.
자전(字典)에서 한자를 찾는 방법은 크게 아래의 세 가지 방법이 있다.

1. 「부수 색인(部首索引)」 이용법

부수한자 214자를 1획부터 17획까지의 획수에 따라 분류해서 만들어 놓은 「부수 색인(部首索引)」을 이용한다.

> <보기> '地'자를 찾는 경우
> ① '地'의 부수인 '土'가 3획이므로 「부수 색인」 3획에서 '土'를 찾는다.
> ② '土'자 옆에 적힌 쪽수에 따라 '土(흙 토)'부를 찾아 펼친다.
> ③ '地'자에서 부수를 뺀 나머지 부분(也)의 획이 3획이므로, 다시 3획 난의 한자를 차례로 살펴 '地'자를 찾는다.
> ④ '地(땅 지)'자의 훈과 음을 확인한다.

2. 「총획 색인(總畫索引)」 이용법

「부수 색인(部首索引)」으로 한자를 찾지 못한 경우는 글자의 총획을 세어서 획수별로 구분하여 놓은 「총획 색인(總畫索引)」을 이용한다.

> <보기> '乾'자를 찾는 경우
> ① '乾'자의 총획(11획)을 센다.
> ② 총획 색인 11획 난에서 '乾'자를 찾는다.
> ③ '乾'자 옆에 적힌 쪽수를 펼쳐서 '乾'자를 찾는다.
> ④ '乾(하늘 건)'자의 훈과 음을 확인한다.

3. 「자음 색인(字音索引)」 이용법

한자음을 알고 있을 때는 가나다 순으로 배열된 「자음 색인(字音索引)」을 이용한다.

> <보기> '南'자를 찾는 경우
> ① '南'자의 음이 '남'이므로 「자음 색인(字音索引)」에서 '남'난을 찾는다.
> ② '남'난에 배열된 한자들 중에서 '南'자를 찾는다.
> ③ '南'자 아래에 적힌 쪽수를 찾아 펼친다.
> ④ '南(남녘 남)'자의 훈과 음을 확인한다.

한자(漢字) 학습

- 신습한자표
- 신습한자 익히기
- 약자·속자 익히기

5급·5급Ⅱ 신습한자 ①

5급 신습한자 : 200자, 총 학습자 : 500자(6급 300자 포함). 쓰기배정한자 : 300자(6급).
* **5급Ⅱ** 신습한자 : 100자, 총 학습자 : 400자(6급 300자 포함). 쓰기배정한자 : 225자(6급Ⅱ).

형(形)	훈(訓)	음(音)	형(形)	훈(訓)	음(音)	형(形)	훈(訓)	음(音)	형(形)	훈(訓)	음(音)
價*	값	가	考	생각할	고	吉	길할	길	令	하여금	령
加	더할	가	曲	굽을	곡	念*	생각	념	領	거느릴	령
可	옳을	가	過*	지날	과	能*	능할	능	勞*	일할	로
改	고칠	개	課*	공부할/과정	과	壇	단	단	料	헤아릴	료
客*	손	객	觀*	볼	관	團*	둥글	단	類*	무리	류
去	갈	거	關*	관계할	관	談	말씀	담	流*	흐를	류
擧	들	거	廣	넓을	광	當*	마땅	당	陸*	뭍	륙
件	물건	건	橋	다리	교	德*	큰	덕	馬	말	마
健	굳셀	건	具*	갖출	구	到*	이를	도	末	끝	말
建	세울	건	救	구원할	구	島	섬	도	亡	망할	망
格*	격식	격	舊*	예	구	都	도읍	도	望*	바랄	망
見*	볼/뵈올	견/현	局*	판	국	獨*	홀로	독	買	살	매
決*	결단할	결	貴	귀할	귀	落	떨어질	락	賣	팔	매
結	맺을	결	規	법	규	朗*	밝을	랑	無	없을	무
景	볕	경	給	줄	급	冷	찰	랭	倍	곱	배
敬*	공경	경	己*	몸	기	良*	어질	량	法*	법	법
競	다툴	경	基*	터	기	量	헤아릴	량	變*	변할	변
輕	가벼울	경	期	기약할	기	旅*	나그네	려	兵*	병사	병
告*	고할	고	汽	물끓는김	기	歷*	지날	력	福*	복	복
固	굳을	고	技	재주	기	練*	익힐	련	奉*	받들	봉

5급·5급Ⅱ 신습한자 ②

형(形)	훈(訓)	음(音)	형(形)	훈(訓)	음(音)	형(形)	훈(訓)	음(音)	형(形)	훈(訓)	음(音)
比	견줄	비	說*	말씀/달랠	설/세	熱	더울	열	因	인할	인
費	쓸	비	性*	성품	성	葉	잎	엽	任*	맡길	임
鼻	코	비	洗*	씻을	세	屋	집	옥	再	두	재
氷	얼음	빙	歲*	해	세	完	완전할	완	材*	재목	재
仕*	섬길	사	束*	묶을	속	曜	빛날	요	災	재앙	재
士*	선비	사	首*	머리	수	要*	요긴할	요	財*	재물	재
史*	사기	사	宿*	잘	숙	浴	목욕할	욕	爭	다툴	쟁
寫	베낄	사	順*	순할	순	友*	벗	우	貯	쌓을	저
思	생각	사	示	보일	시	牛	소	우	的*	과녁	적
査	조사할	사	識*	알/기록할	식/지	雨*	비	우	赤	붉을	적
産*	낳을	산	臣*	신하	신	雲*	구름	운	典*	법	전
商*	장사	상	實*	열매	실	雄	수컷	웅	傳*	전할	전
相*	서로	상	兒*	아이	아	原	언덕	원	展*	펼	전
賞	상줄	상	惡*	악할/미워할	악/오	元*	으뜸	원	切*	끊을/온통	절/체
序	차례	서	案	책상	안	院	집	원	節*	마디	절
仙*	신선	선	約*	맺을	약	願	원할	원	店*	가게	점
善	착할	선	養*	기를	양	位	자리	위	停	머무를	정
選	가릴	선	漁	고기잡을	어	偉*	클	위	情*	뜻	정
船	배	선	魚	고기	어	以*	써	이	操	잡을	조
鮮*	고울	선	億	억	억	耳	귀	이	調*	고를	조

5급·5급Ⅱ 신습한자 ③

형(形)	훈(訓)	음(音)	형(形)	훈(訓)	음(音)	형(形)	훈(訓)	음(音)	형(形)	훈(訓)	음(音)
卒*	마칠	졸	參*	참여할	참	他	다를	타	河	물	하
種*	씨 심을	종 종	唱	부를	창	打	칠	타	寒	찰	한
終	마칠	종	責*	꾸짖을	책	卓	높을	탁	害*	해할	해
罪	허물	죄	鐵	쇠	철	炭	숯	탄	許	허락할	허
週*	주일	주	初	처음	초	宅	집 집	택 댁	湖	호수	호
州*	고을	주	最	가장	최	板	널	판	化*	될	화
止	그칠	지	祝	빌	축	敗	패할	패	患	근심	환
知*	알	지	充*	채울	충	品*	물건	품	效*	본받을	효
質*	바탕	질	致	이를	치	必*	반드시	필	凶*	흉할	흉
着*	붙을	착	則	법칙 곧	칙 즉	筆*	붓	필	黑	검을	흑

5급·5급Ⅱ 신습한자 ①

5급 신습한자 : 200자, 총 학습자 : 500자(6급 300자 포함). 쓰기배정한자 : 300자(6급).
* 5급Ⅱ 신습한자 : 100자, 총 학습자 : 400자(6급 300자 포함). 쓰기배정한자 : 225자(6급Ⅱ)

형(形)	훈(訓) 음(音)	형(形)	훈(訓) 음(音)	형(形)	훈(訓) 음(音)	형(形)	훈(訓) 음(音)
價*		考		吉		令	
加		曲		念*		領	
可		過*		能*		勞*	
改		課*		壇		料	
客*		觀*		團*		類*	
去		關*		談		流*	
擧		廣		當*		陸*	
件		橋		德*		馬	
健		具*		到*		末	
建		救		島		亡	
格*		舊*		都		望*	
見*		局*		獨*		買	
決*		貴		落		賣	
結*		規		朗*		無	
景		給		冷		倍	
敬*		己*		良*		法*	
競		基*		量		變*	
輕		期		旅*		兵	
告*		汽		歷*		福*	
固		技		練*		奉*	

19

5급·5급 II 신습한자 ②

형(形)	훈(訓) 음(音)	형(形)	훈(訓) 음(音)	형(形)	훈(訓) 음(音)	형(形)	훈(訓) 음(音)
比		說*		熱		因	
費		性*		葉		任*	
鼻		洗*		屋		再	
氷		歲*		完		材*	
仕*		束		曜		災	
士*		首*		要*		財*	
史*		宿		浴		爭	
寫		順*		友*		貯	
思		示		牛		的*	
査		識*		雨*		赤	
産*		臣*		雲*		典*	
商*		實*		雄		傳*	
相*		兒*		原		展*	
賞		惡*		元*		切*	
序		案		院		節*	
仙*		約*		願		店*	
善		養*		位		停	
選		漁		偉*		情	
船		魚		以*		操	
鮮*		億		耳		調*	

5급·5급Ⅱ 신습한자③

형(形)	훈(訓) 음(音)	형(形)	훈(訓) 음(音)	형(形)	훈(訓) 음(音)	형(形)	훈(訓) 음(音)
卒*		參*		他		河	
種*		唱		打		寒	
終		責*		卓		害*	
罪		鐵		炭		許	
週*		初		宅		湖	
州*		最		板		化*	
止		祝		敗		患	
知*		充*		品*		效*	
質*		致		必*		凶*	
着*		則		筆*		黑	

5급·5급 II 신습한자 ①

형(形)	훈(訓)	음(音)	형(形)	훈(訓)	음(音)	형(形)	훈(訓)	음(音)	형(形)	훈(訓)	음(音)
	값	가		생각할	고		길할	길		하여금	령
	더할	가		굽을	곡		생각	념		거느릴	령
	옳을	가		지날	과		능할	능		일할	로
	고칠	개		공부할 과정	과 과		단	단		헤아릴	료
	손	객		볼	관		둥글	단		무리	류
	갈	거		관계할	관		말씀	담		흐를	류
	들	거		넓을	광		마땅	당		뭍	륙
	물건	건		다리	교		큰	덕		말	마
	굳셀	건		갖출	구		이를	도		끝	말
	세울	건		구원할	구		섬	도		망할	망
	격식	격		예	구		도울	도		바랄	망
	볼 뵈올	견 현		판	국		홀로	독		살	매
	결단할	결		귀할	귀		떨어질	락		팔	매
	맺을	결		법	규		밝을	랑		없을	무
	볕	경		줄	급		찰	랭		곱	배
	공경	경		몸	기		어질	량		법	법
	다툴	경		터	기		헤아릴	량		변할	변
	가벼울	경		기약할	기		나그네	려		병사	병
	고할	고		물끓는김	기		지날	력		복	복
	굳을	고		재주	기		익힐	련		받들	봉

5급·5급 II   신습한자 ②

형(形)	훈(訓)	음(音)	형(形)	훈(訓)	음(音)	형(形)	훈(訓)	음(音)	형(形)	훈(訓)	음(音)
	견줄	비		말씀 달랠	설 세		더울	열		인할	인
	쓸	비		성품	성		잎	엽		맡길	임
	코	비		씻을	세		집	옥		두	재
	얼음	빙		해	세		완전할	완		재목	재
	섬길	사		묶을	속		빛날	요		재앙	재
	선비	사		머리	수		요긴할	요		재물	재
	사기	사		잘	숙		목욕할	욕		다툴	쟁
	베낄	사		순할	순		벗	우		쌓을	저
	생각	사		보일	시		소	우		과녁	적
	조사할	사		알 기록할	식 지		비	우		붉을	적
	낳을	산		신하	신		구름	운		법	전
	장사	상		열매	실		수컷	웅		전할	전
	서로	상		아이	아		언덕	원		펼	전
	상줄	상		악할 미워할	악 오		으뜸	원		끊을 온통	절 체
	차례	서		책상	안		집	원		마디	절
	신선	선		맺을	약		원할	원		가게	점
	착할	선		기를	양		자리	위		머무를	정
	가릴	선		고기잡을	어		클	위		뜻	정
	배	선		고기	어		써	이		잡을	조
	고울	선		억	억		귀	이		고를	조

23

5급·5급 II 신습한자 ③

형(形)	훈(訓)	음(音)	형(形)	훈(訓)	음(音)	형(形)	훈(訓)	음(音)	형(形)	훈(訓)	음(音)
	마칠	졸		참여할	참		다를	타		물	하
	씨 심을	종 종		부를	창		칠	타		찰	한
	마칠	종		꾸짖을	책		높을	탁		해할	해
	허물	죄		쇠	철		숯	탄		허락할	허
	주일	주		처음	초		집 집	택 댁		호수	호
	고을	주		가장	최		널	판		될	화
	그칠	지		빌	축		패할	패		근심	환
	알	지		채울	충		물건	품		본받을	효
	바탕	질		이를	치		반드시	필		흉할	흉
	붙을	착		법칙 곧	칙 즉		붓	필		검을	흑

◦ 핵심정리장 1   ⬇ 자세히 읽어 보세요.

모양(형 形)	뜻(훈 訓) 소리(음 音)		자원풀이 및 핵심정리
價	값	가	상인이 상점에서 팔 물건에 미리 '**값**'을 정해 놓는다는 뜻의 자입니다.
加	더할	가	힘을 쓰는데 기합 소리를 '**더한다**'는 뜻의 자입니다. • 功(공 공), 加(더할 가)
可:	옳을 ~할(가능)	가 가	숨이 막히지 않고 목구멍에서 나오듯 곧장 '**옳다**'고 한다는 뜻의 자입니다. • 긴소리로 읽음.
改:	고칠	개	스스로 자기의 잘못을 털어내어 '**고친다**'는 뜻의 자입니다. • 긴소리로 읽음.
客	손(손님) 나그네	객 객	집으로 각자 들어온 '**손님**'이라는 뜻의 자입니다. • 주객(主客)은 서로 반의어임. • 객관적(客觀的) ↔ 주관적(主觀的)
去:	갈 버릴	거 거	집을 나선 어른이 떠나'**간다**'는 뜻의 자입니다. • 긴소리로 읽음. • 거래(去:來)는 서로 반의어임. • 去(갈 거), 法(법 법)
擧:	들	거	여럿이서 함께 손을 모아 물건을 '**든다**'는 뜻의 자입니다. • 긴소리로 읽음. • 學(배울 학), 擧(들 거)
件	물건 사건	건 건	소는 농부에게 있어서 큰 재산인 '**물건**'이라는 뜻의 자입니다.
健:	굳셀	건	자세가 곧게 선 사람일수록 몸의 상태가 '**굳세다**'는 뜻의 자입니다. • 긴소리로 읽음.
建:	세울	건	글씨를 써 내려갈 때 붓을 '**세운다**'는 뜻의 자입니다. • 긴소리로 읽음.

핵심정리장 2

▼ 자세히 읽어 보세요.

모양(형 形)	뜻(훈 訓) 소리(음 音)	자원풀이 및 핵심정리
格	격식 격 다다를 격	나뭇가지가 각각 뻗어나가는 데도 '격식'이 있다는 뜻의 자입니다.
見:	볼 견 뵈올 현 당할 견	사람의 눈을 강조하여 '본다'는 뜻을 나타낸 자입니다. • 긴소리로 읽음. • 일자다음자임. 견·현 • 目(눈 목), 見(볼 견), 具(갖출 구)
決	결단할 결	막혔던 물을 터놓아 돌이킬 수 없음을 판단하고 '결단한다'는 뜻의 자입니다.
結	맺을 결	길한(좋은) 일은 실로 묶듯 '맺어'놓는다는 뜻의 자입니다.
景(:)	볕 경 경치 경	서울의 대궐처럼 높이 솟은 해가 '볕'을 내리쏟는다는 뜻의 자입니다. • 긴소리 또는 짧은소리로도 읽음.
敬:	공경 경	진실된 마음을 갖도록 채찍질하여 삼가는 것이 '공경'이라는 뜻의 자입니다. • 긴소리로 읽음.
競:	다툴 경	두 사람이 마주 서서 말로 '다툰다'는 뜻의 자입니다. • 긴소리로 읽음. • 경쟁(競:爭)은 서로 동의어임.
輕	가벼울 경	지하로 흐르는 물줄기처럼 수레는 꼬불꼬불한 길도 쉽고 '가볍'게 간다는 뜻의 자입니다. • 경중(輕重)은 서로 반의어임.
告:	고할 고	소의 울음처럼 소리 내어 제물을 제사상에 올리고 신께 '고한다'는 뜻의 자입니다. • 긴소리로 읽음.
固	굳을 고	오래된 성벽이라도 '굳고' 단단하다는 뜻의 자입니다. • 因(인할 인), 固(굳을 고)

5급(5급Ⅱ)-1

價 값 가	亻 人 부수 13획, 총 15획. ( )부수 ( )획, 총 ( )획.
	價格 代:價 定:價 原價 高價品

加 더할 가	力 부수 3획, 총 5획. ( )부수 ( )획, 총 ( )획.
	加入 加工 加算 加重 加速度

可 옳을 가 ~할(가능) 가	口 부수 2획, 총 5획. ( )부수 ( )획, 총 ( )획.
	可:能 可:觀 可:決 不問可知

改 고칠 개	攵 攴 부수 3획, 총 7획. ( )부수 ( )획, 총 ( )획.
	改:良 改:正 改:名 改:善

客 손(손님) 객 나그네 객	宀 부수 6획, 총 9획. ( )부수 ( )획, 총 ( )획.
	客觀 客室 客地 主客 食客

♣ 아래의 빈칸을 채우시오.

【금일학습】

價						
값 가						
加						
더할 가						
可						
옳을 가						
改						
고칠 개						
客						
손 객						

가격 대가 정가 원가 고가품
가입 가공 가산 가중 가속도
가능 가관 가결 불문가지
개량 개정 개명 개선
객관 객실 객지 주객 식객

5급(5급Ⅱ)-2

월   일 【시 간】   ~
❖ 각 한자어의 독음(讀音)은 바로 뒷면 아랫부분에 ↻

去 갈 거 / 버릴 거
厶 부수 3획, 총 5획. (   )부수 (   )획, 총 (   )획.

去:來   公正去來

擧 들 거
手 부수 14획, 총 18획. (   )부수 (   )획, 총 (   )획.

擧:手   擧:名   擧:事   一擧一動

件 물건 건 / 사건 건
亻人 부수 4획, 총 6획. (   )부수 (   )획, 총 (   )획.

件數   事:件   用:件   物件   案:件

健 굳셀 건
亻人 부수 9획, 총 11획. (   )부수 (   )획, 총 (   )획.

健:全   健:實   健:在   健:勝   強健

建 세울 건
廴 부수 6획, 총 9획. (   )부수 (   )획, 총 (   )획.

建:國   建:立   建:物   重:建   再:建

5급(5급Ⅱ)-2-복습·쓰기장

♣ 아래의 빈칸을 채우시오.   【지난학습】

값 가	더할 가	옳을 가	고칠 개	손 객

【금일학습】

去 갈 거						
擧 들 거						
件 물건 건						
健 굳셀 건						
建 세울 건						

거래 공정거래
거수 거명 거사 일거일동
건수 사건 용건 물건 안건
건전 건실 건재 건승 강건
건국 건립 건물 중건 재건

5급(5급Ⅱ)-3

월   일   【시 간】   ~

❖ 각 한자어의 독음(讀音)은 바로 뒷면 아랫부분에 ↻

格
격식 격
다다를 격

木 부수 6획, 총 10획.   (   )부수 (   )획, 총 (   )획.

格式   格言   人格   主格   合格

見
볼 견
뵈올 현
당할 견

見 부수 0획, 총 7획.   (   )부수 (   )획, 총 (   )획.

見:本   見:聞   所:見   意:見   見:物生心

決
결단할 결

氵水 부수 4획, 총 7획.   (   )부수 (   )획, 총 (   )획.

決定   決心   決死   決算   決勝戰

結
맺을 결

糸 부수 6획, 총 12획.   (   )부수 (   )획, 총 (   )획.

結果   結合   結末   結成   結實   直結

景
볕 경
경치 경

日 부수 8획, 총 12획.   (   )부수 (   )획, 총 (   )획.

景觀   景致   景:品   景氣   夜:景   八景

5급(5급Ⅱ)-3-복습·쓰기장

♣ 아래의 빈칸을 채우시오.　　　　　　　　　　　【지난학습】

| 갈 거 | 들 거 | 물건 건 | 굳셀 건 | 세울 건 |

【금일학습】

格 격식 격						
見 볼 견						
決 결단할 결						
結 맺을 결						
景 볕 경						

격식 격언 인격 주격 합격
견본 견문 소견 의견 견물생심
결정 결심 결사 결산 결승전
결과 결합 결말 결성 결실 직결
경관 경치 경품 경기 야경 팔경

월   일 【시 간】   ~

5급(5급Ⅱ)-4

❖ 각 한자어의 독음(讀音)은 바로 뒷면 아랫부분에 ↻

敬 공경 경	攵 攴 부수 9획, 총 13획. (　　)부수 (　　)획, 총 (　　)획.
	敬:禮　　敬:語　　敬:意　　敬:老席　　敬:天愛人

競 다툴 경	立 부수 15획, 총 20획. (　　)부수 (　　)획, 총 (　　)획.
	競:技　　競:爭　　競:合　　競:馬

輕 가벼울 경	車 부수 7획, 총 14획. (　　)부수 (　　)획, 총 (　　)획.
	輕重　　輕洋食　　輕音樂　　輕工業

告 고할 고	口 부수 4획, 총 7획. (　　)부수 (　　)획, 총 (　　)획.
	告:白　　告:發　　告:別　　告:知　　公告

固 굳을 고	口 부수 5획, 총 8획. (　　)부수 (　　)획, 총 (　　)획.
	固有　　固定　　固着　　固體

5급(5급Ⅱ)-4-복습·쓰기장

♣ 아래의 빈칸을 채우시오.　　　　　　　　　　　　　　　　　【지난학습】

격식	格	볼	見	결단할	決	맺을	結	별	京

【금일학습】

敬 공경 경								
競 다툴 경								
輕 가벼울 경								
告 고할 고								
固 굳을 고								

경례　경어　경의　경로석　경천애인
경기　경쟁　경합　경마
경중　경양식　경음악　경공업
고백　고발　고별　고지　공고
고유　고정　고착　고체

○ 핵심정리장 3   ⬇ 자세히 읽어 보세요.

모양(형 形)	뜻(훈 訓) 소리(음 音)		자원풀이 및 핵심정리
考:	생각할 죽은 아비	고 고	허리가 굽은 긴 머리의 노인이 지팡이를 짚고 있는 모습을 나타낸 자로, 노인은 경험이 많아 어떤 일에 대해 먼저 곰곰이 '**생각한다**'는 뜻의 자입니다. • 긴소리로 읽음. • 老(늙을 로), 孝(효도 효), 考(생각할 고)
曲	굽을 악곡	곡 곡	대나 싸리로 만든 광주리를 나타낸 자로, 광주리의 '**굴곡진**' 것처럼 음정으로 표현된 '**악곡**'이라는 뜻의 자입니다. • 곡직(曲直)은 서로 반의어임. • 부수는 曰(가로 왈)임.
過:	지날 허물	과 과	입비뚤어진 사람의 말이 새나가 잘못 전달돼 '**허물**'이 된다는 뜻의 자입니다. • 긴소리로 읽음. • 공과(功過)는 서로 반의어임.
課	공부할 과정	과 과	결과를 물어보아 '**공부하**'였는지를 알아본다는 뜻의 자입니다.
觀	볼	관	황새가 먹이나 적을 눈으로 살펴 '**본다**'는 뜻의 자입니다.
關	관계할 빗장	관 관	베틀에 딸린 북에 실을 꿰듯이 대문을 닫고 '**빗장**'을 지른다는 뜻의 자입니다. • 門(문 문), 問(물을 문), 間(사이 간), 聞(들을 문), 開(열 개), 關(관계할 관)
廣:	넓을	광	황토 위에 사방 벽은 없고 기둥만 있는 집이라 '**넓다**'는 뜻의 자입니다. • 긴소리로 읽음.
橋	다리	교	나무 등을 이용하여 키를 높여 만든 '**다리**'라는 뜻의 자입니다.
具(:)	갖출	구	두 손으로 솥을 받들고 있는 모습으로, 솥 등의 살림 도구를 '**갖춘다**'는 뜻의 자입니다. • 긴소리 또는 짧은소리로도 읽음. • 目(눈 목), 見(볼 견) 具(갖출 구)
救:	구원할	구	곤란에 빠진 사람이 간곡히 구하는 바대로 이끌어서 '**구원해**'준다는 뜻의 자입니다. • 긴소리로 읽음.

핵심정리장 4

자세히 읽어 보세요.

모양(형形)	뜻(훈訓) 소리(음音)	자원풀이 및 핵심정리
舊:	예 구	머리에 뿔같은 두 털이 솟아있고 절구통처럼 생긴 부엉이는 '**오래**(=예)'사는 동물이라는 뜻의 자입니다. • 긴소리로 읽음. • **신구**(新舊)는 서로 반의어임.
局	판 국	자로 재듯이 말로 한계를 나누어 '**판**'을 짠다는 뜻의 자입니다. • 부수는 尸(주검 시)임.
貴:	귀할 귀	돈을 고리짝에 담아 보관하며 '**귀하게**' 여긴다는 뜻의 자입니다. • 긴소리로 읽음.
規	법 규	훌륭한 사람은 사물을 바로보니 '**법**'이 된다는 뜻의 자입니다.
給	줄 급	실을 모아 길게 하는 것은 계속 이어'**주**'기 때문이라는 뜻의 자입니다.
己	몸 기	사람의 배모양을 본뜬 자로, 곧 자기의 '**몸**'을 나타낸 자입니다.
基	터 기	삼태기로 흙을 날라 돋운 집'**터**'라는 뜻의 자입니다.
期	기약할 기	달의 모양에 따라 그 만날 날짜를 '**기약한다**'는 뜻의 자입니다. • 基(터 기), 旗(기 기), 期(기약할 기)
汽	물끓는김 기	물이 변해 구름처럼 생기는 것은 '**물끓는김**' 때문이라는 뜻의 자입니다. • 氣(기운 기), 汽(물끓는김 기)
技	재주 기	갈라진 여러 손가락이 각각의 역할이 있듯 그런 솜씨가 '**재주**'라는 뜻의 자입니다. • 기술(技術)은 서로 동의어임.

5급(5급Ⅱ)-5

월   일 【시 간】   ~
❖ 각 한자어의 독음(讀音)은 바로 뒷면 아랫부분에 ↻

考 생각할 고 죽은아비 고	耂 老 부수 2획, 총 6획. ( )부수 ( )획, 총 ( )획.
	考:査 考案 再:考 考古學

曲 굽을 곡 악곡 곡	日 부수 2획, 총 6획. ( )부수 ( )획, 총 ( )획.
	曲直 歌曲 名曲 曲線美 靑山別曲

過 지날 과 허물 과	辶 辵 부수 9획, 총 13획. ( )부수 ( )획, 총 ( )획.
	過:去 過:多 過:速 過:失 通過

課 공부할 과 과정 과	言 부수 8획, 총 15획. ( )부수 ( )획, 총 ( )획.
	課業 課外 課題 日課 考課

觀 볼 관	見 부수 18획, 총 25획. ( )부수 ( )획, 총 ( )획.
	觀光 觀相 觀客 樂觀 外:觀

♣ 아래의 빈칸을 채우시오.   【지난학습】

공경 경	다툴 경	가벼울 경	고할 고	굳을 고

【금일학습】

考 생각할 고					
曲 굽을 곡					
過 지날 과					
課 공부할 과					
觀 볼 관					

고사 고안 재고 고고학
곡직 가곡 명곡 곡선미 청산별곡
과거 과다 과속 과실 통과
과업 과외 과제 일과 고과
관광 관상 관객 낙관 외관

月   日 【시 간】   ~

5급(5급Ⅱ)-6

❖ 각 한자어의 독음(讀音)은 바로 뒷면 아랫부분에 ↻

關 관계할 관 빗장 관	門 부수 11획, 총 19획. (　　)부수 (　　)획, 총 (　　)획.
	關門　　相關　　通關　　關心事　　無關心

廣 넓을 광	广 부수 12획, 총 15획. (　　)부수 (　　)획, 총 (　　)획.
	廣:告　　廣:大　　廣:野　　廣:場

橋 다리 교	木 부수 12획, 총 16획. (　　)부수 (　　)획, 총 (　　)획.
	人道橋　　　　南海大橋

具 갖출 구	八 부수 6획, 총 8획. (　　)부수 (　　)획, 총 (　　)획.
	具現　　家具　　用:具　　文具店　　具體的

救 구원할 구	攵(攴) 부수 7획, 총 11획. (　　)부수 (　　)획, 총 (　　)획.
	救:國　　救:命　　救:出　　救:世主　　救:急車

5급(5급Ⅱ)-6-복습·쓰기장

♣ 아래의 빈칸을 채우시오.   【지난학습】

생각할 고	굽을 곡	지날 과	공부할 과	볼 관

【금일학습】

關						
관계할 관						
廣						
넓을 광						
橋						
다리 교						
具						
갖출 구						
救						
구원할 구						

관문 상관 통관 관심사 무관심
광고 광대 광야 광장
인도교 남해대교
구현 가구 용구 문구점 구체적
구국 구명 구출 구세주 구급차

5급(5급Ⅱ)-7

월　　일　【시 간】　　　～
❖ 각 한자어의 독음(讀音)은 바로 뒷면 아랫부분에 ↻

舊 예구	臼 부수 12획, 총 18획.　(　　)부수 (　　)획, 총 (　　)획.
	舊:式　　舊:正　　舊:面　　親舊　　新舊

局 판국	尸 부수 4획, 총 7획.　(　　)부수 (　　)획, 총 (　　)획.
	局番　　結局　　對:局　　藥局　　電:話局

貴 귀할귀	貝 부수 5획, 총 12획.　(　　)부수 (　　)획, 총 (　　)획.
	貴:下　　貴:中　　貴:宅　　高貴　　貴:重品

規 법규	見 부수 4획, 총 11획.　(　　)부수 (　　)획, 총 (　　)획.
	規則　　規格　　新規　　正:規軍

給 줄급	糸 부수 6획, 총 12획.　(　　)부수 (　　)획, 총 (　　)획.
	給料　　給水　　給食　　給油　　月給　　發給

5급(5급Ⅱ)-7-복습·쓰기장

♣ 아래의 빈칸을 채우시오.

【지난학습】

관계할 **관**	넓을 **광**	다리 **교**	갖출 **구**	구원할 **구**

【금일학습】

舊 예 구					
局 판 국					
貴 귀할 귀					
規 법 규					
給 줄 급					

구식 구정 구면 친구 신구
국번 결국 대국 약국 전화국
귀하 귀중 귀댁 고귀 귀중품
규칙 규격 신규 정규군
급료 급수 급식 급유 월급 발급

5급(5급Ⅱ)-8

월   일 【시 간】   ~

❖ 각 한자어의 독음(讀音)은 바로 뒷면 아랫부분에 ↻

己 몸 기
己 부수 0획, 총 3획. (   )부수 (   )획, 총 (   )획.

自己   利:己   十年知己

基 터 기
土 부수 8획, 총 11획. (   )부수 (   )획, 총 (   )획.

基本   基地   基金   基壇

期 기약할 기
月 부수 8획, 총 12획. (   )부수 (   )획, 총 (   )획.

期間   期末   時期   學期   思春期

汽 물끓는김 기
氵水 부수 4획, 총 7획. (   )부수 (   )획, 총 (   )획.

汽車   汽船

技 재주 기
扌手 부수 4획, 총 7획. (   )부수 (   )획, 총 (   )획.

技術   技能   球技   實技   長技

5급(5급Ⅱ)-8-복습 · 쓰기장

♣ 아래의 빈칸을 채우시오.   【지난학습】

예	구	판	국	귀할	귀	법	규	줄	급

【금일학습】

己					
몸 기					
基					
터 기					
期					
기약할 기					
汽					
물끓는김 기					
技					
재주 기					

자기 이기 십년지기
기본 기지 기금 기단
기간 기말 시기 학기 사춘기
기차 기선
기술 기능 구기 실기 장기

◦ 핵심정리장 5   ⬇ 자세히 읽어 보세요.

모양(형 形)	뜻(훈 訓) 소리(음 音)		자원풀이 및 핵심정리
吉	길할	길	선비의 말은 참되고 좋아 그 말대로 따르면 '**길하다**'는 뜻의 자입니다. • **길흉**(吉凶)은 서로 반의어임.
念:	생각	념 (염)	이제까지 마음에 두고 '**생각**'한다는 뜻의 자입니다. • 긴소리로 읽음. • **사념**(思念)은 서로 동의어임.
能	능할(잘할) ~할(가능)	능 능	큰 입에 활처럼 휜 등·굵은 발톱·짧은 꼬리의 곰 모양을 본뜬 자로, 곰은 재주가 '**능하다**'는 뜻의 자입니다. • 부수는 月 = 肉(육달월 = 고기 육)임.
壇	단	단	여럿이 제사지낼 수 있도록 흙으로 높고 크게 쌓아 만든 '**제단**'이라는 뜻의 자입니다.
團	둥글	단	사람들이 한 마음으로 오로지 덩어리 지어 '**둥글**'게 모인다는 뜻의 자입니다.
談	말씀	담	불 가에 둘러앉아 이 이야기 저 이야기로 '**말씀**'을 나눈다는 뜻의 자입니다. • **담화**(談話)는 서로 동의어임.
當	마땅 맞을	당 당	밭이 서로 비슷하여 맞바꾸기에 '**마땅하다**'는 뜻의 자입니다. • 堂(집 당), 當(마땅 당) • **당락**(當落)은 서로 반의어임.
德	큰	덕	한눈 팔지 않고 길을 마음 먹은 대로 똑바로 가는 것은 행동이 올바르고 도덕심이 높고 '**크**'게 하려는 것과 같다는 뜻의 자입니다.
到:	이를	도	칼날이 파고들어 닿은 것처럼 '**이르렀다**'는 뜻의 자입니다. • 긴소리로 읽음. • 부수는 刂(칼도방)임. • 致(이를 치), 到(이를 도)
島	섬	도	공중에 떠 나는 새처럼 물 위에 솟아 떠 있는 산 모양을 '**섬**'이라고 한다는 뜻의 자입니다. • 부수는 山(메 산)임.

◦ 핵심정리장 6   ⬇ 자세히 읽어 보세요.

모양(형 形)	뜻(훈 訓) 소리(음 音)	자원풀이 및 핵심정리
都	도읍 도 모두 도	고을 중에서도 많은 사람들이 사는 '**도읍**'이라는 뜻의 자입니다.
獨	홀로 독 다만 독	개는 자꾸 닭과 맞서 싸우려하니 서로 같이 있지 못하고 '**홀로**' 있게 된다는 뜻의 자입니다.
落	떨어질 락 (낙)	초목의 잎사귀가 각자가 된 물방울처럼 '**떨어진다**'는 뜻의 자입니다. • 두음법칙에 따라 첫 글자의 음이 바뀜. 락 → 낙 • **당락**(當落)은 서로 반의어임.
朗:	밝을 랑 (낭)	착하고 좋은 사람의 마음은 달처럼 '**밝다**'는 뜻의 자입니다. • 긴소리로 읽음. • **명랑**(明朗)은 서로 동의어임. • 두음법칙에 따라 첫 글자의 음이 바뀜. 랑 → 낭
冷:	찰 랭 (냉)	위에서 내린 명령이 위엄 있고 얼음처럼 '**차다**'는 뜻의 자입니다. • 긴소리로 읽음. • **온랭**(溫冷)은 서로 반의어임. • 두음법칙에 따라 첫 글자의 음이 바뀜. 랭 → 냉
良	어질 량 (양)	곡식을 위로 넣어 흘려 내리며 정선하는 풍구의 모양을 본뜬 자로, 정선된 것은 좋으며 그런 마음을 '**어질다**'고 한다는 뜻의 자입니다. • 두음법칙에 따라 첫 글자의 음이 바뀜. 량 → 양
量	헤아릴 량 (양)	자루에 담긴 물건의 양이나 무게를 재어 '**헤아린다**'는 뜻의 자입니다. • 두음법칙에 따라 첫 글자의 음이 바뀜. 량 → 양 • **요량**(料量)은 서로 동의어임.
旅	나그네 려 (여)	군대의 깃발 아래 모인 여러 병사들은 대부분 고향으로부터 '**나그네**'의 길을 떠나온 사람이라는 뜻의 자입니다. • 두음법칙에 따라 첫 글자의 음이 바뀜. 려 → 여 • **여객**(旅客)은 서로 동의어임.
歷	지날 력 (역)	논두렁을 치고 벼를 심어 가꾸는데도 세월이 흘러 '**지나**'야 한다는 뜻의 자입니다. • 두음법칙에 따라 첫글자의 음이 바뀜. 력 → 역
練:	익힐 련 (연)	실을 삶아 나누어 묶는 일이 몸에 배도록 열심히 '**익힌다**'는 뜻의 자입니다. • 긴소리로 읽음. • 두음법칙에 따라 첫 글자의 음이 바뀜. 련 → 연

吉 길할 길	口 부수 3획, 총 6획.　　　(　　)부수 (　　)획, 총 (　　)획.
	吉日　　吉運　　運:數不吉　　立春大吉

念 생각 념(염)	心 부수 4획, 총 8획.　　　(　　)부수 (　　)획, 총 (　　)획.
	念:願　念:頭　觀念　信:念　理:念

能 능할(잘할) 능 ~할(가능) 능	月 肉 부수 6획, 총 10획.　(　　)부수 (　　)획, 총 (　　)획.
	能力　可:能　萬:能　才能　能動的

壇 단 단	土 부수 13획, 총 16획.　　(　　)부수 (　　)획, 총 (　　)획.
	壇上　　敎:壇　　文壇　　登壇　　花壇

團 둥글 단	口 부수 11획, 총 14획.　　(　　)부수 (　　)획, 총 (　　)획.
	團結　　團體　　集團　　合唱團

5급(5급Ⅱ)-9-복습·쓰기장

♣ 아래의 빈칸을 채우시오.　　　　　　　　　　　　　　　　　　【지난학습】

몸	기	터	기	기약할	기	물끓는김	기	재주	기

【금일학습】

吉 길할 길					
念 생각 념					
能 능할 능					
壇 단 단					
團 둥글 단					

길일 길운 운수불길 입춘대길
염원 염두 관념 신념 이념
능력 가능 만능 재능 능동적
단상 교단 문단 등단 화단
단결 단체 집단 합창단

5급(5급Ⅱ)-10

월   일 【시 간】   ~

❖ 각 한자어의 독음(讀音)은 바로 뒷면 아랫부분에 ⓤ

談 말씀 담	言 부수 8획, 총 15획. ( )부수 ( )획, 총 ( )획.
	對:談 面:談 美:談 野:談 會:談

當 마땅 맞을 당	田 부수 8획, 총 13획. ( )부수 ( )획, 총 ( )획.
	當代 當番 當初 當落 不當

德 큰 덕	彳 부수 12획, 총 15획. ( )부수 ( )획, 총 ( )획.
	德行 德談 美:德 功德 道:德

到 이를 도	刂刀 부수 6획, 총 8획. ( )부수 ( )획, 총 ( )획.
	到:來 到:着 當到

島 섬 도	山 부수 7획, 총 10획. ( )부수 ( )획, 총 ( )획.
	獨島 落島 三多島 韓:半島

5급(5급Ⅱ)-10-복습·쓰기장

♣ 아래의 빈칸을 채우시오.　　　　　　　　　　　　　　　　【지난학습】

길할	길	생각	념	능할	능	단	단	둥글	단

【금일학습】

談 말씀 담							
當 마땅 당							
德 큰 덕							
到 이를 도							
島 섬 도							

대담 면담 미담 야담 회담
당대 당번 당초 당락 부당
덕행 덕담 미덕 공덕 도덕
도래 도착 당도
독도 낙도 삼다도 한반도

5급(5급Ⅱ)-11

월   일 【시 간】   ~

❖ 각 한자어의 독음(讀音)은 바로 뒷면 아랫부분에 ↻

都 도읍 모두 도	阝邑 부수 9획, 총 12획. ( )부수 ( )획, 총 ( )획.				
	都邑	都市	王都	古:都	首都

獨 홀로 다만 독	犭犬 부수 13획, 총 16획. ( )부수 ( )획, 총 ( )획.			
	獨立	獨身	獨學	無男獨女

落 떨어질 락 (낙)	⺾艸 부수 9획, 총 13획. ( )부수 ( )획, 총 ( )획.				
	落書	落水	落花	落石	下:落

朗 밝을 랑 (낭)	月 부수 7획, 총 11획. ( )부수 ( )획, 총 ( )획.		
	朗:朗	朗:讀	明朗

冷 찰 랭 (냉)	冫 부수 5획, 총 7획. ( )부수 ( )획, 총 ( )획.				
	冷:水	冷:溫	冷:戰	冷:氣	冷:害

♣ 아래의 빈칸을 채우시오.

【지난학습】

말씀 담		마땅 당		큰 덕		이를 도		섬 도

【금일학습】

都 도읍 도							
獨 홀로 독							
落 떨어질 락							
朗 밝을 랑							
冷 찰 랭							

도읍 도시 왕도 고도 수도
독립 독신 독학 무남독녀
낙서 낙수 낙화 낙석 하락
낭랑 낭독 명랑
냉수 냉온 냉전 냉기 냉해

5급(5급Ⅱ)-12

월   일 【시 간】   ~

❖ 각 한자어의 독음(讀音)은 바로 뒷면 아랫부분에 ↺

良 어질 량(양)	艮 부수 1획, 총 7획. ( )부수 ( )획, 총 ( )획.
	良心 良書 改:良 不良 善:良
量 헤아릴 량(양)	里 부수 5획, 총 12획. ( )부수 ( )획, 총 ( )획.
	多量 力量 用:量 重:量 大:量生産
旅 나그네 려(여)	方 부수 6획, 총 10획. ( )부수 ( )획, 총 ( )획.
	旅行 旅客 旅路 旅費
歷 지날 력(역)	止 부수 12획, 총 16획. ( )부수 ( )획, 총 ( )획.
	歷史 歷代 來歷 前歷 學歷
練 익힐 련(연)	糸 부수 9획, 총 15획. ( )부수 ( )획, 총 ( )획.
	練:習 洗:練 訓:練 練:兵場

5급(5급Ⅱ)-12-복습·쓰기장

♣ 아래의 빈칸을 채우시오.

【지난학습】

| 도울 **도** | 홀로 **독** | 떨어질 **락** | 밝을 **랑** | 찰 **랭** |

【금일학습】

良 어질 **량**					
量 헤아릴 **량**					
旅 나그네 **려**					
歷 지날 **력**					
練 익힐 **련**					

양심 양서 개량 불량 선량
다량 역량 용량 중량 대량생산
여행 여객 여로 여비
역사 역대 내력 전력 학력
연습 세련 훈련 연병장

◦ 핵심정리장 7   ⬇ 자세히 읽어 보세요.

모양(형 形)	뜻(훈 訓) 소리(음 音)	자원풀이 및 핵심정리
令(:)	하여금 명령할 령 (영)	사람들을 불러 모아 무릎을 꿇리고 '**명령한다**'는 뜻이며, 명령을 아랫사람들로 '**하여금**' 받들도록 한다는 뜻의 자입니다. • 긴소리 또는 짧은소리로도 읽음. • 두음법칙에 따라 첫 글자의 음이 바뀜. **령 → 영**
領	거느릴 령 (영)	명령을 내리는 우두머리가 부하를 '**거느린다**'는 뜻의 자입니다. • 두음법칙에 따라 첫 글자의 음이 바뀜. **령 → 영**
勞	일할 로 (노)	공장이나 집에서 등불을 밝히고 힘써 '**일한다**'는 뜻의 자입니다. • 두음법칙에 따라 첫 글자의 음이 바뀜. **로 → 노**
料(:)	헤아릴 료 (요)	쌀 등의 곡식을 말로 재며 '**헤아린다**' 뜻의 자입니다. • 긴소리 또는 짧은소리로도 읽음. • 두음법칙에 따라 첫글자의 음이 바뀜. **료 → 요** • 科(과목 과), 料(헤아릴 료)
類(:)	무리 류 (유)	개들의 대가리에 쌀겨가 묻어 서로 닮은 '**무리**'로 보인다는 뜻의 자입니다. • 긴소리 또는 짧은소리로도 읽음. • 두음법칙에 따라 첫 글자의 음이 바뀜. **류 → 유**
流	흐를 류 (유)	아이를 낳을 때 양수가 터져내려 '**흐른다**'는 뜻의 자입니다. • 두음법칙에 따라 첫 글자의 음이 바뀜. **류 → 유**
陸	뭍(땅) 륙 (육)	수면보다 높아 언덕지거나 패이거나 평평한 '**뭍**(땅)'이라는 뜻의 자입니다. • 두음법칙에 따라 첫 글자의 음이 바뀜. **륙 → 육** • 육해(陸海)는 서로 반의어임.
馬:	말 마	머리·갈기·꼬리·네 발 등이 극도로 건장하고 위엄이 있어 타거나 끄는 일에 쓰이는 동물인 '**말**'의 모양을 본뜬 자입니다. • 긴소리로 읽음.
末	끝 말	나무의 윗부분을 강조한 기호를 써서 '**끝**'을 부각시킨 뜻의 자입니다. • **本**(본) ⇔ **末**(말) • 부수는 木(나무 목)임.
亡	망할 없을 망 무	부러진 칼날처럼 쓸모가 없어져 으슥한 속으로 버려지니 '**망해**'서 '**없어지다**'는 뜻의 자입니다. • 일자다음자임. 망·무

55

핵심정리장 8

⬇ 자세히 읽어 보세요.

모양(형 形)	뜻(훈 訓) 소리(음 音)	자원풀이 및 핵심정리
望:	바랄 망	밝고 환한 보름달이 없어지지 않기를 구경하는 사람들이 '**바란다**'는 뜻의 자입니다. • 긴소리 읽음.
買:	살 매	그물 망태기 속에 돈을 주고 조개를 '**사**'서 넣는다는 뜻의 자입니다. • 긴소리로 읽음. • 매매(賣買)는 서로 반의어임.
賣(:)	팔 매	싼값으로 산 물건들을 내다 '**판다**'는 뜻의 자입니다. • 긴소리 또는 짧은소리로도 읽음. • 買(살 매), 賣(팔 매)
無	없을 무	풀이나 나무 등으로 무성한 숲이 불에 타 '**없어**'졌다는 뜻의 자입니다. • 유무(有無)는 서로 반의어임.
倍:	곱 배	사람이 물건을 가를 때마다 그 개수가 '**배**'가 된다는 뜻의 자입니다. • 긴소리음. • 部(떼 부), 倍(곱 배)
法	법 법	평평한 수면처럼 공평무사하게 죄악을 제거함에 필요한 것이 '**법**'이라는 뜻의 자입니다. • 去(갈 거), 法(법 법)
變:	변할 변	계속해서 긴 말로 타이르고 종아리를 쳐 가며 마음과 행동을 '**변하**'도록 한다는 뜻의 자입니다. • 긴소리로 읽음. • 변화(變:化)는 서로 동의어임. • 부수는 言(말씀 언)임.
兵	병사 병	도끼 같은 무기를 두 손으로 붙잡고 있는 '**병사**'를 뜻하는 자입니다. • 병졸(兵卒)·병사(兵士)는 서로 동의어임.
福	복 복	술 단지를 두 손으로 받쳐 들고 술을 가득 부어 신에게 올리고 제사를 정성껏 지내 '**복**'을 빈다는 뜻의 자입니다. • 행복(幸:福)은 서로 동의어임.
奉:	받들 봉	꽃다발 같은 것을 양손에 공손히 모아 받쳐 들고 윗사람들에게 '**받들어**' 올린다는 뜻의 자입니다. • 긴소리로 읽음.

5급(5급Ⅱ)-13

월   일 【시 간】   ~
❖ 각 한자어의 독음(讀音)은 바로 뒷면 아랫부분에 ↻

令 하여금 명령할 령령(영)	人 부수 3획, 총 5획. ( )부수 ( )획, 총 ( )획.
	令愛 口:令 命:令 法令 發令 令夫人

領 거느릴 령(영)	頁 부수 5획, 총 14획. ( )부수 ( )획, 총 ( )획.
	領土 領海 領空 頭領 要領

勞 일할 로(노)	力 부수 10획, 총 12획. ( )부수 ( )획, 총 ( )획.
	勞苦 過:勞 功勞 勞動者

料 헤아릴 료(요)	斗 부수 6획, 총 10획. ( )부수 ( )획, 총 ( )획.
	料:金 料理 無料 給料 食料品

類 무리 같을 류류(유)	頁 부수 10획, 총 19획. ( )부수 ( )획, 총 ( )획.
	類:例 分類 同類 類:萬不同

57

5급(5급Ⅱ)-13-복습 · 쓰기장

♣ 아래의 빈칸을 채우시오.　　　　　　　　　　　　　【지난학습】

어질 **량**	헤아릴 **량**	나그네 **려**	지날 **력**	익힐 **련**

【금일학습】

令					
하여금 **령**					
領					
거느릴 **령**					
勞					
일할 **로**					
料					
헤아릴 **료**					
類					
무리 **류**					

영애　구령　명령　법령　발령　영부인
영토　영해　영공　두령　요령
노고　과로　공로　노동자
요금　요리　무료　급료　식료품
유례　분류　동류　유만부동

5급(5급Ⅱ)-14

월   일   【시 간】   ~

❖ 각 한자어의 독음(讀音)은 바로 뒷면 아랫부분에 ↻

流 흐를 류(유)	氵 水 부수 7획, 총 10획. ( )부수 ( )획, 총 ( )획.
	流行 流通 一流 海:流 靑山流水

陸 뭍(땅) 륙(육)	阝 阜 부수 8획, 총 11획. ( )부수 ( )획, 총 ( )획.
	陸橋 陸路 陸海 陸上 陸軍

馬 말 마	馬 부수 0획, 총 10획. ( )부수 ( )획, 총 ( )획.
	馬:夫 馬:車 名馬 木馬 白馬

末 끝 말	木 부수 1획, 총 5획. ( )부수 ( )획, 총 ( )획.
	末年 末世 年末 終末

亡 망할 없을 망무	亠 부수 1획, 총 3획. ( )부수 ( )획, 총 ( )획.
	亡國 亡身 敗:亡

59

♣ 아래의 빈칸을 채우시오.

【지난학습】

하여금 **령**	거느릴 **령**	일할 **로**	헤아릴 **료**	무리 **류**

【금일학습】

流 흐를 류						
陸 뭍 륙						
馬 말 마						
末 끝 말						
亡 망할 망						

유행 유통 일류 해류 청산유수
육교 육로 육해 육상 육군
마부 마차 명마 목마 백마
말년 말세 연말 종말
망국 망신 패망

5급(5급Ⅱ)-15

望 바랄 망
月 부수 7획, 총 11획. ( )부수 ( )획, 총 ( )획.

望:月   德望   所:望   展:望

買 살 매
貝 부수 5획, 총 12획. ( )부수 ( )획, 총 ( )획.

賣買   買:入

賣 팔 매
貝 부수 8획, 총 15획. ( )부수 ( )획, 총 ( )획.

賣:店   賣:上   賣:出   都賣

無 없을 무
灬 火 부수 8획, 총 12획. ( )부수 ( )획, 총 ( )획.

無能   無料   無罪   無形   無事通過

倍 곱 배
亻 人 부수 8획, 총 10획. ( )부수 ( )획, 총 ( )획.

倍:數   倍:加

♣ **아래의 빈칸을 채우시오.** 【지난학습】

흐를 **류**	뭍 **륙**	말 **마**	끝 **말**	망할 **망**

【금일학습】

望 바랄 망					
買 살 매					
賣 팔 매					
無 없을 무					
倍 곱 배					

망월 덕망 소망 전망
매매 매입
매점 매상 매출 도매
무능 무료 무죄 무형 무사통과
배수 배가

5급(5급Ⅱ)-16

월   일   【시 간】   ~

❖ 각 한자어의 독음(讀音)은 바로 뒷면 아랫부분에 ↻

法 법	氵 水 부수 5획, 총 8획. ( )부수 ( )획, 총 ( )획.
법	
	法式 法則 法典 惡法

變 변할	言 부수 16획, 총 23획. ( )부수 ( )획, 총 ( )획.
변	
	變:化 變:節 變:則 變:動 變:數

兵 병사	八 부수 5획, 총 7획. ( )부수 ( )획, 총 ( )획.
병	
	兵卒 兵士 兵法 兵力 新兵

福 복	示 부수 9획, 총 14획. ( )부수 ( )획, 총 ( )획.
복	
	福德 萬:福 幸:福 天福

奉 받들	大 부수 5획, 총 8획. ( )부수 ( )획, 총 ( )획.
봉	
	奉:仕 奉:行 奉:養 奉:安

63

5급(5급Ⅱ)-16-복습·쓰기장

♣ 아래의 빈칸을 채우시오.

【지난학습】

바랄 **망**		살 **매**		팔 **매**		없을 **무**		곱 **배**	

【금일학습】

法 법 법								
變 변할 변								
兵 병사 병								
福 복 복								
奉 받들 봉								

법식 법칙 법전 악법
변화 변절 변칙 변동 변수
병졸 병사 병법 병력 신병
복덕 만복 행복 천복
봉사 봉행 봉양 봉안

◦ 핵심정리장 9　　　　　　　　　　　　　　　⬇ 자세히 읽어 보세요.

모양(형 形)	뜻(훈 訓) 소리(음 音)	자원풀이 및 핵심정리
比:	견줄　　비	서로 친밀한 두 사람이 나란히 서서 서로 '견주'어본다는 뜻의 자입니다. • 긴소리로 읽음.　　• 北(북녘 북), 比(견줄 비)
費:	쓸(비용)　비	경제적이지 않으면 돈을 헛되이 '쓴다'는 뜻의 자입니다. • 긴소리로 읽음.
鼻:	코　　비	스스로 호흡을 하거나 냄새를 맡도록 도와주는 기관인 '코'의 모양을 본뜬 자입니다. • 긴소리로 읽음.　　• 이목구비(耳目口鼻)
氷	얼음　　빙	매우 추우면 물방울이 서로 엉켜 '얼음'이 된다는 뜻의 자입니다. • 永(길 영), 氷(얼음 빙)　• 부수는 水(물 수)임. • 빙탄(氷炭)은 서로 반의어임.
仕:	섬길　　사 벼슬　　사	공부와 덕을 쌓은 선비가 임금을 '섬겨' '벼슬'을 한다는 뜻의 자입니다. • 긴소리로 읽음. • 土(흙 토), 士(선비 사), 仕(벼슬 사)
士:	선비　　사 병사　　사	덕행과 학식을 갖추고 있어서 하나를 들으면 열을 아는 사람이 '선비'라는 뜻의 자입니다. • 긴소리로 읽음.　　• 土(흙 토), 士(선비 사) • 사병(士:兵)・사졸(士:卒)은 서로 동의어임.
史:	사기(역사)　사	손에 붓을 잡고 사실에 맞게 올바로 '사기'를 기록한다는 뜻의 자입니다. • 긴소리로 읽음. • 史(사기 사), 使(하여금 사), 便(편할 편 / 똥오줌 변)
寫	베낄　　사	까치가 둥우리 주위를 옮겨 앉듯이 글씨나 그림을 옮겨 '베낀다'는 뜻의 자입니다.
思(:)	생각　　사	사람이 마음먹은 바를 두뇌로 '생각'한다는 뜻의 자입니다. • 긴소리 또는 짧은소리로도 읽음. • 의사(意:思)는 서로 동의어임.
査	조사할　사	겹겹이 둘려진 나무의 나이테를 세어 수령을 '조사한다'는 뜻의 자입니다.

○ 핵심정리장 10   ⬇ 자세히 읽어 보세요.

모양(형形)	뜻(훈訓) 소리(음音)		자원풀이 및 핵심정리
産:	낳을	산	태어나서 선비가 될 아이를 '**낳는다**'는 뜻의 자입니다. • 긴소리로 읽음. • **생산**(生産)은 동의어임.
商	장사	상	사리에 밝으며 셈을 잘 헤아려 '**장사**'를 한다는 뜻의 자입니다.
相	서로 재상 점칠	상 상 상	나무의 재질을 요모조모 뜯어보며 '**서로**' 살핀다는 뜻의 자입니다.
賞	상줄	상	칭찬할 만한 일에 대해 재물 등을 마련하여 '**상준다**'는 뜻의 자입니다. • 堂(집 **당**), 當(마땅 **당**), 賞(상줄 **상**)
序:	차례 실마리	서 서	집안에는 주어진 '**차례**'가 있다는 뜻의 자입니다. • 字(글자 **자**), 序(차례 **서**)
仙	신선	선	사람은 자연을 가장 잘 접할 수 있는 곳인 산에서 도를 성취하고 오래도록 사는 '**신선**'이 되고자 한다는 뜻의 자입니다. • 山(메 **산**), 仙(신선 **선**)
善:	착할(좋을) 잘할(능할)	선 선	양처럼 온순하다면 말할 필요 없이 '**착하다**'란 뜻의 자입니다. • 긴소리로 읽음. • **선악**(善:惡)은 서로 반의어임.
選:	가릴(뽑을)	선	적임자를 보내기 전에 몇몇의 후보를 단상 위에 무릎을 꿇리고 공손히 앉도록 하여 '**가려**' '**뽑는**'다는 뜻의 자입니다. • 긴소리로 읽음.
船	배	선	통나무를 파서 물에 띄우고 골짜기의 입구나 늪 또는 강이나 바다를 건너다니는데 이용하는 '**배**'를 나타낸 자입니다.
鮮	고울 드물	선 선	생선은 비린내가 양고기는 노린내가 나야 신선하고 그 빛깔도 '**곱다**'는 뜻의 자입니다. • 부수자는 魚(물고기 **어**)임.

5급(5급Ⅱ)-17

월   일 【시 간】   ~

❖ 각 한자어의 독음(讀音)은 바로 뒷면 아랫부분에 ↻

比 견줄 비	比 부수 0획, 총 4획. （　）부수 （　）획, 총 （　）획.
	比:重　　比:例

費 쓸(비용) 비	貝 부수 5획, 총 12획. （　）부수 （　）획, 총 （　）획.
	費:用　　消費　　食費　　會:費

鼻 코 비	鼻 부수 0획, 총 14획. （　）부수 （　）획, 총 （　）획.
	鼻:音　　鼻:祖　　耳目口鼻

氷 얼음 빙	水 부수 1획, 총 5획. （　）부수 （　）획, 총 （　）획.
	氷河　　氷炭　　氷板　　氷水　　氷上

仕 섬길 사 / 벼슬 사	亻 人 부수 3획, 총 5획. （　）부수 （　）획, 총 （　）획.
	致:仕　　奉:仕活動

5급(5급Ⅱ)-17-복습·쓰기장

♣ 아래의 빈칸을 채우시오.   【지난학습】

법	**법**	변할	**변**	병사	**병**	복	**복**	받들	**봉**

【금일학습】

比 견줄 비					
費 쓸 비					
鼻 코 비					
氷 얼음 빙					
仕 섬길 사					

비중 비례
비용 소비 식비 회비
비음 비조 이목구비
빙하 빙탄 빙판 빙수 빙상
치사 봉사활동

5급(5급Ⅱ)-18

士 선비 사 / 병사 사
士 부수 0획, 총 3획. ( )부수 ( )획, 총 ( )획.
士:卒　　士:氣　　士:兵　　士:農工商

史 사기(역사) 사
口 부수 2획, 총 5획. ( )부수 ( )획, 총 ( )획.
史:記　　史:草　　史:學　　史:家　　史:料

寫 베낄 사
宀 부수 12획, 총 15획. ( )부수 ( )획, 총 ( )획.
寫生　　筆寫本

思 생각 사
心 부수 5획, 총 9획. ( )부수 ( )획, 총 ( )획.
思考　　思念　　思親　　意:思

査 조사할 사
木 부수 5획, 총 9획. ( )부수 ( )획, 총 ( )획.
調査　　實査　　內:査

5급(5급Ⅱ)-18-복습・쓰기장

♣ 아래의 빈칸을 채우시오.　　　　　　　　　　　【지난학습】

견줄 比	쓸 費	코 鼻	얼음 氷	섬길 仕

【금일학습】

士 선비 사							
史 사기 사							
寫 베낄 사							
思 생각 사							
査 조사할 사							

사졸 사기 사병 사농공상
사기 사초 사학 사가 사료
사생 필사본
사고 사념 사친 의사
조사 실사 내사

5급(5급Ⅱ)-19

産 낳을 산	生 부수 6획, 총 11획. ( )부수 ( )획, 총 ( )획.
	産:母　　産:災　　産:地　　産:業　　生産

商 장사 상	口 부수 8획, 총 11획. ( )부수 ( )획, 총 ( )획.
	商人　　商船　　商店　　商品　　商業

相 서로 상 재상 상 점칠 상	目 부수 4획, 총 9획. ( )부수 ( )획, 총 ( )획.
	相對　　相國　　相生　　相談　　相當

賞 상줄 상	貝 부수 8획, 총 15획. ( )부수 ( )획, 총 ( )획.
	賞品　　大:賞　　金賞　　銀賞　　歌唱賞

序 차례 서 실마리 서	广 부수 4획, 총 7획. ( )부수 ( )획, 총 ( )획.
	序:頭　　序:文　　序:曲

5급(5급Ⅱ)-19-복습·쓰기장

♣ 아래의 빈칸을 채우시오.

【지난학습】

선비 사	사기 사	베낄 사	생각 사	조사할 사

【금일학습】

産 낳을 산						
商 장사 상						
相 서로 상						
賞 상줄 상						
序 차례 서						

산모 산재 산지 산업 생산
상인 상선 상점 상품 상업
상대 상국 상생 상담 상당
상품 대상 금상 은상 가창상
서두 서문 서곡

5급(5급Ⅱ)-20

월   일 【시 간】   ~

❖ 각 한자어의 독음(讀音)은 바로 뒷면 아랫부분에 ⓤ

仙
신선 선

亻人 부수 3획, 총 5획. (　)부수 (　)획, 총 (　)획.

仙藥　　仙人　　仙女　　神仙

善
착할(좋을) 선
잘할(능할) 선

口 부수 9획, 총 12획. (　)부수 (　)획, 총 (　)획.

善:惡　　善:行　　親善　　善:男善女

選
가릴(뽑을) 선

辶辵 부수 12획, 총 16획. (　)부수 (　)획, 총 (　)획.

選:擧　　選:出　　選:定　　選:手　　當選

船
배 선

舟 부수 5획, 총 11획. (　)부수 (　)획, 총 (　)획.

船室　　船上　　船長　　船體

鮮
고울 선
드물 선

魚 부수 6획, 총 17획. (　)부수 (　)획, 총 (　)획.

鮮明　　新鮮　　朝鮮

5급(5급Ⅱ)-20-복습 · 쓰기장

♣ 아래의 빈칸을 채우시오.

【지난학습】

낳을 **산**		장사 **상**		서로 **상**		상줄 **상**		차례 **서**	

【금일학습】

仙							
신선 선							
善							
착할 선							
選							
가릴 선							
船							
배 선							
鮮							
고울 선							

선약 선인 선녀 신선
선악 선행 친선 선남선녀
선거 선출 선정 선수 당선
선실 선상 선장 선체
선명 신선 조선

◦ 핵심정리장 11　　　　　　　　　　　　　　⬇ 자세히 읽어 보세요.

모양(형 形)	뜻(훈 訓)	소리(음 音)	자원풀이 및 핵심정리
說	말씀 달랠 기쁠	설 세 열	입에서 내는 소리를 바꾸어가며 '**말씀**'한다는 뜻의 자입니다. • 일자다음자임. **설·세·열**
性:	성품	성	사람이 날 때부터 가지고 있는 마음을 '**성품**'이라고 한다는 뜻의 자입니다. • 긴소리로 읽음. • 生(날 **생**), 姓(성 **성**), 性(성품 **성**)
洗:	씻을	세	물로 맨손과 맨발을 더러워지기 전의 상태로 '**씻는**'다는 뜻의 자입니다. • 긴소리로 읽음.　• 先(먼저 **선**), 洗(씻을 **세**)
歲:	해(세월) 나이	세 세	무기를 들고 싸움터에 나갈 정도로 '**해**(세월)'가 지나 '**나이**'를 먹었다는 뜻의 자입니다. • 긴소리로 읽음.　• **연세**(年歲)는 서로 동의어임.
束	묶을	속	나무를 다발로 만들어 줄로 '**묶는다**'는 뜻의 자입니다. • 東(동녘 **동**), 束(묶을 **속**)
首	머리	수	사람의 얼굴·눈썹·눈 등을 본뜨고 머리털까지 포함시켜 '**머리**'를 강조한 자입니다. • 自(스스로 **자**),　首(머리 **수**)
宿	잘(묵을) 별자리	숙 수	집을 지어 많은 사람들이 '**잘**(묵을)' 수 있도록 한다는 뜻의 자입니다. • 일자다음자임. **숙·수**
順:	순할	순	머리를 숙이고 흐르는 물과도 같은 성인의 도리를 따르니 '**순하다**'는 뜻의 자입니다. • 긴소리로 읽음.
示:	보일	시	하늘이 해·달·별의 변동함을 나타내 사람들에게 길함을 향하고 흉함을 피하도록 '**보인다**'는 뜻의 자입니다. • 긴소리로 읽음. • 변형 부수자는 礻(보일 **시**변)임.　※ 衤(옷의 변)
識	알 기록할	식 지	전해오는 말이나 소리를 기물이나 돌에 창끝처럼 날카로운 것으로 새겨두어 '**알**'게 한다는 뜻의 자입니다. • 일자다음자임. **식·지**.　• **지식**(知識)은 서로 동의어임.

◦ 핵심정리장 12　　　　　　　　　　　　⬇ 자세히 읽어 보세요.

모양(형 形)	뜻(훈 訓) 소리(음 音)	자원풀이 및 핵심정리
臣	신하　　신	측면으로 서서 머리를 숙이고 손을 받들어 임금을 모시고 있는 '**신하**'의 모습을 본뜬 자입니다. • 부수는 臣(신하 **신**)임.
實	열매　　실	집 안에 돈꿰미가 가득 차 있는 것이 잘 여문 과일 '**열매**' 같다는 뜻의 자입니다. • 과실(果:實)은 서로 동의어임.
兒	아이　　아	정수리의 숫구멍이 아직 굳지 않고 머리통만 크게 보이는 어린 '**아이**'의 모양을 본뜬 자입니다. • 아동(兒童)은 서로 동의어임. • 아동(兒童) ↔ 성인(成人)
惡	악할(나쁠)　악 미워할(싫을)　오	본래 태어날 때의 선함에 비해 비뚤어지고 굽은 마음은 '**악한**' 것이라는 뜻의 자입니다. • 일자다음자임. **악·오**.　• 선악(善:惡)은 서로 반의어임.
案:	책상　　안 생각　　안 인도할　안	편안하게 앉아 책을 보거나 일을 할 수 있도록 나무로 만든 '**책상**'을 나타낸 자입니다. • 긴소리로 읽음.
約	맺을　　약	실로 작은 매듭을 '**맺는다**'는 뜻의 자입니다. • 的(과녁 **적**), 約(맺을 **약**)
養:	기를　　양	양을 쳐서 그 고기를 먹고 몸의 힘을 '**기른다**'는 뜻의 자입니다. • 긴소리로 읽음.　　• 양육(養:育)은 서로 동의어임. • 着(붙을 **착**), 養(기를 **양**), 省(살필 **성**)
漁	고기잡을　어	물고기를 잡으려고 낚시를 물에 담그고 '**고기잡는다**'는 뜻의 자입니다. • 魚(물고기 **어**),　漁(고기잡을 **어**)
魚	고기(물고기)　어	머리·몸체·비늘·꼬리를 갖추고 물에서 살며 아가미로 호흡하는 동물인 '**물고기**'의 모양을 본뜬 자입니다.
億	억　　억 100,000,000	사람은 일이 뜻대로 되기를 수없이 바란다는 뜻으로, 아주 많다는 숫자인 '**억**'을 나타낸 자입니다. • 十(열 **십**), 百(일백 **백**), 千(일천 **천**), 億(억 **억**)

월   일 【시 간】   ~

5급(5급Ⅱ)-21

❖ 각 한자어의 독음(讀音)은 바로 뒷면 아랫부분에 ↻

說
말씀 설
달랠 세
기쁠 열

言 부수 7획, 총 14획.   (   )부수 (   )획, 총 (   )획.

說明   說法   說敎   發說   小:說

性
성품 성

忄 心 부수 5획, 총 8획.   (   )부수 (   )획, 총 (   )획.

性:質   性:格   性:品   性:急   男性

洗
씻을 세

氵 水 부수 6획, 총 9획.   (   )부수 (   )획, 총 (   )획.

洗:面   洗:車   洗:手   洗:禮

歲
해(세월) 세
나이 세

止 부수 9획, 총 13획.   (   )부수 (   )획, 총 (   )획.

歲:月   歲:入   歲:寒   年歲   萬:歲

束
묶을 속

木 부수 3획, 총 7획.   (   )부수 (   )획, 총 (   )획.

結束   團束

♣ 아래의 빈칸을 채우시오.

【지난학습】

신선 **선**	착할 **선**	가릴 **선**	배 **선**	고울 **선**

【금일학습】

說 말씀 설					
性 성품 성					
洗 씻을 세					
歲 해 세					
束 묶을 속					

설명 설법 설교 발설 소설
성질 성격 성품 성급 남성
세면 세차 세수 세례
세월 세입 세한 연세 만세
결속 단속

5급(5급Ⅱ)-22

월   일 【시 간】   ~

❖ 각 한자어의 독음(讀音)은 바로 뒷면 아랫부분에 ↻

首 머리 수	首 부수 0획, 총 9획. ( )부수 ( )획, 총 ( )획.
	首相 首席 首位 部首 自首

宿 잘(묵을) 숙 별자리 수	宀 부수 8획, 총 11획. ( )부수 ( )획, 총 ( )획.
	宿題 宿命 宿願 宿望 旅人宿

順 순할 순	頁 부수 3획, 총 12획. ( )부수 ( )획, 총 ( )획.
	順:序 順:位 順:理 順:産 順:番

示 보일 시	示 부수 0획, 총 5획. ( )부수 ( )획, 총 ( )획.
	明示 訓:示 表示 告:示 例:示

識 알 식 기록할 지	言 부수 12획, 총 19획. ( )부수 ( )획, 총 ( )획.
	識見 面:識 有:識 無識 學識

♣ 아래의 빈칸을 채우시오.　　　　　　　　　　　　　　　　　　　【지난학습】

말씀	설	성품	성	씻을	세	해	세	묶을	속

【금일학습】

首					
머리 수					
宿					
잘 숙					
順					
순할 순					
示					
보일 시					
識					
알 식					

수상　수석　수위　부수　자수
숙제　숙명　숙원　숙망　여인숙
순서　순위　순리　순산　순번
명시　훈시　표시　고시　예시
식견　면식　유식　무식　학식

5급(5급Ⅱ)-23

臣 신하 신
臣 부수 0획, 총 6획. (　)부수 (　)획, 총 (　)획.
臣下　　家臣　　功臣　　重:臣　　死:六臣

實 열매 실
宀 부수 11획, 총 14획. (　)부수 (　)획, 총 (　)획.
實數　　實效　　實習　　實行　　不實

兒 아이 아
儿 부수 6획, 총 8획. (　)부수 (　)획, 총 (　)획.
兒童　　兒名　　小:兒　　育兒　　健:兒

惡 악할(나쁠) 악 / 미워할(싫을) 오
心 부수 8획, 총 12획. (　)부수 (　)획, 총 (　)획.
惡德　　惡名　　惡用　　惡漢　　惡寒

案 책상/생각/인도할 안
木 부수 6획, 총 10획. (　)부수 (　)획, 총 (　)획.
案:件　　案:內　　代:案　　立案　　方案　　雪案

5급(5급Ⅱ)-23-복습·쓰기장

♣ 아래의 빈칸을 채우시오.　　　　　　　　　　　　　【지난학습】

머리	수	잘	숙	순할	순	보일	시	알	식

【금일학습】

臣 신하 신									
實 열매 실									
兒 아이 아									
惡 악할 악									
案 책상 안									

신하　가신　공신　중신　사육신
실수　실효　실습　실행　부실
아동　아명　소아　육아　건아
악덕　악명　악용　악한　오한
안건　안내　대안　입안　방안　설안

5급(5급Ⅱ)-24

월   일 【시 간】   ~

❖ 각 한자어의 독음(讀音)은 바로 뒷면 아랫부분에

約 맺을 약

糸 부수 3획, 총 9획.　(　)부수 (　)획, 총 (　)획.

約束　　約數　　公約　　先約　　言約

養 기를 양

食 부수 6획, 총 15획.　(　)부수 (　)획, 총 (　)획.

養分　　養心　　養魚　　養成　　敎養

漁 고기잡을 어

氵水 부수 11획, 총 14획.　(　)부수 (　)획, 총 (　)획.

漁具　　漁夫　　漁船　　漁場　　漁村

魚 고기(물고기) 어

魚 부수 0획, 총 11획.　(　)부수 (　)획, 총 (　)획.

魚類　　魚物　　大魚　　人魚　　銀魚

億 억 억 100,000,000

亻人 부수 13획, 총 15획.　(　)부수 (　)획, 총 (　)획.

億萬長者　　　　數億　　五億

♣ 아래의 빈칸을 채우시오.   【지난학습】

신하 **신**	열매 **실**	아이 **아**	악할 **악**	책상 **안**

【금일학습】

約 맺을 약					
養 기를 양					
漁 고기잡을 어					
魚 고기 어					
億 억 억					

약속 약수 공약 선약 언약
양분 양심 양어 양성 교양
어구 어부 어선 어장 어촌
어류 어물 대어 인어 은어
억만장자 수억 오억

° 핵심정리장 13　　　　　　　　　　　　　　　　⬇ 자세히 읽어 보세요.

모양(형 形)	뜻(훈 訓) 소리(음 音)	자원풀이 및 핵심정리
熱	더울　　　열	불길이 세차서 뜨겁고 '덥다'는 뜻의 자입니다. • 熱(열) ↔ 寒(찰 한),　熱(열) ↔ 冷(찰 랭)
葉	잎　　　엽 성　　　섭	풀뿌리나 나뭇가지에서 한평생 싹을 틔우는 '잎'을 나타낸 자입니다. ※ 소리(음)와 뜻(훈)의 받침부분 주의.
屋	집　　　옥	지붕이 사람의 몸에 닿는 반지하 움막'집'을 뜻하는 자입니다. • 가옥(家屋)은 서로 동의어임.
完	완전할　　완	건물 주위에 담을 높이 쌓으니 튼실하고 '완전한' 집이 되었다는 뜻의 자입니다. • 완전(完全)은 서로 동의어임.
曜:	빛날　　요 요일　　요	꿩의 깃이 햇살을 받아 아름답게 '빛난다'는 뜻의 자입니다. • 긴소리로 읽음.
要(:)	요긴할　　요 중요할　　요 구할　　요	여자가 허리춤에 두 손을 얹고 있는 모습으로, 허리는 몸의 중심이라 건강에 '요긴하고' '중요한' 부분이라는 뜻의 자입니다. • 긴소리 또는 짧은소리로도 읽음.　• 惡(악할 악), 要(요긴할 요)
浴	목욕할　　욕	골짜기처럼 움푹패인 통 속에 물을 채우고 그 안에 들어가 '목욕한다'는 뜻의 자입니다.
友:	벗　　　우	손에 손을 맞잡고 서로 친하게 돕는 '벗'을 나타낸 자입니다. • 긴소리로 읽음.　• 左(왼 좌), 右(오른 우), 友(벗 우)
牛	소　　　우	'소'의 뒷모습을 본뜬 자입니다. • 午(낮 오), 牛(소 우)
雨:	비　　　우	하늘에 떠 있는 구름 사이로부터 내려오는 물방울이 '비'라는 뜻의 자입니다. • 긴소리로 읽음.

핵심정리장 14

자세히 읽어 보세요.

모양(형形)	뜻(훈訓) 소리(음音)		자원풀이 및 핵심정리
雲	구름	운	작은 물방울이 수증기가 되어 모인 '**구름**'이라는 뜻의 자입니다.
雄	수컷	웅	꽁지 짧은 새라도 날개의 완력 등이 암컷보다 월등히 뛰어난 것은 '**수컷**'이라는 뜻의 자입니다.
原	언덕(들판) 근원	원 원	샘물이 솟아나는 처음은 바위 밑이나 '**언덕**'이라는 뜻의 자입니다. • 원인(原因)은 서로 반의어임.
元	으뜸	원	사람의 몸체 중 위에 위치한 머리는 '**으뜸**'이 되는 중요 부분이라는 뜻의 자입니다. • 光(빛 광), 元(으뜸 원)
院	집	원	언덕처럼 높고 튼튼하고 완전하게 지은 '**집**'을 뜻하는 자입니다.
願:	원할	원	높은 언덕처럼 머리의 생각이 커지면 '**원하**'는 것이 많아진다는 뜻의 자입니다. • 긴소리로 읽음.
位	자리	위	나라의 조정에서 품계의 높낮이에 따라 늘어선 벼슬아치들의 '**자리**'라는 뜻을 나타낸 자입니다. • 立(설 립), 位(자리 위)
偉	클	위	마음이 너그럽고 원만하여 사람들에게 떠받들려 에워싸일 정도로 인물이 '**크다**'는 뜻의 자입니다. • 韓(한국 한), 偉(클 위)
以:	써	이	사람이 농기구인 보습을 '**써**'서 밭을 간다는 뜻의 자입니다. • 긴소리로 읽음. ※ 人(사람 인) 부수에 총 5획임.
耳:	귀 뿐(따름)	이 이	소리를 듣는 기관인 '**귀**'의 모양을 본뜬 자입니다. • 긴소리로 읽음.

5급(5급Ⅱ)-25

월   일 【시 간】   ~

❖ 각 한자어의 독음(讀音)은 바로 뒷면 아랫부분에 ↻

熱 더울 열	灬 火 부수 11획, 총 15획. ( )부수 ( )획, 총 ( )획.
	熱望 熱病 熱情 熱氣 發熱

葉 잎 엽 / 성 섭	++ 艹 부수 9획, 총 13획. ( )부수 ( )획, 총 ( )획.
	葉書 初葉 中葉 末葉 葉公

屋 집 옥	尸 부수 6획, 총 9획. ( )부수 ( )획, 총 ( )획.
	屋內 屋外 家屋 洋屋 韓:屋

完 완전할 완	宀 부수 4획, 총 7획. ( )부수 ( )획, 총 ( )획.
	完全 完結 完成 完勝 完敗

曜 빛날 요 / 요일 요	日 부수 14획, 총 18획. ( )부수 ( )획, 총 ( )획.
	曜:日 月曜病 金曜日

5급(5급Ⅱ)-25-복습・쓰기장

♣ **아래의 빈칸을 채우시오.**　　　　　　　　　　　　　　　　【지난학습】

맺을 **약**	기를 **양**	고기잡을 **어**	고기 **어**	억 **억**	

【금일학습】

熱 더울 열					
葉 잎 엽					
屋 집 옥					
完 완전할 완					
曜 빛날 요					

열망 열병 열정 열기 발열
엽서 초엽 중엽 말엽 섭공
옥내 옥외 가옥 양옥 한옥
완전 완결 완성 완승 완패
요일 월요병 금요일

5급(5급Ⅱ)-26

월   일 【시 간】   ~

❖ 각 한자어의 독음(讀音)은 바로 뒷면 아랫부분에 ①

要 요긴할 요 / 중요할 요 / 구할 요
西 襾 부수 3획, 총 9획. (   )부수 (   )획, 총 (   )획.

要約   要因   要所   要件   主要   重:要

浴 목욕할 욕
氵 水 부수 획7, 총 10획. (   )부수 (   )획, 총 (   )획.

浴室   入浴   日光浴   海:水浴

友 벗 우
又 부수 2획, 총 4획. (   )부수 (   )획, 총 (   )획.

友:情   友:軍   戰:友   親友   學友

牛 소 우
牛 부수 0획, 총 4획. (   )부수 (   )획, 총 (   )획.

牛足   農牛   韓:牛   牛馬車

雨 비 우
雨 부수 0획, 총 8획. (   )부수 (   )획, 총 (   )획.

雨:期   雨:中   風雨   雨:天時

♣ **아래의 빈칸을 채우시오.** 【지난학습】

더울 **열**		잎 **엽**		집 **옥**		완전할 **완**		빛날 **요**

【금일학습】

要 요긴할 요								
浴 목욕할 욕								
友 벗 우								
牛 소 우								
雨 비 우								

요약 요인 요소 요건 주요 중요
욕실 입욕 일광욕 해수욕
우정 우군 전우 친우 학우
우족 농우 한우 우마차
우기 우중 풍우 우천시

5급(5급Ⅱ)-27

월   일 【시 간】   ~
❖ 각 한자어의 독음(讀音)은 바로 뒷면 아랫부분에 ↻

雲 구름 운	雨 부수 4획, 총 12획. ( )부수 ( )획, 총 ( )획.
	雲集 白雲 靑雲 戰:雲 風雲兒

雄 수컷 웅	隹 부수 4획, 총 12획. ( )부수 ( )획, 총 ( )획.
	雄大 雄建 英雄

原 언덕(들판) 원 근원 원	厂 부수 8획, 총 10획. ( )부수 ( )획, 총 ( )획.
	原料 原油 原則 草原 原産地

元 으뜸 원	儿 부수 2획, 총 4획. ( )부수 ( )획, 총 ( )획.
	元金 元年 元來 元老 元首

院 집 원	阝阜 부수 7획, 총 10획. ( )부수 ( )획, 총 ( )획.
	院生 院長 病:院 入院 學院

♣ 아래의 빈칸을 채우시오.

【지난학습】

요긴할 **요**		목욕할 **욕**		벗 **우**		소 **우**		비 **우**

【금일학습】

雲 구름 운								
雄 수컷 웅								
原 언덕 원								
元 으뜸 원								
院 집 원								

운집 백운 청운 전운 풍운아
웅대 웅건 영웅
원료 원유 원칙 초원 원산지
원금 원년 원래 원로 원수
원생 원장 병원 입원 학원

5급(5급Ⅱ)-28

願 원할 원	頁 부수 10획, 총 19획. ( )부수 ( )획, 총 ( )획.	
	願:書 願:望 民願 所:願 自願	
位 자리 위	亻 人 부수 5획, 총 7획. ( )부수 ( )획, 총 ( )획.	
	同位 方位 在:位 王位 部位	
偉 클 위	亻 人 부수 9획, 총 11획. ( )부수 ( )획, 총 ( )획.	
	偉大 偉力 偉業 偉人	
以 써 이	人 부수 3획, 총 5획. ( )부수 ( )획, 총 ( )획.	
	以:北 以:前 以:後 以:心傳心	
耳 귀 이 뿐(따름) 이	耳 부수 0획, 총 6획. ( )부수 ( )획, 총 ( )획.	
	耳:目 耳:順 馬:耳東風	

5급(5급Ⅱ)-28-복습·쓰기장

♣ 아래의 빈칸을 채우시오.　　　　　　　　　　　　　　　【지난학습】

구름	운	수컷	웅	언덕	원	으뜸	원	집	원

【금일학습】

願						
원할 원						
位						
자리 위						
偉						
클 위						
以						
써 이						
耳						
귀 이						

원서　원망　민원　소원　자원
동위　방위　재위　왕위　부위
위대　위력　위업　위인
이북　이전　이후　이심전심
이목　이순　마이동풍

◦ 핵심정리장 15   　　　　　　　　　　　⬇ 자세히 읽어 보세요.

모양(형形)	뜻(훈訓) 소리(음音)	자원풀이 및 핵심정리
因	인할　　인	사람이 팔다리를 쭉 뻗고 돗자리 위에 드러누운 것은 의지할만한 이유로 '**인해**'서이다 라는 뜻의 자입니다. • **인과**(因果)는 서로 반의어임.
任(:)	맡길　　임	사람이 공구 등의 짐을 짊어지듯 책임을 '**맡긴다**'는 뜻의 자입니다. • 긴소리 또는 짧은소리로도 읽음.
再:	두(다시)　재	말린 물고기를 장작개비 쌓듯 '**두**(**다시**)'번 세 번 거듭해 놓은 모습을 나타낸 자입니다. • 긴소리로 읽음.　　• 用(쓸 용), 再(두 재)
材	재목　　재	본래부터 가진 바탕을 이용하여 재료로 삼는 나무를 '**재목**'이라고 한다는 뜻의 자입니다. • 才(재주 재), 材(재목 재)
災	재앙　　재	물난리 불난리 등을 모두 '**재앙**'이라고 한다는 뜻의 자입니다.
財	재물　　재	생활하는데 바탕이 되는 돈 등을 '**재물**'이라 한다는 뜻의 자입니다. • 才(재주 재), 材(재목 재), 財(재물 재)
爭	다툴　　쟁	작대기를 잡고 서로 차지하려고 손으로 '**다툰다**'는 뜻의 자입니다. • 競:爭(경쟁)·戰:爭(전쟁)은 서로 동의어임. • 戰:爭(전쟁) ↔ 平和(평화)
貯:	쌓을　　저	재물이 멈추어 있을 곳에 안전하게 '**쌓아**'둔다는 뜻의 자입니다. • 긴소리로 읽음.
的	과녁(맞을)　적	흰바탕에 작은 동그라미를 그려넣어 활을 쏘아 맞추는 '**과녁**'으로 삼았다는 뜻의 자입니다. • 約(맺을 약), 的(과녁 적)
赤	붉을　　적	큰 불이 내는 빛은 대략 '**붉은**' 빛이라는 뜻의 자입니다.

◦ 핵심정리장 16   ⬇ 자세히 읽어 보세요.

모양(형形)	뜻(훈訓) 소리(음音)	자원풀이 및 핵심정리
典:	법 전 책 전	책상 위에 꽂힌 '책'이란 뜻의 자입니다. • 긴소리로 읽음.
傳	전할 전	손에서 떨어진 실패에서 실이 풀어지듯 역말을 탄 사람이 소식을 되도록 빨리 '전한다'는 뜻을 나타낸 자입니다.
展:	펼 전	사람이 비단옷을 '펼'쳐 놓는다는 뜻의 자입니다. • 긴소리로 읽음.
切	끊을 절 온통 체	여러 번 칼질을 하여 '끊는다'는 뜻의 자입니다. • 일자다음자. 절·체 ※ 일절(一切) 출입금지. • 안주 일체(一切) • 攻(칠 공), 功(공 공), 切(끊을 절 / 온통 체)
節	마디 절 절기 절	대나무가 자라 나가면서 생기는 '마디'를 나타낸 자입니다.
店	가게 점	집의 한쪽을 점거하여 터놓고 '가게'로 사용한다는 뜻의 자입니다.
停	머무를 정	길 가던 사람이 정자에 들어가 잠시 '머물러' 쉰다는 뜻의 자입니다. • 정지(停止)는 서로 동의어임.
情	뜻(마음) 정	하늘처럼 푸르고 맑은 마음의 속내가 '뜻'이 된다는 자입니다. • 靑(푸를 청), 淸(맑을 청), 情(뜻 정)
操(:)	잡을 조 지조 조	손으로 장악하듯이 나무 위의 많은 새 지저귐을 조용히 '잡는다'는 뜻의 자입니다. • 긴소리 또는 짧은소리로도 읽음.
調	고를 조 조화로울 조 곡조 조	말이 두루두루 '조화롭고' '고르다'는 뜻의 자입니다.

5급(5급Ⅱ)-29

월   일 【시 간】   ~
❖ 각 한자어의 독음(讀音)은 바로 뒷면 아랫부분에

因 인할 인	囗 부수 3획, 총 6획. ( )부수 ( )획, 총 ( )획.				
	因果	死:因	要因	原因	因習

任 맡길 임	亻人 부수 4획, 총 6획. ( )부수 ( )획, 총 ( )획.				
	任:命	任:期	任:用	信:任	所:任

再 두(다시) 재	冂 부수 4획, 총 6획. ( )부수 ( )획, 총 ( )획.				
	再:發	再:三	再:生	再:唱	再:昨年

材 재목 재	木 부수 3획, 총 7획. ( )부수 ( )획, 총 ( )획.			
	材料	材木	木材	

災 재앙 재	火 부수 3획, 총 7획. ( )부수 ( )획, 총 ( )획.			
	人災	火:災	水災	天災地變

5급(5급Ⅱ)-29-복습・쓰기장

♣ 아래의 빈칸을 채우시오.

【지난학습】

원할	원	자리	위	클	위	써	이	귀	이

【금일학습】

因					
인할 인					
任					
맡길 임					
再					
두 재					
材					
재목 재					
災					
재앙 재					

인과 사인 요인 원인 인습
임명 임기 임용 신임 소임
재발 재삼 재생 재창 재작년
재료 재목 목재
인재 화재 수재 천재지변

5급(5급Ⅱ)-30

월   일 【시 간】   ~

財 재물 재
貝 부수 3획, 총 10획.   (   )부수 (   )획, 총 (   )획.

財物   財産   財力   財界   文化財

爭 다툴 쟁
爪 부수 4획, 총 8획.   (   )부수 (   )획, 총 (   )획.

言爭   戰:爭

貯 쌓을 저
貝 부수 5획, 총 12획.   (   )부수 (   )획, 총 (   )획.

貯:金   貯:炭

的 과녁(맞을) 적
白 부수 3획, 총 8획.   (   )부수 (   )획, 총 (   )획.

的中   目的   法的   外:的   公的

赤 붉을 적
赤 부수 0획, 총 7획.   (   )부수 (   )획, 총 (   )획.

赤色   赤字   赤信號   赤外線

♣ **아래의 빈칸을 채우시오.**　　　　　　　　　　　　　　　　　　【지난학습】

인할 **인**	맡길 **임**	두 **재**	재목 **재**	재앙 **재**

　　　　　　　　　　　　　　　　　　　　　　　　　　　　　　　　　【금일학습】

財 재물 재						
爭 다툴 쟁						
貯 쌓을 저						
的 과녁 적						
赤 붉을 적						

재물 재산 재력 재계 문화재
언쟁 전쟁
저금 저탄
적중 목적 법적 외적 공적
적색 적자 적신호 적외선

5급(5급Ⅱ)-31

典 법 책 전 전	八 부수 6획, 총 8획. ( )부수 ( )획, 총 ( )획.
	古:典　　　字典　　　特典　　　百科事典

傳 전할 전	亻 人 부수 11획, 총 13획. ( )부수 ( )획, 총 ( )획.
	傳記　　　傳來　　　傳說　　　父傳子傳

展 펼 전	尸 부수 7획, 총 10획. ( )부수 ( )획, 총 ( )획.
	展:開　　　發展　　　展:示會　　　展:示效果

切 끊을 절 온통 체	刀 부수 2획, 총 4획. ( )부수 ( )획, 총 ( )획.
	切開　　　切實　　　切親　　　一切　　　品:切

節 마디 절 절기 절	竹 부수 9획, 총 15획. ( )부수 ( )획, 총 ( )획.
	節氣　　　節度　　　節約　　　名節　　　音節

5급(5급Ⅱ)-31-복습·쓰기장

♣ 아래의 빈칸을 채우시오.　　　　　　　　　　　　　　　　　　　　【지난학습】

재물 **財**	다툴 **爭**	쌓을 **貯**	과녁 **的**	붉을 **赤**

【금일학습】

典 법 전					
傳 전할 전					
展 펼 전					
切 끊을 절					
節 마디 절					

고전　자전　특전　백과사전
전기　전래　전설　부전자전
전개　발전　전시회　전시효과
절개　절실　절친　일절/일체　품절
절기　절도　절약　명절　음절

5급(5급Ⅱ)-32

월   일 【시 간】   ~

❖ 각 한자어의 독음(讀音)은 바로 뒷면 아랫부분에 ↻

店 (가게 점)
广 부수 5획, 총 8획. (   )부수 (   )획, 총 (   )획.

本店   開店   書店   飮:食店

停 (머무를 정)
亻 人 부수 9획, 총 11획. (   )부수 (   )획, 총 (   )획.

停止   停戰   停電   停車場

情 (뜻(마음) 정)
忄 心 부수 8획, 총 11획. (   )부수 (   )획, 총 (   )획.

情談   情感   母:情   心情   表情

操 (잡을 조 / 지조 조)
扌 手 부수 13획, 총 16획. (   )부수 (   )획, 총 (   )획.

操:心   操:業   體操   操作

調 (고를 조 / 조화로울 조 / 곡조 조)
言 부수 8획, 총 15획. (   )부수 (   )획, 총 (   )획.

曲調   調和   調節   強:調   時調

♣ **아래의 빈칸을 채우시오.** 　　　　　　　　　　　　　【지난학습】

법	전	전할	전	펼	전	끊을	절	마디	절

【금일학습】

店 가게 점								
停 머무를 정								
情 뜻 정								
操 잡을 조								
調 고를 조								

본점　개점　서점　음식점
정지　정전　정전　정거장
정담　정감　모정　심정　표정
조심　조업　체조　조작
곡조　조화　조절　강조　시조

◦ 핵심정리장 17 　　　　　　　　　　　　⬇ 자세히 읽어 보세요.

모양(형 形)	뜻(훈 訓) 소리(음 音)	자원풀이 및 핵심정리
卒	마칠　　졸 병사　　졸	같은 옷을 입고 열명씩 대오를 이룬 '**병사**'를 나타낸 자로, 병졸은 전쟁터에서 목숨을 쉽게 '**마친다**'는 뜻도 있습니다. • **병졸**(兵卒)・**사졸**(士:卒)은 서로 동의어임. • 來(올 래), 卒(마칠 졸)
種(:)	씨(종자)　종	벼 등의 농사를 짓는데 중요한 것은 '**씨**(종자)'라는 뜻의 자입니다. • 긴소리 또는 짧은소리로도 읽음.
終	마칠　　종	겨울은 계절의 끝이듯이 실을 다 감고 그 끝을 매듭지어 '**마친다**'는 뜻의 자입니다. • **시종**(始:終)・**초종**(初終)은 서로 반의어임. • **종지**(終止)・**종말**(終末)은 서로 동의어임.
罪:	허물　　죄	법망에 걸려들 그른 짓이 '**허물**'이 된다는 자입니다. • 긴소리로 읽음. • **유죄**(有:罪) ↔ **무죄**(無罪)
週	주일　　주 돌(회전할)　주	둘레를 한 바퀴 돌 듯 칠일째가 되면 한 '**주일**'이 된다는 뜻의 자입니다. • **주초**(週初) ↔ **주말**(週末)
州	고을　　주	흐르는 내 가운데 넓게 생긴 비옥한 땅에 세워진 '**고을**'이라는 뜻의 자입니다. • 川(내 **천**), 州(고을 **주**)
止	그칠　　지 막을　　지	사람이 딛고선 발이 '**그쳐**' 머물러 있는 모습을 나타낸 자입니다. • **정지**(停止)는 서로 동의어임.
知	알　　　지	입으로 하는 말은 나는 화살처럼 빨리 '**안다**'는 뜻의 자입니다. • **지식**(知識)은 서로 동의어임.
質	바탕　　질 물을　　질	끼 등 돈되는 저당물을 잡히는 것이 약속을 지키려는 우선의 '**바탕**'이 된다는 뜻의 자입니다. • **질문**(質問)은 서로 동의어임.　• **질문**(質問) ↔ **대답**(對:答)
着	붙을　　착 입을　　착	두 눈이 가까이 있듯이 양들도 무리지어 가깝게 '**붙어**' 지낸다는 뜻의 자입니다. • 省(살필 **성**), 養(기를 **양**), 着(붙을 **착**). • **발착**(發着)은 서로 반의어임.

핵심정리장 18

🔽 *자세히 읽어 보세요.*

모양(형 形)	뜻(훈 訓) 소리(음 音)	자원풀이 및 핵심정리
參	참여할 참 석 삼	사람의 머리카락에 별빛처럼 반짝이는 비녀 장식을 하고 의식에 '**참여한다**'는 뜻의 자입니다. • 일자다음자임. **참·삼** • 三(석 **삼**)의 갖은 자임. 三(삼) = 參(참) ※ 갖은 자 : 같은 글자로서 획을 많이 쓰는 자.
唱:	부를(노래부를) 창	창성이 빛나는 빛처럼 우렁차게 소리 질러 노래 '**부른다**'는 뜻의 자입니다. • 긴소리로 읽음.
責	꾸짖을 책 책임 책	빌려간 재물을 갚도록 독촉하는 것이 마치 가시나무 회초리로 때리며 '**꾸짖**'는 것 같다는 뜻의 자입니다.
鐵	쇠 철	빨리 녹이 스는 금속붙이인 '**쇠**'라는 뜻의 자입니다.
初	처음 초	천을 잘라 마름질하는 것은 옷을 만드는 일의 '**처음**'이라는 뜻의 자입니다. • 부수는 刀(칼 도)임. • **시초**(始:初)는 서로 동의어임. • **초종**(初終)은 서로 반의어임.
最:	가장 최	위험을 무릅쓰고 적진 속에서 전리품을 취해오는 것은 '**가장**' 큰 모험이라는 뜻의 자입니다. • 긴소리로 읽음.
祝	빌 축	좨주가 신주 앞에서 입을 크게 벌리고 일이 잘되게 해달라고 '**빈다**'는 뜻의 자입니다.
充	채울 충	어버이는 어린아이가 어진 마음이 가득 '**채워**'져 자라기를 염원한다는 뜻의 자입니다.
致:	이를 치	채찍을 맞으며 뒤쳐져 왔지만 목적지에는 '**이르렀다**'는 뜻의 자입니다. • 긴소리로 읽음. • 부수는 至(이를 **지**)임. • 到(이를 **도**), 致(이를 **치**)
則	법칙 칙 곧(~한다면) 즉	조개를 칼로 공평하게 쪼갤 때나 솥과 칼을 만듦에 있어서 '**법칙**'이 있다는 뜻의 자입니다. • 일자다음자임. **칙·즉** • 부수는 刂(칼도방)임.

卒 마칠/병사 졸	十 부수 6획, 총 8획. ( )부수 ( )획, 총 ( )획.
	卒業　　卒兵　　高卒　　大卒

種 씨(종자) 종	禾 부수 9획, 총 14획. ( )부수 ( )획, 총 ( )획.
	種:類　　種:目　　種子　　各種　　食人種

終 마칠 종	糸 부수 5획, 총 11획. ( )부수 ( )획, 총 ( )획.
	終局　　終禮　　終身　　終日　　始:終

罪 허물 죄	罒 网 부수 8획, 총 13획. ( )부수 ( )획, 총 ( )획.
	罪:惡　　罪:目　　罪:人　　罪:科　　罪質

週 주일/돌(회전할) 주	辶 辵 부수 8획, 총 12획. ( )부수 ( )획, 총 ( )획.
	週末　　週番　　週中　　每:週　　今週

5급(5급Ⅱ)-33-복습·쓰기장

♣ 아래의 빈칸을 채우시오.　　　　　　　　　　　【지난학습】

가게 **店**		머무를 **停**		뜻 **情**		잡을 **操**		고를 **調**	

【금일학습】

卒 마칠 졸					
種 씨 종					
終 마칠 종					
罪 허물 죄					
週 주일 주					

졸업　졸병　고졸　대졸
종류　종목　종자　각종　식인종
종국　종례　종신　종일　시종
죄악　죄목　죄인　죄과　죄질
주말　주번　주중　매주　금주

5급(5급Ⅱ)-34

월   일 【시 간】   ~

❖ 각 한자어의 독음(讀音)은 바로 뒷면 아랫부분에 ↻

州 고을 주	川 巛 부수 3획, 총 6획. ( )부수 ( )획, 총 ( )획.
	州郡 全州 光州 廣:州

止 그칠 지 막을 지	止 부수 0획, 총 4획. ( )부수 ( )획, 총 ( )획.
	中止 停止 行動擧止

知 알 지	矢 부수 3획, 총 8획. ( )부수 ( )획, 총 ( )획.
	知識 親知 知性 知行合一 聞一知十

質 바탕 질 물을 질	貝 부수 8획, 총 15획. ( )부수 ( )획, 총 ( )획.
	質量 質問 物質 變:質 土質

着 붙을 착 입을 착	目 부수 7획, 총 12획. ( )부수 ( )획, 총 ( )획.
	着工 着陸 着實 着席 定:着

109

♣ 아래의 빈칸을 채우시오. 　　　　　　　　　　　　　　【지난학습】

마칠 **졸**		씨 **종**		마칠 **종**		허물 **죄**		주일 **주**	

【금일학습】

州 고을 주							
止 그칠 지							
知 알 지							
質 바탕 질							
着 붙을 착							

주군 전주 광주 광주
중지 정지 행동거지
지식 친지 지성 지행합일 문일지십
질량 질문 물질 변질 토질
착공 착륙 착실 착석 정착

5급(5급Ⅱ)-35

월   일 【시 간】   ~

❖ 각 한자어의 독음(讀音)은 바로 뒷면 아랫부분에 ↻

參
참여할 참
석 삼

ム 부수 9획, 총 11획.   (   )부수 (   )획, 총 (   )획.

參加   參席   參戰   不參   古:參

唱
부를(노래부를) 창

口 부수 8획, 총 11획.   (   )부수 (   )획, 총 (   )획.

獨唱   名唱   二:重唱   歌唱力

責
꾸짖을 책
책임 책

貝 부수 4획, 총 11획.   (   )부수 (   )획, 총 (   )획.

責任   責望   責善   問:責   自責

鐵
쇠 철

金 부수 13획, 총 21획.   (   )부수 (   )획, 총 (   )획.

鐵馬   鐵船   鐵板   鐵道   鐵則

初
처음 초

刀 부수 5획, 총 7획.   (   )부수 (   )획, 총 (   )획.

初面   年初   初八日   初等學校

111

5급(5급Ⅱ)-35-복습·쓰기장

♣ **아래의 빈칸을 채우시오.**　　　　　　　　　　　　　　【지난학습】

고을 주	그칠 지	알 지	바탕 질	붙을 착

【금일학습】

參 참여할 참					
唱 부를 창					
責 꾸짖을 책					
鐵 쇠 철					
初 처음 초					

참가 참석 참전 불참 고참
독창 명창 이중창 가창력
책임 책망 책선 문책 자책
철마 철선 철판 철도 철칙
초면 연초 초파일 초등학교

5급(5급Ⅱ)-36

월   일 【시 간】   ~

❖ 각 한자어의 독음(讀音)은 바로 뒷면 아랫부분에 ↻

最 — 가장 최

日 부수 8획, 총 12획.   (   )부수 (   )획, 총 (   )획.

最:高   最:短   最:善   最:初   最:後

祝 — 빌 축

示 부수 5획, 총 10획.   (   )부수 (   )획, 총 (   )획.

祝歌   祝福   祝電   祝願   自祝

充 — 채울 충

儿 부수 4획, 총 6획.   (   )부수 (   )획, 총 (   )획.

充當   充電   充足   充分   充實

致 — 이를 치

至 부수 4획, 총 10획.   (   )부수 (   )획, 총 (   )획.

景致   理:致   合致   致:命的

則 — 법칙 칙 / 곧(~한다면) 즉

刂 刀 부수 7획, 총 9획.   (   )부수 (   )획, 총 (   )획.

校:則   正:則   反:則   會:則   學則

5급(5급Ⅱ)-36-복습・쓰기장

♣ 아래의 빈칸을 채우시오. 【지난학습】

참여할 **참**		부를 **창**		꾸짖을 **책**		쇠 **철**	처음 **초**

【금일학습】

最 가장 **최**							
祝 빌 **축**							
充 채울 **충**							
致 이를 **치**							
則 법칙 **칙**							

최고 최단 최선 최초 최후
축가 축복 축전 축원 자축
충당 충전 충족 충분 충실
경치 이치 합치 치명적
교칙 정칙 반칙 회칙 학칙

핵심정리장 19

▶ 자세히 읽어 보세요.

모양(형 形)	뜻(훈 訓) 소리(음 音)	자원풀이 및 핵심정리
他	다를 타	뱀은 파충류이고 사람은 영장류라 서로 '**다르다**'는 뜻의 자입니다. • 地(땅 지), 他(다를 타)
打:	칠 타	손으로 망치를 들고 못의 머리를 '**친다**'는 뜻의 자입니다. • 긴소리로 읽음.
卓	높을 탁	사람들이 아침 해처럼 '**높이**' 솟아올라 나는 새를 그물로 쳐서 잡는다는 뜻의 자입니다.
炭:	숯 탄	산둔덕의 흙구덩이 속에서 참나무를 구워 만든 '**숯**'을 나타낸 자입니다. • 긴소리로 읽음. • 빙탄(氷炭)은 서로 반의어임.
宅	집 택 집(댁) 댁	사람이 몸을 맡기고 사는 지붕 등이 빼어나게 아름다운 '**집**'을 나타낸 자입니다. • 일자다음자임. 택·댁
板	널(널빤지) 판	통나무를 아래위로 뒤집어 가며 켜낸 '**널(널빤지)**'을 나타낸 자입니다.
敗:	패할 패	내려친 조개가 망가진 것처럼 적에게 무너져 '**패했다**'는 뜻의 자입니다. • 긴소리로 읽음. • 부수는 攵(등글월문 / 칠 복)임. • 성패(成敗)·승패(勝敗)는 서로 반의어임. • 則(법칙 칙 / 곧 즉), 敗(패할 패)
品:	물건 품	여러 사람들의 말을 모아 '**물건**'을 평한다는 뜻의 자입니다. • 긴소리로 읽음.
必	반드시 필	마음에 말뚝을 박듯이 하고자 하는 일을 '**반드시**' 한다는 뜻의 자입니다. • 心(마음 심), 必(반드시 필)
筆	붓 필	대체로 대나무를 자루삼아 손으로 쥐고 글씨를 쓰는 도구인 '**붓**'을 뜻하는 자이다.

핵심정리장 20

자세히 읽어 보세요.

모양(형 形)	뜻(훈 訓) 소리(음 音)	자원풀이 및 핵심정리
河	물 하 강이름 하	옳다하며 입을 크게 벌린 모습처럼 강의 하구가 넓은 중국 황하의 '물'이름을 뜻하는 자입니다. • 하천(河川)·하해(河海)는 서로 동의어임. • 可(옳을 가), 河(물 하)
寒	찰 한	움집에서 사람의 몸이 얼지 않도록 풀더미로 감싼 것은 날씨가 몹시 '차'기 때문이라는 뜻의 자입니다. • 한랭(寒冷)은 서로 동의어임.
害:	해할(해칠) 해 방해할 해	어지러이 자란 풀같이 집안에 들어앉아 헐뜯는 말을 하여 남을 '해친다'는 뜻의 자입니다. • 긴소리로 읽음.
許	허락 허 쯤 허	정오는 오전과 오후로 구분되는 시점인 것처럼 간청하는 말을 들어주면 분명히 '허락'한다는 뜻의 자입니다.
湖	호수 호	살갗이 오래되면 주름지듯이 그렇게 잔잔한 물결이 일렁거리는 '호수'라는 뜻의 자입니다.
化(:)	될 화 변화할 화	바로 선사람과 거꾸로 선사람이 합쳐져서 재주를 부리게 '된' 모습을 나타낸 자입니다. • 긴소리 또는 짧은소리로도 읽음. • 변화(變:化)는 서로 동의어임.
患:	근심 환	꼬챙이에 찔린 듯이 아픈 마음이 남아 '근심'이 된다는 뜻의 자입니다. • 긴소리로 읽음.
效:	본받을 효	착한 사람과 사귀도록 타일러 좋은 점을 '본받'게 한다는 뜻의 자입니다. • 긴소리로 읽음.
凶	흉할 흉	함정에 빠진 상태가 매우 '흉하다'는 뜻의 자입니다. • 길흉(吉凶)은 서로 반의어임.
黑	검을 흑	불을 때면 연기가 굴뚝을 통하여 나가는데 굴뚝 속이 그을려 그 빛깔이 '검다'는 뜻의 자입니다. • 흑백(黑白)은 서로 반의어임.

5급(5급Ⅱ)-37

월   일 【시 간】   ~
❖ 각 한자어의 독음(讀音)은 바로 뒷면 아랫부분에 ↻

他 다를 타	亻 人 부수 3획, 총 5획. ( )부수 ( )획, 총 ( )획.
	他界 他國 自他 出他 他社

打 칠 타	扌 手 부수 2획, 총 5획. ( )부수 ( )획, 총 ( )획.
	打:開 打:球 打:令 打:者 安打

卓 높을 탁	十 부수 6획, 총 8획. ( )부수 ( )획, 총 ( )획.
	卓見 卓球 卓上 卓子 食卓

炭 숯 탄	火 부수 5획, 총 9획. ( )부수 ( )획, 총 ( )획.
	炭:價 炭:質 炭:車 木炭 石炭

宅 집 택 집(댁) 댁	宀 부수 3획, 총 6획. ( )부수 ( )획, 총 ( )획.
	宅地 家宅 自宅 住:宅 宅內

♣ 아래의 빈칸을 채우시오.　　　　　　　　　　　　　　　　　　　　　　【지난학습】

가장 **최**	빌 **축**	채울 **충**	이를 **치**	법칙 **칙**

【금일학습】

他 다를 타						
打 칠 타						
卓 높을 탁						
炭 숯 탄						
宅 집 택						

타계　타국　자타　출타　타사
타개　타구　타령　타자　안타
탁견　탁구　탁상　탁자　식탁
탄가　탄질　탄차　목탄　석탄
택지　가택　자택　주택　댁내

5급(5급Ⅱ)-38

板 널(널빤지) 판
木 부수 4획, 총 8획.   (   )부수 (   )획, 총 (   )획.
板本   板子   登板   合板   畫:板

敗 패할 패
攵(攴) 부수 7획, 총 11획.   (   )부수 (   )획, 총 (   )획.
敗:因   敗:戰   敗:北   成敗   勝敗   全敗

品 물건 품
口 부수 6획, 총 9획.   (   )부수 (   )획, 총 (   )획.
品:貴   品:質   品:名   品:位   金品

必 반드시 필
心 부수 1획, 총 5획.   (   )부수 (   )획, 총 (   )획.
必要   必勝   必然   必死的

筆 붓 필
竹 부수 6획, 총 12획.   (   )부수 (   )획, 총 (   )획.
筆順   筆者   筆致   名筆   親筆

5급(5급Ⅱ)-38-복습·쓰기장

♣ 아래의 빈칸을 채우시오.

【지난학습】

다를 **타**	칠 **타**	높을 **탁**	숯 **탄**	집 **택**

【금일학습】

板 널 **판**						
敗 패할 **패**						
品 물건 **품**						
必 반드시 **필**						
筆 붓 **필**						

판본 판자 등판 합판 화판
패인 패전 패배 성패 승패 전패
품귀 품질 품명 품위 금품
필요 필승 필연 필사적
필순 필자 필치 명필 친필

월   일 【시 간】   ~

❖ 각 한자어의 독음(讀音)은 바로 뒷면 아랫부분에 ⊙

5급(5급Ⅱ)-39

河
물 하
강이름 하

氵水 부수 5획, 총 8획. (   )부수 (   )획, 총 (   )획.

河川   河口   銀河水   百年河淸

寒
찰 한

宀 부수 9획, 총 12획. (   )부수 (   )획, 총 (   )획.

寒氣   寒冷   寒害   寒冷前線

害
해할(해칠) 해
방해할 해

宀 부수 7획, 총 10획. (   )부수 (   )획, 총 (   )획.

害:惡   公害   病:害   水害   災害

許
허락 허
쯤 허

言 부수 4획, 총 11획. (   )부수 (   )획, 총 (   )획.

許可   許多   特許   十里許

湖
호수 호

氵水 부수 9획, 총 12획. (   )부수 (   )획, 총 (   )획.

湖水   湖南   江湖

5급(5급Ⅱ)-39-복습·쓰기장

♣ 아래의 빈칸을 채우시오.   【지난학습】

널 **판**	패할 **패**	물건 **품**	반드시 **필**	붓 **필**	

【금일학습】

河 물 하					
寒 찰 한					
害 해할 해					
許 허락할 허					
湖 호수 호					

하천 하구 은하수 백년하청
한기 한랭 한해 한랭전선
해악 공해 병해 수해 재해
허가 허다 특허 십리허
호수 호남 강호

5급(5급Ⅱ)-40

월   일 【시 간】   ~
❖ 각 한자어의 독음(讀音)은 바로 뒷면 아랫부분에 ↻

化 될/변화할 화	匕 부수 2획, 총 4획. ( )부수 ( )획, 총 ( )획.
	化:石 化合 强化 同化 敎:化

患 근심 환	心 부수 7획, 총 11획. ( )부수 ( )획, 총 ( )획.
	患:者 老:患 病:患 後:患 急患

效 본받을 효	攵攴 부수 6획, 총 10획. ( )부수 ( )획, 총 ( )획.
	效:果 效:能 效:力 效:用 藥效

凶 흉할 흉	凵 부수 2획, 총 4획. ( )부수 ( )획, 총 ( )획.
	凶惡 凶家 凶計 凶年 吉凶

黑 검을 흑	黑 부수 0획, 총 12획. ( )부수 ( )획, 총 ( )획.
	黑白 黑炭 黑色 黑心 黑字

123

♣ 아래의 빈칸을 채우시오.   【지난학습】

물	하	찰	한	해할	해	허락할	허	호수	호

【금일학습】

化 될 화									
患 근심 환									
效 본받을 효									
凶 흉할 흉									
黑 검을 흑									

화석 화합 강화 동화 교화
환자 노환 병환 후환 급환
효과 효능 효력 효용 약효
흉악 흉가 흉계 흉년 길흉
흑백 흑탄 흑색 흑심 흑자

♣ 아래의 약자(略字)·속자(俗字)를 써 보시오.

약자·속자 5급(5급Ⅱ) - 1

價	価							
값 가								
擧	挙				舉			
들 거								
輕	軽							
가벼울 경								
觀	观							
볼 관								
關	関							
관계할 관								
廣	広							
넓을 광								
敎	教							
가르칠 교								
區	区							
구분할 구								
舊	旧							
예 구								

♣ 아래의 약자(略字)·속자(俗字)를 써 보시오.

약자·속자 5급(5급Ⅱ) - 2

國	国							
나라 국								
氣	気							
기운 기								
團	団							
둥글 단								
當	当							
마땅 당								
對	対							
대할 대								
圖	図							
그림 도								
獨	独							
홀로 독								
讀	読							
읽을 독								
同	仝							
한가지 동								

♣ **아래의 약자(略字)·속자(俗字)를 써 보시오.**

약자·속자 5급(5급Ⅱ) - 3

樂	楽							
즐길 락								
來	来							
올 래								
禮	礼							
예도 례								
勞	労							
일할 로								
萬	万							
일만 만								
賣	売							
팔 매								
無	无							
없을 무								
發	発							
필 발								
變	変							
변할 변								

♣ 아래의 약자(略字)·속자(俗字)를 써 보시오.
약자·속자 5급(5급Ⅱ) - 4

寫	写				写		寫	
베낄 사								
船	舩							
배 선								
世	丗							
인간 세								
數	数							
셈 수								
實	実							
열매 실								
兒	児							
아이 아								
惡	悪							
악할 악								
藥	薬							
약 약								
溫	温							
따뜻할 온								

아래의 약자(略字)·속자(俗字)를 써 보시오.
약자·속자 5급(5급Ⅱ) - 5

遠	遠							
멀 원								
醫	医							
의원 의								
長	长							
긴 장								
災	灾							
재앙 재								
爭	争							
다툴 쟁								
傳	伝							
전할 전								
戰	战					戦		
싸움 전								
定	定							
정할 정								
卒	卆							
마칠 졸								

♣ 아래의 약자(略字)·속자(俗字)를 써 보시오.

약자·속자 5급(5급Ⅱ) - 6

晝 昼							
낮 주							
質 质							
바탕 질							
參 参							
참여할 참							
鐵 鉄							
쇠 철							
體 体							
몸 체							
學 学							
배울 학							
號 号							
이름 호							
畫 画							
그림 화							
會 会							
모일 회							

한자어(漢字語) 학습

- 한자어 독음(讀音) 쓰기
- 한자어 쓰기
- 반의어(反義語)
- 동의어(同義語)
- 동음이의어(同音異義語)
- 한자성어(漢字成語)

♣ 다음 한자어(漢字語)의 독음(讀音)을 쓰시오.   ▶정답은 199쪽

1. 價格   2. 代:價   19. 客觀   20. 客室
(   )   (   )   (   )   (   )

3. 定:價   4. 原價   21. 客地   22. 主客
(   )   (   )   (   )   (   )

5. 高價品   6. 加入   23. 食客   24. 去:來
(   )   (   )   (   )   (   )

7. 加工   8. 加算   25. 公正去來   26. 擧:手
(   )   (   )   (   )   (   )

9. 加重   10. 加速度   27. 擧:名   28. 擧:事
(   )   (   )   (   )   (   )

11. 可:能   12. 可:觀   29. 一擧一動   30. 件數
(   )   (   )   (   )   (   )

13. 可:決   14. 不問可知   31. 事:件   32. 用:件
(   )   (   )   (   )   (   )

15. 改:良   16. 改:正   33. 物件   34. 案:件
(   )   (   )   (   )   (   )

17. 改:名   18. 改:善   35. 健:全   36. 健:實
(   )   (   )   (   )   (   )

♣ 다음 한자어(漢字語)의 독음(讀音)을 쓰시오.　　▶정답은 199쪽

1. 健:在 (　　)
2. 健:勝 (　　)
3. 強健 (　　)
4. 建:國 (　　)
5. 建:立 (　　)
6. 建:物 (　　)
7. 重:建 (　　)
8. 再:建 (　　)
9. 格式 (　　)
10. 格言 (　　)
11. 人格 (　　)
12. 主格 (　　)
13. 合格 (　　)
14. 見:本 (　　)
15. 見:聞 (　　)
16. 所:見 (　　)
17. 意:見 (　　)
18. 見:物生心 (　　)
19. 決定 (　　)
20. 決心 (　　)
21. 決死 (　　)
22. 決算 (　　)
23. 決勝戰 (　　)
24. 結果 (　　)
25. 結合 (　　)
26. 結末 (　　)
27. 結成 (　　)
28. 結實 (　　)
29. 直結 (　　)
30. 景觀 (　　)
31. 景致 (　　)
32. 景:品 (　　)
33. 景氣 (　　)
34. 夜:景 (　　)
35. 八景 (　　)
36. 敬:禮 (　　)

♣ 다음 한자어(漢字語)의 독음(讀音)을 쓰시오.　　　▶정답은 199쪽

1. 敬:語　　　　2. 敬:意　　　　19. 固定　　　　20. 固着
(　　　　)　(　　　　)　(　　　　)　(　　　　)

3. 敬:老席　　　4. 敬:天愛人　　21. 固體　　　　22. 考:査
(　　　　)　(　　　　)　(　　　　)　(　　　　)

5. 競:技　　　　6. 競:爭　　　　23. 考案　　　　24. 再:考
(　　　　)　(　　　　)　(　　　　)　(　　　　)

7. 競:合　　　　8. 競:馬　　　　25. 考:古學　　　26. 曲直
(　　　　)　(　　　　)　(　　　　)　(　　　　)

9. 輕重　　　　10. 輕洋食　　　27. 歌曲　　　　28. 名曲
(　　　　)　(　　　　)　(　　　　)　(　　　　)

11. 輕音樂　　　12. 輕工業　　　29. 曲線美　　　30. 靑山別曲
(　　　　)　(　　　　)　(　　　　)　(　　　　)

13. 告:白　　　14. 告:發　　　　31. 過:去　　　　32. 過:多
(　　　　)　(　　　　)　(　　　　)　(　　　　)

15. 告:別　　　16. 告:知　　　　33. 過:速　　　　34. 過:失
(　　　　)　(　　　　)　(　　　　)　(　　　　)

17. 公告　　　　18. 固有　　　　35. 通過　　　　36. 課業
(　　　　)　(　　　　)　(　　　　)　(　　　　)

♣ 다음 한자어(漢字語)의 독음(讀音)을 쓰시오. ▶정답은 199쪽

1. 課外 ( )
2. 課題 ( )
3. 日課 ( )
4. 觀光 ( )
5. 觀相 ( )
6. 觀客 ( )
7. 樂觀 ( )
8. 外:觀 ( )
9. 關門 ( )
10. 相關 ( )
11. 通關 ( )
12. 關心事 ( )
13. 無關心 ( )
14. 廣:告 ( )
15. 廣:大 ( )
16. 廣:野 ( )
17. 廣:場 ( )
18. 人道橋 ( )
19. 南海大橋 ( )
20. 具現 ( )
21. 家具 ( )
22. 用:具 ( )
23. 文具店 ( )
24. 具體的 ( )
25. 救:國 ( )
26. 救:命 ( )
27. 救:出 ( )
28. 救:世主 ( )
29. 救:急車 ( )
30. 舊:式 ( )
31. 舊:正 ( )
32. 舊:面 ( )
33. 親舊 ( )
34. 新舊 ( )
35. 局番 ( )
36. 結局 ( )

♣ 다음 한자어(漢字語)의 독음(讀音)을 쓰시오.   ▶정답은 199쪽

1. 對:局 ( )   2. 藥局 ( )   19. 自己 ( )   20. 利:己 ( )

3. 電:話局 ( )   4. 貴下 ( )   21. 十年知己 ( )   22. 基本 ( )

5. 貴:中 ( )   6. 貴:宅 ( )   23. 基地 ( )   24. 基金 ( )

7. 高貴 ( )   8. 貴:重品 ( )   25. 期間 ( )   26. 期末 ( )

9. 規則 ( )   10. 規格 ( )   27. 時期 ( )   28. 學期 ( )

11. 新規 ( )   12. 正:規軍 ( )   29. 思春期 ( )   30. 汽車 ( )

13. 給料 ( )   14. 給水 ( )   31. 汽船 ( )   32. 技術 ( )

15. 給食 ( )   16. 給油 ( )   33. 技能 ( )   34. 球技 ( )

17. 月給 ( )   18. 發給 ( )   35. 實技 ( )   36. 長技 ( )

♣ 다음 한자어(漢字語)의 독음(讀音)을 쓰시오. ▶정답은 199쪽

1. 吉日 (　　　)   2. 吉運 (　　　)   19. 花壇 (　　　)   20. 團結 (　　　)

3. 運數不吉 (　　　)   4. 立春大吉 (　　　)   21. 團體 (　　　)   22. 集團 (　　　)

5. 念:願 (　　　)   6. 念:頭 (　　　)   23. 合唱團 (　　　)   24. 對:談 (　　　)

7. 觀念 (　　　)   8. 信:念 (　　　)   25. 面:談 (　　　)   26. 美:談 (　　　)

9. 理:念 (　　　)   10. 能力 (　　　)   27. 野:談 (　　　)   28. 會:談 (　　　)

11. 可:能 (　　　)   12. 萬:能 (　　　)   29. 當代 (　　　)   30. 當番 (　　　)

13. 才能 (　　　)   14. 能動的 (　　　)   31. 當初 (　　　)   32. 當落 (　　　)

15. 壇上 (　　　)   16. 敎:壇 (　　　)   33. 不當 (　　　)   34. 德行 (　　　)

17. 文壇 (　　　)   18. 登壇 (　　　)   35. 德談 (　　　)   36. 美:德 (　　　)

♣ 다음 한자어(漢字語)의 독음(讀音)을 쓰시오.   ▶정답은 199쪽

1. 功德 (   )
2. 道:德 (   )
3. 到:來 (   )
4. 到:着 (   )
5. 當到 (   )
6. 獨島 (   )
7. 落島 (   )
8. 三多島 (   )
9. 韓:半島 (   )
10. 都邑 (   )
11. 都市 (   )
12. 王都 (   )
13. 古:都 (   )
14. 首都 (   )
15. 獨立 (   )
16. 獨身 (   )
17. 獨唱 (   )
18. 無男獨女 (   )
19. 落書 (   )
20. 落水 (   )
21. 落花 (   )
22. 當落 (   )
23. 下:落 (   )
24. 朗:朗 (   )
25. 朗:讀 (   )
26. 明朗 (   )
27. 冷:水 (   )
28. 冷:溫 (   )
29. 冷:戰 (   )
30. 冷:氣 (   )
31. 冷:害 (   )
32. 良心 (   )
33. 良書 (   )
34. 改:良 (   )
35. 不良 (   )
36. 善:良 (   )

♣ 다음 한자어(漢字語)의 독음(讀音)을 쓰시오.   ▶정답은 199쪽

1. 多量 ( )　　2. 力量 ( )　　19. 令愛 ( )　　20. 口:令 ( )

3. 用:量 ( )　　4. 重:量 ( )　　21. 命:令 ( )　　22. 法令 ( )

5. 大:量生産 ( )　6. 旅行 ( )　　23. 發令 ( )　　24. 令夫人 ( )

7. 旅客 ( )　　8. 旅路 ( )　　25. 領土 ( )　　26. 領海 ( )

9. 旅費 ( )　　10. 歷史 ( )　　27. 領空 ( )　　28. 頭領 ( )

11. 歷代 ( )　　12. 來歷 ( )　　29. 要領 ( )　　30. 勞苦 ( )

13. 前歷 ( )　　14. 學歷 ( )　　31. 過:勞 ( )　　32. 功勞 ( )

15. 練:習 ( )　　16. 洗:練 ( )　　33. 勞動者 ( )　34. 料:金 ( )

17. 訓:練 ( )　　18. 練:兵場 ( )　35. 料理 ( )　　36. 無料 ( )

139

♣ 다음 한자어(漢字語)의 독음(讀音)을 쓰시오.　　▶정답은 200쪽

1. 給料 (　　)　2. 食料品 (　　)　19. 名馬 (　　)　20. 木馬 (　　)

3. 類:例 (　　)　4. 分類 (　　)　21. 白馬 (　　)　22. 末年 (　　)

5. 同類 (　　)　6. 類:萬不同 (　　)　23. 末世 (　　)　24. 年末 (　　)

7. 流行 (　　)　8. 流通 (　　)　25. 終末 (　　)　26. 亡國 (　　)

9. 一流 (　　)　10. 海:流 (　　)　27. 亡身 (　　)　28. 敗:亡 (　　)

11. 靑山流水 (　　)　12. 陸橋 (　　)　29. 望:月 (　　)　30. 德望 (　　)

13. 陸路 (　　)　14. 陸海 (　　)　31. 所:望 (　　)　32. 展:望 (　　)

15. 陸上 (　　)　16. 陸軍 (　　)　33. 賣買 (　　)　34. 買:入 (　　)

17. 馬:夫 (　　)　18. 馬:車 (　　)　35. 賣:店 (　　)　36. 賣:上 (　　)

♣ 다음 한자어(漢字語)의 독음(讀音)을 쓰시오. ▶정답은 200쪽

1. 賣:出 ( )
2. 都賣 ( )
3. 無能 ( )
4. 無料 ( )
5. 無罪 ( )
6. 無事通過 ( )
7. 倍:數 ( )
8. 倍:加 ( )
9. 法式 ( )
10. 法則 ( )
11. 法典 ( )
12. 惡法 ( )
13. 變:化 ( )
14. 變:節 ( )
15. 變:則 ( )
16. 變:動 ( )
17. 變:數 ( )
18. 兵卒 ( )
19. 兵士 ( )
20. 兵法 ( )
21. 兵力 ( )
22. 新兵 ( )
23. 福德 ( )
24. 萬:福 ( )
25. 幸:福 ( )
26. 天福 ( )
27. 奉:仕 ( )
28. 奉:行 ( )
29. 奉:養 ( )
30. 奉:安 ( )
31. 比:重 ( )
32. 比:例 ( )
33. 費:用 ( )
34. 消費 ( )
35. 食費 ( )
36. 會:費 ( )

♣ 다음 한자어(漢字語)의 독음(讀音)을 쓰시오.   ▶정답은 200쪽

1. 鼻:音 ( )   2. 鼻:祖 ( )   19. 史:料 ( )   20. 寫生 ( )

3. 耳目口鼻 ( )   4. 氷河 ( )   21. 筆寫本 ( )   22. 思考 ( )

5. 氷炭 ( )   6. 氷板 ( )   23. 思念 ( )   24. 思親 ( )

7. 氷水 ( )   8. 氷上 ( )   25. 意:思 ( )   26. 調査 ( )

9. 致:仕 ( )   10. 奉:仕活動 ( )   27. 實查 ( )   28. 內:查 ( )

11. 士:卒 ( )   12. 士:氣 ( )   29. 産:母 ( )   30. 産:災 ( )

13. 士:兵 ( )   14. 士:農工商 ( )   31. 産:地 ( )   32. 産:業 ( )

15. 史:記 ( )   16. 史:草 ( )   33. 生産 ( )   34. 商人 ( )

17. 史:學 ( )   18. 史:家 ( )   35. 商船 ( )   36. 商店 ( )

♣ 다음 한자어(漢字語)의 독음(讀音)을 쓰시오. ▶정답은 200쪽

1.商品 ( )　　2.商業 ( )　　19.神仙 ( )　　20.善:惡 ( )

3.相對 ( )　　4.相關 ( )　　21.善:行 ( )　　22.親善 ( )

5.相生 ( )　　6.相談 ( )　　23.善:男善女 ( )　　24.選:擧 ( )

7.相當 ( )　　8.賞品 ( )　　25.選:出 ( )　　26.選:定 ( )

9.大:賞 ( )　　10.金賞 ( )　　27.選:手 ( )　　28.當選 ( )

11.銀賞 ( )　　12.歌唱賞 ( )　　29.船室 ( )　　30.船上 ( )

13.序:頭 ( )　　14.序:文 ( )　　31.船長 ( )　　32.船體 ( )

15.序:曲 ( )　　16.仙藥 ( )　　33.鮮明 ( )　　34.新鮮 ( )

17.仙人 ( )　　18.仙女 ( )　　35.朝鮮 ( )　　36.說明 ( )

♣ 다음 한자어(漢字語)의 독음(讀音)을 쓰시오.   ▶정답은 200쪽

1. 說法 ( )　2. 說敎 ( )
3. 發說 ( )　4. 小:說 ( )
5. 性:質 ( )　6. 性:格 ( )
7. 性:品 ( )　8. 性:急 ( )
9. 男性 ( )　10. 洗:面 ( )
11. 洗:車 ( )　12. 洗:手 ( )
13. 洗:禮 ( )　14. 歲:月 ( )
15. 歲:入 ( )　16. 歲:寒 ( )
17. 年:歲 ( )　18. 萬:歲 ( )
19. 結束 ( )　20. 團束 ( )
21. 首相 ( )　22. 首席 ( )
23. 首位 ( )　24. 部首 ( )
25. 自首 ( )　26. 宿題 ( )
27. 宿命 ( )　28. 宿願 ( )
29. 宿望 ( )　30. 旅人宿 ( )
31. 順:序 ( )　32. 順:位 ( )
33. 順:理 ( )　34. 順:産 ( )
35. 順:番 ( )　36. 明示 ( )

♣ 다음 한자어(漢字語)의 독음(讀音)을 쓰시오.   ▶정답은 200쪽

1. 訓示 (　　　)　　2. 表示 (　　　)
3. 告:示 (　　　)　　4. 例:示 (　　　)
5. 識見 (　　　)　　6. 面:識 (　　　)
7. 有:識 (　　　)　　8. 無識 (　　　)
9. 學識 (　　　)　　10. 臣下 (　　　)
11. 家臣 (　　　)　　12. 功臣 (　　　)
13. 重:臣 (　　　)　　14. 死:六臣 (　　　)
15. 實數 (　　　)　　16. 實效 (　　　)
17. 實習 (　　　)　　18. 實行 (　　　)
19. 不實 (　　　)　　20. 兒童 (　　　)
21. 兒名 (　　　)　　22. 小:兒 (　　　)
23. 育兒 (　　　)　　24. 健:兒 (　　　)
25. 惡德 (　　　)　　26. 惡名 (　　　)
27. 惡用 (　　　)　　28. 惡漢 (　　　)
29. 惡寒 (　　　)　　30. 案:件 (　　　)
31. 代:案 (　　　)　　32. 立案 (　　　)
33. 方案 (　　　)　　34. 案:內 (　　　)
35. 約束 (　　　)　　36. 約數 (　　　)

♣ 다음 한자어(漢字語)의 독음(讀音)을 쓰시오.   ▶정답은 200쪽

1. 公約 (   )   2. 先約 (   )   19. 億萬長者 (   )   20. 數:億 (   )

3. 言約 (   )   4. 養:分 (   )   21. 五:億 (   )   22. 熱望 (   )

5. 養:心 (   )   6. 養:魚 (   )   23. 熱病 (   )   24. 熱情 (   )

7. 養:成 (   )   8. 敎:養 (   )   25. 熱氣 (   )   26. 發熱 (   )

9. 漁具 (   )   10. 漁夫 (   )   27. 葉書 (   )   28. 初葉 (   )

11. 漁船 (   )   12. 漁場 (   )   29. 中葉 (   )   30. 末葉 (   )

13. 漁村 (   )   14. 魚類 (   )   31. 屋內 (   )   32. 屋外 (   )

15. 魚物 (   )   16. 大:魚 (   )   33. 家屋 (   )   34. 洋屋 (   )

17. 人魚 (   )   18. 銀魚 (   )   35. 韓:屋 (   )   36. 完全 (   )

♣ 다음 한자어(漢字語)의 독음(讀音)을 쓰시오.   ▶정답은 200쪽

1. 完結 (   )   2. 完成 (   )   19. 戰:友 (   )   20. 親友 (   )

3. 完勝 (   )   4. 完敗 (   )   21. 學友 (   )   22. 牛足 (   )

5. 曜:日 (   )   6. 月曜病 (   )   23. 農牛 (   )   24. 韓:牛 (   )

7. 金曜日 (   )   8. 要約 (   )   25. 牛馬車 (   )   26. 雨:期 (   )

9. 要因 (   )   10. 要所 (   )   27. 雨:中 (   )   28. 風雨 (   )

11. 要件 (   )   12. 重:要 (   )   29. 雨:天時 (   )   30. 雲集 (   )

13. 浴室 (   )   14. 入浴 (   )   31. 白雲 (   )   32. 靑雲 (   )

15. 日光浴 (   )   16. 海:水浴 (   )   33. 戰:雲 (   )   34. 風雲兒 (   )

17. 友:情 (   )   18. 友:軍 (   )   35. 雄大 (   )   36. 雄建 (   )

♣ 다음 한자어(漢字語)의 독음(讀音)을 쓰시오.   ▶정답은 201쪽

1. 英雄 ( )   2. 原料 ( )   19. 民願 ( )   20. 所:願 ( )

3. 原價 ( )   4. 原則 ( )   21. 自願 ( )   22. 同位 ( )

5. 草原 ( )   6. 原産地 ( )   23. 方位 ( )   24. 在:位 ( )

7. 元金 ( )   8. 元年 ( )   25. 王位 ( )   26. 部位 ( )

9. 元來 ( )   10. 元老 ( )   27. 偉大 ( )   28. 偉力 ( )

11. 元首 ( ) 12. 院生 ( )   29. 偉業 ( )   30. 偉人 ( )

13. 院長 ( ) 14. 病:院 ( )   31. 以:北 ( ) 32. 以:前 ( )

15. 入院 ( ) 16. 學院 ( )   33. 以:後 ( ) 34. 以:心傳心 ( )

17. 願:書 ( ) 18. 願:望 ( )   35. 耳:目 ( ) 36. 耳:順 ( )

♣ 다음 한자어(漢字語)의 독음(讀音)을 쓰시오.　　　▶정답은 201쪽

1. 馬:耳東風　　2. 因果　　　　19. 木材　　　　20. 災害
(　　　　)　　(　　　　)　　(　　　　)　　(　　　　)

3. 死:因　　　　4. 要因　　　　21. 火:災　　　　22. 水災
(　　　　)　　(　　　　)　　(　　　　)　　(　　　　)

5. 原因　　　　6. 因習　　　　23. 天災地變　　24. 財物
(　　　　)　　(　　　　)　　(　　　　)　　(　　　　)

7. 任:命　　　　8. 任:期　　　　25. 財産　　　　26. 財力
(　　　　)　　(　　　　)　　(　　　　)　　(　　　　)

9. 任:用　　　　10. 信:任　　　27. 財界　　　　28. 文化財
(　　　　)　　(　　　　)　　(　　　　)　　(　　　　)

11. 所:任　　　　12. 再:考　　　29. 言爭　　　　30. 戰:爭
(　　　　)　　(　　　　)　　(　　　　)　　(　　　　)

13. 再:建　　　　14. 再:生　　　31. 貯:金　　　　32. 貯:炭
(　　　　)　　(　　　　)　　(　　　　)　　(　　　　)

15. 再:唱　　　　16. 再:昨年　　33. 的中　　　　34. 目的
(　　　　)　　(　　　　)　　(　　　　)　　(　　　　)

17. 材料　　　　18. 材木　　　　35. 法的　　　　36. 外:的
(　　　　)　　(　　　　)　　(　　　　)　　(　　　　)

149

♣ 다음 한자어(漢字語)의 독음(讀音)을 쓰시오. ▶정답은 201쪽

1. 公的 ( )
2. 赤色 ( )
3. 赤字 ( )
4. 赤信號 ( )
5. 赤外線 ( )
6. 古:典 ( )
7. 字典 ( )
8. 特典 ( )
9. 百科事典 ( )
10. 傳記 ( )
11. 傳來 ( )
12. 傳說 ( )
13. 父傳子傳 ( )
14. 展:開 ( )
15. 發展 ( )
16. 展:示會 ( )
17. 展:示效果 ( )
18. 切開 ( )
19. 切實 ( )
20. 切親 ( )
21. 一切 ( )
22. 品:切 ( )
23. 節氣 ( )
24. 節度 ( )
25. 節約 ( )
26. 名節 ( )
27. 音節 ( )
28. 本店 ( )
29. 開店 ( )
30. 書店 ( )
31. 飮:食店 ( )
32. 停止 ( )
33. 停戰 ( )
34. 停電 ( )
35. 停車場 ( )
36. 情談 ( )

♣ 다음 한자어(漢字語)의 독음(讀音)을 쓰시오.　　　►정답은 201쪽

1. 情感　　　2. 母:情　　　19. 種:目　　　20. 種子
(　　　)　(　　　)　　(　　　)　(　　　)

3. 心情　　　4. 表情　　　21. 各種　　　22. 食人種
(　　　)　(　　　)　　(　　　)　(　　　)

5. 操:心　　　6. 操:業　　　23. 終局　　　24. 終禮
(　　　)　(　　　)　　(　　　)　(　　　)

7. 體操　　　8. 操作　　　25. 終末　　　26. 終日
(　　　)　(　　　)　　(　　　)　(　　　)

9. 調査　　　10. 調和　　　27. 始:終　　　28. 罪:惡
(　　　)　(　　　)　　(　　　)　(　　　)

11. 調節　　　12. 強:調　　　29. 罪:目　　　30. 罪:人
(　　　)　(　　　)　　(　　　)　(　　　)

13. 時調　　　14. 卒業　　　31. 罪:科　　　32. 無罪
(　　　)　(　　　)　　(　　　)　(　　　)

15. 卒兵　　　16. 高卒　　　33. 週末　　　34. 週番
(　　　)　(　　　)　　(　　　)　(　　　)

17. 大卒　　　18. 種:類　　　35. 週中　　　36. 每:週
(　　　)　(　　　)　　(　　　)　(　　　)

♣ 다음 한자어(漢字語)의 독음(讀音)을 쓰시오.   ▶정답은 201쪽

1. 今週 (　　　)　2. 州郡 (　　　)　19. 着陸 (　　　)　20. 着實 (　　　)

3. 全州 (　　　)　4. 光州 (　　　)　21. 着席 (　　　)　22. 定:着 (　　　)

5. 廣:州 (　　　)　6. 中止 (　　　)　23. 參加 (　　　)　24. 參席 (　　　)

7. 停止 (　　　)　8. 行動擧止 (　　　)　25. 參戰 (　　　)　26. 不參 (　　　)

9. 知識 (　　　)　10. 親知 (　　　)　27. 古:參 (　　　)　28. 獨唱 (　　　)

11. 知性 (　　　)　12. 知行合一 (　　　)　29. 名唱 (　　　)　30. 二:重唱 (　　　)

13. 質量 (　　　)　14. 質問 (　　　)　31. 歌唱力 (　　　)　32. 責任 (　　　)

15. 物質 (　　　)　16. 變:質 (　　　)　33. 責望 (　　　)　34. 責善 (　　　)

17. 土質 (　　　)　18. 着工 (　　　)　35. 問:責 (　　　)　36. 自責 (　　　)

♣ 다음 한자어(漢字語)의 독음(讀音)을 쓰시오.   ▶정답은 201쪽

1. 鐵馬　　　　2. 鐵船　　　　　19. 自祝　　　　20. 充當
(　　　　)　(　　　　　)　　(　　　　)　(　　　　　)

3. 鐵板　　　　4. 鐵道　　　　　21. 充電　　　　22. 充足
(　　　　)　(　　　　　)　　(　　　　)　(　　　　　)

5. 鐵則　　　　6. 初面　　　　　23. 充分　　　　24. 充實
(　　　　)　(　　　　　)　　(　　　　)　(　　　　　)

7. 年初　　　　8. 初八日　　　　25. 景致　　　　26. 理:致
(　　　　)　(　　　　　)　　(　　　　)　(　　　　　)

9. 初等學校　　10. 最:高　　　　27. 合致　　　　28. 致:命的
(　　　　)　(　　　　　)　　(　　　　)　(　　　　　)

11. 最:短　　　12. 最:善　　　　29. 校:則　　　　30. 規則
(　　　　)　(　　　　　)　　(　　　　)　(　　　　　)

13. 最:初　　　14. 最:後　　　　31. 反:則　　　　32. 會:則
(　　　　)　(　　　　　)　　(　　　　)　(　　　　　)

15. 祝歌　　　16. 祝福　　　　　33. 學則　　　　34. 他界
(　　　　)　(　　　　　)　　(　　　　)　(　　　　　)

17. 祝電　　　18. 祝願　　　　　35. 他國　　　　36. 自他
(　　　　)　(　　　　　)　　(　　　　)　(　　　　　)

♣ 다음 한자어(漢字語)의 독음(讀音)을 쓰시오. ▶정답은 201쪽

1. 出他
( )

2. 他山之石
( )

3. 打:開
( )

4. 打:球
( )

5. 打:令
( )

6. 打:者
( )

7. 安打
( )

8. 卓見
( )

9. 卓球
( )

10. 卓上
( )

11. 卓子
( )

12. 食卓
( )

13. 炭:價
( )

14. 炭:質
( )

15. 炭:車
( )

16. 木炭
( )

17. 石炭
( )

18. 宅地
( )

19. 家宅
( )

20. 自宅
( )

21. 住:宅
( )

22. 宅內
( )

23. 板本
( )

24. 板子
( )

25. 登板
( )

26. 合板
( )

27. 畫:板
( )

28. 敗:因
( )

29. 敗:戰
( )

30. 敗:北
( )

31. 全敗
( )

32. 勝敗
( )

33. 品:貴
( )

34. 品:質
( )

35. 品:名
( )

36. 品:位
( )

♣ 다음 한자어(漢字語)의 독음(讀音)을 쓰시오.　　▶정답은 201쪽

1. 金品　　　　　2. 必要
(　　　　)　　(　　　　　)

3. 必勝　　　　　4. 必然
(　　　　)　　(　　　　　)

5. 必死的　　　　6. 筆順
(　　　　)　　(　　　　　)

7. 筆者　　　　　8. 筆致
(　　　　)　　(　　　　　)

9. 名筆　　　　　10. 親筆
(　　　　)　　(　　　　　)

11. 河川　　　　　12. 河口
(　　　　)　　(　　　　　)

13. 銀河水　　　　14. 百年河清
(　　　　)　　(　　　　　)

15. 寒氣　　　　　16. 寒冷
(　　　　)　　(　　　　　)

17. 寒害　　　　　18. 寒冷前線
(　　　　)　　(　　　　　)

19. 害:惡　　　　20. 公害
(　　　　)　　(　　　　　)

21. 病:害　　　　22. 水害
(　　　　)　　(　　　　　)

23. 災害　　　　　24. 許可
(　　　　)　　(　　　　　)

25. 許多　　　　　26. 特許
(　　　　)　　(　　　　　)

27. 十里許　　　　28. 湖水
(　　　　)　　(　　　　　)

29. 湖南　　　　　30. 江湖
(　　　　)　　(　　　　　)

31. 化:石　　　　32. 化合
(　　　　)　　(　　　　　)

33. 強化　　　　　34. 同化
(　　　　)　　(　　　　　)

35. 敎:化　　　　36. 患:者
(　　　　)　　(　　　　　)

♣ 다음 한자어(漢字語)의 독음(讀音)을 쓰시오. ▶정답은 202쪽

1. 老患 ( )
2. 病:患 ( )
3. 後:患 ( )
4. 急患 ( )
5. 效:果 ( )
6. 效:能 ( )
7. 效:力 ( )
8. 效:用 ( )
9. 藥效 ( )
10. 凶惡 ( )
11. 凶家 ( )
12. 凶計 ( )
13. 凶年 ( )
14. 吉凶 ( )
15. 黑白 ( )
16. 黑炭 ( )
17. 黑色 ( )
18. 黑心 ( )
19. 黑字 ( )
20. 基壇 ( )
21. 獨學 ( )
22. 落石 ( )
23. 無形 ( )
24. 相國 ( )
25. 雪案 ( )
26. 主要 ( )
27. 原油 ( )
28. 再發 ( )
29. 再三 ( )
30. 人災 ( )
31. 曲調 ( )
32. 終身 ( )
33. 罪質 ( )
34. 正則 ( )
35. 成敗 ( )
36. 見聞一致 ( )

♣ 다음 한자어(漢字語)의 독음(讀音)을 쓰시오.　　　▶정답은 202쪽

1. 決死反對　　　2. 固定觀念
(　　　　)　　(　　　　　)

3. 固定不變　　　4. 古典文學
(　　　　)　　(　　　　　)

5. 過失致死　　　6. 交友以信
(　　　　)　　(　　　　　)

7. 敎學相長　　　8. 今時初聞
(　　　　)　　(　　　　　)

9. 能小能大　　　10. 年末年始
(　　　　)　　(　　　　　)

11. 多才多能　　　12. 多情多感
(　　　　)　　(　　　　　)

13. 大書特筆　　　14. 同化作用
(　　　　)　　(　　　　　)

15. 陸海空軍　　　16. 良藥苦口
(　　　　)　　(　　　　　)

17. 萬古不變　　　18. 無所不知
(　　　　)　　(　　　　　)

19. 聞一知十　　　20. 父傳子傳
(　　　　)　　(　　　　　)

21. 不問曲直　　　22. 不要不急
(　　　　)　　(　　　　　)

23. 事事件件　　　24. 事實無根
(　　　　)　　(　　　　　)

25. 事有終始　　　26. 事親以孝
(　　　　)　　(　　　　　)

27. 三寒四溫　　　28. 生面不知
(　　　　)　　(　　　　　)

29. 先史時代　　　30. 宿願事業
(　　　　)　　(　　　　　)

31. 速戰速決　　　32. 安分知足
(　　　　)　　(　　　　　)

33. 語不成說　　　34. 言行一致
(　　　　)　　(　　　　　)

35. 有口無言　　　36. 有名無實
(　　　　)　　(　　　　　)

♣ 다음 한자어(漢字語)의 독음(讀音)을 쓰시오.　　　▶정답은 202쪽

1. 以實直告　　2. 人相着衣　　19. 行雲流水
(　　　)　　(　　　)　　(　　　)

3. 一致團結　　4. 自給自足
(　　　)　　(　　　)

5. 自手成家　　6. 大材小用
(　　　)　　(　　　)

7. 傳來童話　　8. 前無後無
(　　　)　　(　　　)

9. 全知全能　　10. 正正堂堂
(　　　)　　(　　　)

11. 朝變夕改　　12. 知行一致
(　　　)　　(　　　)

13. 千軍萬馬　　14. 千變萬化
(　　　)　　(　　　)

15. 秋風落葉　　16. 敗家亡身
(　　　)　　(　　　)

17. 平價切下　　18. 海水浴場
(　　　)　　(　　　)

♣ 다음 낱말 풀이에 알맞은 한자(漢字)를 쓰시오.　　▶정답은 203쪽

1. 가격　　(　　　　　　　)

   상품이 지니고 있는 가치를 돈으로 나타낸 것. 값
   ¶ 연필의 도매 ~은 얼마죠?

2. 대가　　(　　　　　　　)

   대신 지불하는 값 또는 물건 값
   ¶ 땀의 ~.

3. 정가　　(　　　　　　　)

   정해진 가격
   ¶ 우리 매장에서는 ~대로 상품을 판매합니다.

4. 원가　　(　　　　　　　)

   본래 처음의 값
   ¶ ~에도 미치지 못하는 가격으로 팔 수 밖에 없었다.

5. 고가품　(　　　　　　　)

   높은 가격의 상품
   ¶ 불경기인데도 ~의 모피들이 무섭게 팔려나갔다.

6. 가입　　(　　　　　　　)

   단체에 들어감 또는 이미 있는 것에 보태서 넣음
   ¶ 회원 ~신청서.

7. 가공　　(　　　　　　　)

   원자재나 반제품을 인공적으로 처리하여 새로운 제품을 만들거나 제품의 질을 높임.
   ¶ 우리 회사는 목재 ~ 기술이 뛰어나다.

8. 가산　　(　　　　　　　)

   보탬 또는 덧셈의 다른 이름
   ¶ 수업 태도가 바른 학생들에게 ~점을 주기로 했다.

9. 가중　　(　　　　　　　)

   책임이나 부담을 더 무겁게 함
   ¶ 김 대리는 ~된 업무를 더 이상 감당할 수 없었다.

10. 가속도　(　　　　　　　)

    속도를 차차 더해지는 것
    ¶ 시간이 지나자 점차 ~가 붙기 시작했다.

11. 가능　　(　　　　　　　)

    할 수 있거나 될 수 있음
    ¶ ~하면 ~하다고 말씀하십시오.

12. 가관　　(　　　　　　　)

    꼴이 볼 만하다는 뜻으로, 남의 언행이나 어떤 상태를 비웃는 말
    ¶ 잘난 체하는 꼴이 정말 ~이구나.

13. 가결　　(　　　　　　　)

    회의에서, 제출된 의안을 합당하다고 결정함.
    ¶ 회장은 의안의 ~을 선포했다.

14. 불문가지 (　　　　　　　)

    물어보지 않아도 알 수 있음
    ¶ 이렇게 놀다가는 이번 시험에서 어찌될 지 ~다.

15. 개량　　(　　　　　　　)

    좋게 고침
    ¶ 김 회장은 품종 ~에 평생을 바쳤다.

16. 개정　　(　　　　　　　)

    바르게 고침
    ¶ 저는 악법의 ~에 온 힘을 다할 것입니다.

17. 개명　　(　　　　　　　)

    이름을 고침
    ¶ 춘원 이광수는 창씨~을 누구보다도 앞장서서 했다.

18. 개선　　(　　　　　　　)

    좋게 고침
    ¶ 한일 양국의 관계 ~을 위해 노력해야 합니다.

19. 객관　　(　　　　　　　)

    주관의 인식 및 행동의 대상이 되는 것
    ¶ ~식 문제에 익숙한 학생들은 주관식에 약한 경향이 있다.

159

♣ 다음 낱말 풀이에 알맞은 한자(漢字)를 쓰시오.   ▶정답은 203쪽

1. 객실 (   )

   손님을 머무르게 하는 방
   ¶ ~을 깨끗하게 치워두고 손님 맞을 준비를 서둘렀다.

2. 객지 (   )

   집을 떠나 임시로 있는 곳
   ¶ ~에서 얼마나 고생이 많으신가요?

3. 주객 (   )

   주인과 손님
   ¶ 주객이 둘러앉아 술을 마셨다.

4. 식객 (   )

   남의 집에 얹혀서 밥만 얻어먹고 지내는 사람
   ¶ 나는 두 달간이나 저 사람의 집에 ~으로 얹혀 있다오.

5. 거래 (   )

   주고받음 또는 사고팖
   ¶ 오랜 흥정 끝에 드디어 거래가 이루어졌다.

6. 공정거래 (   )

   공평하고 올바르게 하는 거래
   ¶ 그것이 ~면 세상에 어느 것이 잘못된 거래겠는가?

7. 거수 (   )

   손을 들어 올림. 경례 등을 위해 손을 들어 올리는 일
   ¶ 이 안건에 찬성하는 분은 ~로 의사를 표시해 주시기 바랍니다.

8. 거명 (   )

   이름을 거론함
   ¶ 당신의 이름은 ~되지 않았으니 걱정하지 마시오.

9. 거사 (   )

   큰일을 일으킴.
   ¶ 신중하게 처리하여 ~에 차질이 없도록 하라.

10. 행동거지 (   )

    몸을 움직이는 모든 짓
    ¶ ~를 보면 그 사람됨을 알 수 있다.

11. 건수 (   )

    사물의 가짓수
    ¶ 작년에 비하면 강력 범죄 ~가 많이 줄어들었다.

12. 사건 (   )

    사회적으로 문제를 일으키거나 주목 받을 만한 큰 일
    ¶ 김 형사는 ~이 터졌다하면 집에 못 들어가기가 다반사였다.

13. 용건 (   )

    볼일
    ¶ 밤은 짧고 할 일은 많으니 ~만 간단히 말하라.

14. 안건 (   )

    토의하거나 조사해야 할 사실
    ¶ 막상 회의가 시작되어 ~이 토의되자 사정이 달라지기 시작했다.

15. 건전 (   )

    건강하고 온전함
    ¶ ~하게 살아야 하느니라.

16. 건실 (   )

    건장하고 알차다
    ¶ 여기 ~한 청년이 있어 소개해 올립니다.

17. 건재 (   )

    힘이나 능력이 줄어들지 않고 여전히 그대로 있음
    ¶ 김 의원은 잦은 비리 연루 사건에도 불과하고 자신의 ~함을 과시했다.

18. 건승 (   )

    건강함
    ¶ 여러분의 ~을 바랍니다.

19. 건국 (   )

    나라를 세움
    ¶ ~의 아버지.

♣ 다음 낱말 풀이에 알맞은 한자(漢字)를 쓰시오.　　　▶정답은 203쪽

1. 건립 (　　　　　)

　세움
　¶ 기다리던 복지회관이 드디어 ~되었다.

2. 건물 (　　　　　)

　사람들이 지은 집을 말함
　¶ 노후한 ~을 철거하기로 했다.

3. 중건 (　　　　　)

　거듭 세움 즉 기존의 건물을 보수 개축함
　¶ 정부는 남한산성을 ~하기로 했다.

4. 재건 (　　　　　)

　허물어진 건물이나 조직 따위를 다시 일으켜 세움
　¶ 전쟁 뒤 폐허가 된 도시를 다시 ~하기 시작했다.

5. 격식 (　　　　　)

　격에 맞는 법식
　¶ 어른들은 ~을 중시하는 경향이 있다.

6. 격언 (　　　　　)

　교훈이나 경계 따위를 간결하게 표현한 짧은 글
　¶ '시간은 금이다.'라는 ~을 가슴 깊이 간직했다.

7. 인격 (　　　　　)

　사람의 품격
　¶ ~은 그 사람의 됨됨이를 말해준다.

8. 주격 (　　　　　)

　주가 되는 격식 또는 문법에서 서술어의 주체가 되는 것
　¶ ~ 조사를 정확하게 사용해야 한다.

9. 합격 (　　　　　)

　격식에 적합함 또는 어떤 시험 등에 급제함
　¶ 오늘 우리 할아버지께서 운전면허 시험에 ~하셨다.

10. 견본 (　　　　　)

　기본이 되는 것을 보여줌 또는 그런 물건
　¶ ~들을 아무리 보아도 마음에 드는 것이 없었다.

11. 견문 (　　　　　)

　보고 들음, 또는 그렇게 해서 얻은 지식
　¶ 젊은이는 여행을 통해 견문을 쌓아야 한다.

12. 소견 (　　　　　)

　어떤 일이나 사물을 보고 가진 생각
　¶ 이제 제 ~을 말씀드리겠습니다.

13. 의견 (　　　　　)

　어떤 대상에 대하여 가지는 생각
　¶ 자, 망설이지 말고 각자 ~들을 말해 보아라.

14. 견물생심 (　　　　　)

　물건을 보면 갖고 싶은 욕심이 생김
　¶ ~이라는 말처럼 그렇게 큰 돈에 정신을 차릴 수 없었다.

15. 결정 (　　　　　)

　결단하여 정함
　¶ 지금 ~만 하십시오. 즉각 실행하겠습니다.

16. 결심 (　　　　　)

　마음을 굳게 정함
　¶ 김 노인은 ~한 듯 눈을 번쩍 뜨고 입을 열기 시작했다.

17. 결사 (　　　　　)

　죽음을 각오하고 있는 힘을 다함
　¶ 계백 장군은 ~항전했으나 신라군을 막을 수 없었다.

18. 결산 (　　　　　)

　일정 기간 동안의 수입과 지출을 계산함
　¶ 월말 ~ 때문에 눈코 뜰 사이가 없다.

19. 결승전 (　　　　　)

　최후의 승리를 결정하는 싸움 또는 그런 경기
　¶ 수많은 사람들이 ~을 보려고 몰려들었다.

161

♣ 다음 낱말 풀이에 알맞은 한자(漢字)를 쓰시오. ▶정답은 203쪽

1. 결과　　(　　　　　　　)

　열매를 맺음. 또는 어떤 원인으로 생긴 결말의 상태
　¶ 그는 ~보다는 과정을 중요시한다.

2. 결합　　(　　　　　　　)

　맺어서 합침
　¶ 산소와 수소의 ~으로 물이 생긴다.

3. 결말　　(　　　　　　　)

　어떤 일이 마무리되는 끝
　¶ 그 소설은 ~ 부분이 제일 재미있다.

4. 결성　　(　　　　　　　)

　조직이나 단체 따위를 짜서 만듦
　¶ 후원회의 ~으로 그를 도와주기로 했다.

5. 결실　　(　　　　　　　)

　열매를 맺음, 일의 성과
　¶ 가을은 ~의 계절이다.

6. 직결　　(　　　　　　　)

　직접적으로 연결됨
　¶ 생계와 ~되는 문제.

7. 경관　　(　　　　　　　)

　경치, 풍경
　¶ 정말 아름다운 ~이군!

8. 경치　　(　　　　　　　)

　자연의 아름다운 모습, 풍경, 경관
　¶ 10년 만에 다시 찾은 설악산의 ~는 너무도 매혹적이었다.

9. 경품　　(　　　　　　　)

　상품을 사는 사람에게 곁들여 주거나 혹은 경품권을 주어 제비를 뽑아 주는 물건
　¶ ~에 눈이 어두워 필요 없는 물건을 샀다.

10. 경기　　(　　　　　　　)

　매매나 거래에 나타나는 호황·불황 따위의 경제 활동 상태
　¶ ~가 회복되어 수출이 활기를 띠고 있다.

11. 야경　　(　　　　　　　)

　밤의 경치
　¶ 서울의 ~은 매우 아름답다.

12. 팔경　　(　　　　　　　)

　여덟 가지의 아름다운 경치
　¶ 예로부터 관동~은 유명하다.

13. 경례　　(　　　　　　　)

　경의를 표하기 위해 예를 갖추어 인사함
　¶ 국기에 대하여 ~!

14. 경어　　(　　　　　　　)

　공경하는 말
　¶ ~를 능숙하게 사용하면 사람이 품위 있어 보인다.

15. 경의　　(　　　　　　　)

　공경하는 뜻
　¶ 죽은 자에게 ~를 표하다.

16. 경로석　　(　　　　　　　)

　버스나 지하철 등에서 노인을 공경하여 특별히 배정한 자리
　¶ ~에 젊은 사람이 앉아 있으면 안 된다.

17. 경천애인　　(　　　　　　　)

　하늘을 공경하고 사람을 사랑함
　¶ 우리 민족은 예로부터 ~을 생활화하고 있다.

18. 경기　　(　　　　　　　)

　재주를 다툼
　¶ 이번 ~에서는 꼭 승리하고야 말겠다.

19. 경쟁　　(　　　　　　　)

　같은 목적에 있는 사람끼리 서로 겨루어 다툼
　¶ 선의의 ~은 권장할 만한 일이다.

♣ 다음 낱말 풀이에 알맞은 한자(漢字)를 쓰시오.　　►정답은 203쪽

1. 경합　(　　　　　　)

　서로 맞서 겨룸
　¶ 2002월드컵 유치를 앞두고 한·일간에 치열한 ~일이 벌어졌다.

2. 경중　(　　　　　　)

　가볍고 무거움
　¶ ~은 달아봐야 하느니라.

3. 경양식　(　　　　　　)

　간단한 서양의 음식
　¶ ~집에서 간단하게 먹읍시다.

4. 경음악　(　　　　　　)

　가벼운 통속적인 음악
　¶ 너무 조용하군. ~이라도 틀어야겠어.

5. 경공업　(　　　　　　)

　가벼운 물자를 생산하는 공업 ↔중공업
　¶ 이 도시는 중공업이 아닌 ~에 중점을 두고 있다는 사실을 명심해야 합니다.

6. 고백　(　　　　　　)

　마음속에 숨겨 둔 일을 말함
　¶ ~을 하라니? 더 이상 뭘 ~하라는 거야?

7. 고발　(　　　　　　)

　잘못이나 비리를 경찰이나 세상에 알리는 것
　¶ 김 변호사는 횡령혐의로 검찰에 ~당했다.

8. 고별　(　　　　　　)

　헤어지면서 작별을 알림
　¶ 오늘 김씨의 ~ 독창회가 있었습니다.

9. 고지　(　　　　　　)

　게시나 글을 통해 알려줌
　¶ 문의 사항이 있으면 ~서를 먼저 잘 읽어봐.

10. 공고　(　　　　　　)

　세상에 널리 알림
　¶ ~문.

11. 고유　(　　　　　　)

　본래부터 가지고 있는 특유한 것
　¶ 우리 ~의 전통 의상.

12. 고정　(　　　　　　)

　한곳에 꼭 붙어 있거나 박혀 있음
　¶ 그의 두 눈은 판화가 걸린 벽에 ~되어 움직일 줄 몰랐다.

13. 고착　(　　　　　　)

　굳게 한결같이 붙음
　¶ 분단의 ~을 막아야 한다.

14. 고체　(　　　　　　)

　굳고 단단한 몸 또는 그런 모양
　¶ 액체가 굳으면 딱딱한 ~가 된다.

15. 고사　(　　　　　　)

　성적·능력·인물 등을 자세히 상고하여 검사하는 일
　¶ 학력 ~.

16. 고안　(　　　　　　)

　어떤 안건을 생각해 냄
　¶ 지문인식 장치는 그가 처음으로 ~했다.

17. 재고　(　　　　　　)

　다시 생각함
　¶ ~해 보시고 선처해 주시기 바랍니다.

18. 고고학　(　　　　　　)

　유물과 유적을 통해 옛 인류의 생활이나 문화 등을 연구하는 학문
　¶ 내 꿈은 ~ 학자가 되는 거다.

19. 곡직　(　　　　　　)

　굽은 것과 곧은 것이란 뜻으로, 사리의 옳고 그름을 말함
　¶ ~을 불문하고 매질부터 시작했다.

163

♣ 다음 낱말 풀이에 알맞은 한자(漢字)를 쓰시오.　　▶정답은 203쪽

1. 가곡　　(　　　　　　　　)

　우리나라 서양의 성악곡의 하나
　¶ 연회 때에 ~을 부를 예정이야.

2. 명곡　　(　　　　　　　　)

　유명한 악곡, 또는 뛰어난 악곡
　¶ 2시부터 ~ 감상 시간이 시작되겠습니다.

3. 곡선미　(　　　　　　　　)

　굽은 선의 아름다움 ↔직선미
　¶ 우아하고 단아한 ~는 바로 한국의 미이다.

4. 청산별곡 (　　　　　　　　)

　고려 시대의 속요로, 현실 도피의 비애를 노래함
　¶ ~은 천 년이 넘은 지금까지도 전해 오고 있다.

5. 과거　　(　　　　　　　　)

　지나간 것 ↔미래
　¶ 벌을 받았다고 ~의 잘못이 다 용서되는 것은 아니다.

6. 과다　　(　　　　　　　　)

　지나치게 많음
　¶ 여름에 ~ 노출은 삼가야 된다.

7. 과속　　(　　　　　　　　)

　지나치게 빠른 속도
　¶ 빗길에서 ~은 매우 위험하다.

8. 과실　　(　　　　　　　　)

　허물과 실수. 잘못
　¶ 김씨는 ~치사혐의로 구속되었다.

9. 통과　　(　　　　　　　　)

　통해서 지나감
　¶ 이곳을 ~하려면 요금을 내야 한다.

10. 과업　(　　　　　　　　)

　꼭 하여야 할 일이나 임무
　¶ 조국 통일은 우리 시대에 꼭 이루어야 할 역사적 ~이다.

11. 과외　(　　　　　　　　)

　학교에서 하는 공부 이외의 것
　¶ ~를 금지하다니, 그럼 공부를 하지 말라는 건가?

12. 과제　(　　　　　　　　)

　처리해야 할 문제
　¶ 당면한 ~를 미루면 안 된다.

13. 일과　(　　　　　　　　)

　날마다 해야 하는 일
　¶ 하루 ~를 마치고 뿌듯하게 퇴근했다.

14. 관광　(　　　　　　　　)

　다른 나라 지방의 풍속을 유람함
　¶ ~은 단순히 놀기 위한 것이 아니다.

15. 관상　(　　　　　　　　)

　인상을 보고 성질·운명을 판단함
　¶ 그는 ~이 참 선하다고 한다.

16. 관객　(　　　　　　　　)

　공연 등을 구경하는 사람
　¶ 요즘 조폭 영화에 ~이 몰리고 있다.

17. 낙관　(　　　　　　　　)

　즐겁고 긍정적으로 바라봄 ↔비관
　¶ 올 물가는 인상 요인이 많아 ~만 하고 있을 수 없다.

18. 외관　(　　　　　　　　)

　바깥의 보이는 면
　¶ ~만 번지르르하다.

19. 관문　(　　　　　　　　)

　국경이나 요새의 성문으로, 반드시 거쳐야 하는 대목을 이름
　¶ 입학시험이란 ~을 통과해야 당당하게 학생이 될 수 있다.

♣ 다음 낱말 풀이에 알맞은 한자(漢字)를 쓰시오.　　▶정답은 203쪽

1. 상관　(　　　　　)

　서로 관련이 있음
　¶ 나와는 ~ 없는 일이야.

2. 통관　(　　　　　)

　상품 등이 세관통과를 하는 일
　¶ 사치 소비재는 ~이 되지 않는다.

3. 관심사　(　　　　　)

　마음을 끄는 일
　¶ 너의 제일가는 ~는 무엇이냐고 물으신다면... .

4. 무관심　(　　　　　)

　마음을 끄는 게 없음, 관심이 없음
　¶ 그는 매사에 ~ 그 자체다.

5. 광고　(　　　　　)

　널리 알림
　¶ 인터넷의 발달로 불필요한 ~가 줄을 잇고 있다.

6. 광대　(　　　　　)

　넓고 큼
　¶ ~한 저 대륙을 그냥 남들에게 주어버려야 하느냐?

7. 광야　(　　　　　)

　넓은 들
　¶ 이 ~에서 목놓아 부르게 하리라.

8. 광장　(　　　　　)

　넓은 마당
　¶ ~에 사람들이 가득 모여들었다.

9. 인도교　(　　　　　)

　사람이 다니도록 놓은 다리
　¶ 한강 ~

10. 남해대교　(　　　　　)

　경남 남해군에 있는 다리 이름
　¶ ~는 한려 수도를 가로지르는 우리나라 최초의 현수교

11. 구현　(　　　　　)

　어떤 일이 구체적인 사실로 나타나게 함
　¶ 민주주의를 ~하다.

12. 가구　(　　　　　)

　집안 살림에 쓰이는 기구, 장롱이나 책상 등을 말함
　¶ 어머니께서 새 ~를 장만하셨다.

13. 용구　(　　　　　)

　무엇을 하거나 만드는 데 쓰는 도구
　¶ 최신형 제도 ~를 장만했다.

14. 문구점　(　　　　　)

　글 쓰는데 필요한 여러 기구를 파는 가게
　¶ ~에서 공책을 사왔다.

15. 구체적　(　　　　　)

　사물이 직접 경험하거나 지각할 수 있도록 일정한 형태와 성질을 갖춤
　¶ ~인 예를 들다.

16. 구국　(　　　　　)

　나라를 구함
　¶ 필사적으로 ~의 항전을 펼쳤다.

17. 구명　(　　　　　)

　목숨을 구함
　¶ 양수에 대한 ~운동이 있었다.

18. 구출　(　　　　　)

　구하여 나옴
　¶ 인질 ~ 작전이 시작되었다.

19. 구세주　(　　　　　)

　세상을 구한 사람
　¶ ~는 도대체 언제나 오는 것인가?

20. 구급차　(　　　　　)

　환자를 신속하게 병원에 나르는 차
　¶ 부상자를 급하게 ~에 실어 보냈다.

♣ 다음 낱말 풀이에 알맞은 한자(漢字)를 쓰시오.   ▶정답은 203쪽

1. 구식   (   )
   옛날의 방식
   ¶ 그 모자는 ~이어서 싫어요.

2. 구정   (   )
   옛 정월. 음력 정월 ↔신정
   ¶ ~에 고향에 갈 생각입니다.

3. 구면   (   )
   예전에 얼굴을 본적이 있음
   ¶ 우리 그러고 보니 ~이군요.

4. 친구   (   )
   오래 사귄 사람
   ¶ 그는 내 둘도 없는 ~다.

5. 국번   (   )
   전화 교환국의 국명(局名)을 나타내는 번호
   ¶ ~이 416번입니까, 426번입니까?

6. 결국   (   )
   일이 귀결되는 마당
   ¶ 나는 ~ 그녀의 간청을 들어줄 수밖에 없었다.

7. 대국   (   )
   마주앉아 장기나 바둑을 둠
   ¶ 이번 ~은 정말 볼만 할거야.

8. 약국   (   )
   약을 파는 곳
   ¶ ~에서는 병원의 처방전에 따라 조제하여야 한다.

9. 전화국 (   )
   전화에 관련된 일을 하는 기관
   ¶ 내일부터 ~에서 일을 하게 되었다.

10. 귀하 (   )
    편지에서 상대방을 높이기 위해 상대방 이름 밑에 쓰는 말
    ¶ 봉투에 '선생님 ~'라고 써넣었다.

11. 귀중 (   )
    편지를 받을 단체의 이름 아래 쓰는 경어
    ¶ 현사서예학원 ~.

12. 귀댁 (   )
    상대방의 집을 높이는 말
    ¶ ~에 평화가 가득하기를 바랍니다.

13. 고귀 (   )
    높고 귀함
    ¶ 왕족은 ~한 신분이었다.

14. 귀중품 (   )
    귀하고 중요한 물건
    ¶ 보관함에는 ~을 넣지 마십시오.

15. 규칙 (   )
    정해놓은 법
    ¶ ~을 위반하면 벌을 받아야 하겠지?

16. 규격 (   )
    정해놓은 격식
    ¶ ~에 맞지 않는 봉투를 사용하면 요금을 더 내야 한다.

17. 신규 (   )
    새로운 규정
    ¶ ~ 가입을 환영합니다.

18. 정규군 (   )
    정식 훈련을 받은 군대
    ¶ 우리나라는 ~이 절대 부족하다.

19. 급료 (   )
    일에 대한 대가로 받는 돈
    ¶ ~ 외에 식비와 교통비는 따로 준다.

20. 급수 (   )
    물을 공급함
    ¶ 물 부족으로 ~가 원활하게 이루어지지 않고 있다.

♣ 다음 낱말 풀이에 알맞은 한자(漢字)를 쓰시오. ▶정답은 203쪽

1. 급식 (　　　　　)

  먹을 것을 공급함
  ¶ 학생들이 학교에서 제일 좋아하는 시간은 ~ 시간이다.

2. 급유 (　　　　　)

  기름을 공급함
  ¶ 더 이상의 ~가 없다면 최신형 비행기들은 모두 고철이 되고 만다.

3. 월급 (　　　　　)

  일한 대가로 달마다 주는 돈
  ¶ ~이 두 배로 올라 너무 신이 났다.

4. 발급 (　　　　　)

  증명서 등을 발행하여 줌
  ¶ 재직증명서 ~을 신청했다.

5. 자기 (　　　　　)

  나 자신
  ¶ ~ 자신을 속이지 않는 일이 제일 어려운 일이다.

6. 이기 (　　　　　)

  자신만을 이롭게 함
  ¶ ~주의도 하나의 정신병이다.

7. 십년지기 (　　　　　)

  오래전부터 사귀어 온 친구
  ¶ 만난지 한 달밖에 안 됐는데 마치 ~인 양 절친해 보였다.

8. 기본 (　　　　　)

  사물이나 이론 등의 기초와 근본
  ¶ 흥! 그 정도야 ~이지!

9. 기지 (　　　　　)

  군대, 탐험대 따위의 활동의 기점이 되는 근거지
  ¶ 남극에 ~를 세우고 탐험을 시작했다.

10. 기금 (　　　　　)

  어떤 목적이나 사업을 위해 모은 돈
  ¶ 신 노인은 평생 모은 재산을 장학~으로 내놓았다.

11. 기간 (　　　　　)

  어느 일정한 시기의 사이
  ¶ 이 ~에는 심지어 전쟁도 중지된다.

12. 기말 (　　　　　)

  어느 기간의 끝
  ¶ 내일부터 ~ 시험이 시작된다.

13. 시기 (　　　　　)

  어떤 일이 진행되는 시점
  ¶ 가을은 오곡백과가 무르익는 ~이다.

14. 학기 (　　　　　)

  학업상의 필요로 구분된 기간
  ¶ 이번 ~에는 기필코 장학금을 받고야 말겠다.

15. 사춘기 (　　　　　)

  육체적·정신적으로 성인이 되는 시기
  ¶ 우리 아들이 드디어 ~에 들어 선 거 같아.

16. 기차 (　　　　　)

  증기로 가는 차 또는 열차
  ¶ 여행은 역시 ~가 최고야.

17. 기선 (　　　　　)

  증기로 운행하는 배
  ¶ 태풍으로 ~도 운항할 수 없다.

18. 기술 (　　　　　)

  기능, 재주
  ¶ 그는 화약 제조 ~을 배우기 위해 무척 노력했다.

19. 기능 (　　　　　)

  기술상의 재능
  ¶ 우리 회사에는 뛰어난 ~을 보유한 사람들이 많습니다.

♣ 다음 낱말 풀이에 알맞은 한자(漢字)를 쓰시오. ▶정답은 203쪽

1. 구기　(　　　　　　　)

공을 사용하는 운동 경기
¶ ~ 종목에는 야구, 축구, 배구, 탁구 등이 있다.

2. 실기　(　　　　　　　)

실제의 기술 ↔이론
¶ 필기는 합격했지만 ~에서 번번이 떨어졌다.

3. 장기　(　　　　　　　)

가장 능하고 잘하는 재주
¶ 성대 묘사는 바로 내 ~야!

4. 길일　(　　　　　　　)

운이 좋거나 상서로운 날
¶ 양가는 ~을 잡아 혼례를 치렀다.

5. 길운　(　　　　　　　)

좋은 운수
¶ 자네 얼굴을 보니 ~이 가득하군.

6. 운수불길　(　　　　　　　)

운수가 좋지 않음
¶ 나야말로, 그 자리에 있었던 것이 ~이지.

7. 입춘대길　(　　　　　　　)

입춘을 맞이하여 길운을 기원하며 벽이나 문 등에 붙이는 글
¶ 할머니는 대문에 '~'이라는 글씨를 써 붙이셨다.

8. 염원　(　　　　　　　)

마음속으로 간절히 생각하고 원함
¶ 통일은 우리 민족의 ~이다.

9. 관념　(　　　　　　　)

생각, 견해
¶ 그들은 위생에 대한 ~이 거의 없다.

10. 신념　(　　　　　　　)

굳게 믿는 마음
¶ 그는 ~이 있어서 좋다.

11. 이념　(　　　　　　　)

이상적인 것으로 여겨지는 생각이나 견해
¶ 독재는 민주주의의 ~에 배치된다.

12. 능력　(　　　　　　　)

일을 감당할 수 있는 힘
¶ 2주간의 연수를 받은 후 업무처리 ~이 크게 향상되었다.

13. 가능　(　　　　　　　)

어떤 일을 할 수 있거나 그렇게 될 수 있음
¶ 그런 일이 ~하다고 생각하는가?

14. 만능　(　　　　　　　)

모든 일을 다 할 수 있음
¶ 흔히 요즘을 물질 ~의 시대라 한다.

15. 재능　(　　　　　　　)

재주와 능력
¶ 그 아이는 어릴 때부터 음악에 천부적인 ~이 있었다.

16. 능동적　(　　　　　　　)

스스로 내켜서 움직이거나 작용함
¶ 항상 ~으로 생각하고 행동하라.

17. 단상　(　　　　　　　)

교단, 강단 등의 위
¶ 교장 선생님이 ~에 올라 훈화를 하신다.

18. 교단　(　　　　　　　)

교실에서 교사가 수업할 때 서는 단
¶ 영신은 찬찬히 ~ 위에 올라섰다.

19. 문단　(　　　　　　　)

문인들의 사회
¶ 그의 이름이 ~에 오르내리기 시작했다.

♣ 다음 낱말 풀이에 알맞은 한자(漢字)를 쓰시오. ▶정답은 203쪽

1. 등단 (　　　　　　　)

주로 문단(文壇)에 처음으로 등장하는 것을 말함
¶ 나는 2001년에 시인으로 ~했다.

2. 화단 (　　　　　　　)

꽃을 심기 위해 꾸며 놓은 꽃밭
¶ 어머니는 ~ 가꾸는 일로 세월을 보내셨다.

3. 단결 (　　　　　　　)

많은 사람이 마음과 힘을 한데 뭉침
¶ 국난을 극복하기 위하여 온 국민의 ~을 호소했다.

4. 단체 (　　　　　　　)

같은 목적을 위해 두 사람 이상이 모여 맺은 집단
¶ 이익 ~의 로비가 치열해졌다.

5. 집단 (　　　　　　　)

단체
¶ 그들은 자신들이 속한 ~의 이익만을 위해 행동했다.

6. 합창단 (　　　　　　)

합창을 주로 하는 단체
¶ 우리 학교 ~이 전국 우승을 차지했다.

7. 대담 (　　　　　　　)

마주 앉아 말함
¶ 오늘 오후 2시에 한일 간의 정상 ~이 있었다.

8. 면담 (　　　　　　　)

얼굴을 마주하여 말함
¶ ~을 아무리 요청해도 받아들여지지 않았다.

9. 미담 (　　　　　　　)

갸륵한 행실의 이야기
¶ 가슴을 뭉클하게 하는 ~.

10. 야담 (　　　　　　　)

야사(野史)를 바탕으로 흥미 있게 꾸민 이야기
¶ 이 영화는 그 당시의 ~을 모아 만든 것이다.

11. 회담 (　　　　　　　)

어떤 문제에 대해 관련된 사람들이 모여서 토의함
¶ 양국 간의 ~은 기약 없이 연기되기만 했다.

12. 당대 (　　　　　　　)

당시의 바로 그 시대
¶ 최치원은 ~ 최고의 시인이었다.

13. 당번 (　　　　　　　)

어떤 일을 담당할 차례가 됨 또는 그 사람
¶ 내일은 내가 ~이다.

14. 당초 (　　　　　　　)

때에 당한 처음에
¶ ~ 그런 일을 한 네가 잘못이다.

15. 당락 (　　　　　　　)

붙고 떨어짐
¶ 이 문제 하나가 ~을 좌우할 것이다.

16. 부당 (　　　　　　　)

이치에 맞지 않음
¶ 검찰은 ~ 요금 징수에 철퇴를 내렸다.

17. 덕행 (　　　　　　　)

어질고 너그러운 행동
¶ 그저 ~을 쌓을 뿐 더 이상의 묘책은 없습니다.

18. 덕담 (　　　　　　　)

남이 잘되기를 비는 말로 주로 새해에 많이 하는 말임
¶ 새해 세배를 드리고 ~을 나누었다.

19. 미덕 (　　　　　　　)

아름다운 덕행, 행실
¶ ~을 베풀다.

20. 공덕 (　　　　　　　)

착한 일을 하여 쌓은 업적과 어진 덕
¶ 아버지는 사또의 ~을 높이 칭송하셨다.

♣ **다음 낱말 풀이에 알맞은 한자(漢字)를 쓰시오.** ▶정답은 203쪽

1. 도덕　（　　　　　　）
   사람의 도리로서 가져야 되는 덕. 도리
   ¶ 요즘 현대인들은 일종의 ~ 불감증에 걸려있다.

2. 도래　（　　　　　　）
   어떤 시가나 기회가 옴
   ¶ 새 천년의 ~를 알리는 종소리가 높이 울려 퍼졌다.

3. 도착　（　　　　　　）
   목적지에 다다름
   ¶ 직녀는 아직 ~하지 않았다.

4. 당도　（　　　　　　）
   어떤 곳에 다다름
   ¶ 할아버지께서 곧 ~한다 하십니다.

5. 독도　（　　　　　　）
   경북 울릉군에 있는 화산섬 이름
   ¶ 그 누가 아무리 자기네 땅이라 우겨도 ~는 우리 땅!

6. 낙도　（　　　　　　）
   육지에서 멀리 떨어져 있는 섬
   ¶ 어디 한적한 ~에서 몇 달 쉬고 싶다.

7. 삼다도　（　　　　　　）
   돌, 여자, 바람의 세 가지가 많은 섬, 곧 제주도
   ¶ 여러분! ~에 오신 것을 진심으로 환영합니다.

8. 한반도　（　　　　　　）
   우리나라 국토 전체를 포괄하는 반도, 곧 우리나라
   ¶ ~는 지정학적으로 매우 중요한 곳에 위치해 있다.

9. 도읍　（　　　　　　）
   서울. 그 나라의 수도
   ¶ 개성은 옛날 고려의 ~이었다.

10. 도시　（　　　　　　）
    사람이 많이 사는 지역. 도회지
    ¶ 농촌이 살기 어려워지자 사람들은 ~로만 몰려들었다.

11. 왕도　（　　　　　　）
    왕궁이 있는 도시
    ¶ 이곳은 땅이 넓고 기름지니 가히 ~를 세울 만하다.

12. 고도　（　　　　　　）
    옛 도시
    ¶ 경주, 신라 천년의 ~를 탐방하다.

13. 수도　（　　　　　　）
    한 나라의 중앙 정부가 있는 도시
    ¶ 대한민국의 ~는 서울이다.

14. 독립　（　　　　　　）
    홀로 서는 것
    ¶ 백범 김구 선생은 조국의 ~을 위해 평생을 바치셨다.

15. 독신　（　　　　　　）
    혼자의 몸으로 삶
    ¶ 누구든 결혼 전까지는 ~으로 살기는 한다.

16. 독창　（　　　　　　）
    홀로 노래를 부름
    ¶ 오늘 저녁 ~회에 가기로 했다.

17. 무남독녀　（　　　　　　）
    아들이 없고 딸이 혼자임. 외동딸을 말함
    ¶ 곱단이는 ~로 곱게 자랐다.

18. 낙서　（　　　　　　）
    장난으로 그린 그림이나 쓴 글씨
    ¶ ~ 금지.

19. 낙수　（　　　　　　）
    떨어지는 물. 처마 끝에서 떨어지는 빗물이나 고드름이 녹는 물
    ¶ 눈이 녹아내려 지붕에서는 ~가 뚝뚝 떨어졌다.

♣ 다음 낱말 풀이에 알맞은 한자(漢字)를 쓰시오.　　　▶정답은 203쪽

1. 당락　(　　　　　)

(시험이나 선거 등에) 붙거나 떨어짐
¶ 이 문제 하나가 ~을 좌우할 것이다.

2. 하락　(　　　　　)

값이나 등급 등이 아래로 떨어짐
¶ 주가가 연일 ~하고 있었다.

3. 낭랑　(　　　　　)

매우 밝고 또렷한 모양
¶ 신 도령의 ~한 글 읽는 소리에 이웃집 처자들이 넋을 잃고 듣곤 했다.

4. 낭독　(　　　　　)

소리 내어 읽음
¶ 나는 힘찬 목소리로 비문을 ~하기 시작했다.

5. 명랑　(　　　　　)

밝고 쾌활함
¶ 캔디는 항상 ~한 얼굴로 친구들을 맞이했다.

6. 냉수　(　　　　　)

찬 물
¶ 덥다 더워, 여기 ~ 좀 한 사발 가져와라.

7. 냉온　(　　　　　)

찬 것과 따뜻한 것
¶ 설명서에서 ~에 해당하는 항목을 찾아 읽어 보았다.

8. 냉전　(　　　　　)

무기는 쓰지 않으나 전쟁을 연상케 하는 국제간의 심한 대립
¶ 미소의 ~은 계속되었다.

9. 냉기　(　　　　　)

찬 기운
¶ 보일러를 이틀이나 작동시키지 않았더니 ~로 몸이 얼어붙을 것 같았다.

10. 양심　(　　　　　)

사물의 선악을 판단할 수 있는 도덕적 의식, 선한 마음
¶ ~에 가책을 받아 더 이상 진실을 숨길 수 없었다.

11. 양서　(　　　　　)

좋은 책
¶ ~와 악서를 판별하는 일은 쉽지 않다.

12. 개량　(　　　　　)

좋게 고침
¶ ~ 한복.

13. 불량　(　　　　　)

좋지 않음
¶ 양심 ~인 사람들도 자신이 착한 줄로만 생각한다.

14. 선량　(　　　　　)

착하고 좋음
¶ ~한 사람들.

15. 다량　(　　　　　)

많은 수
¶ 물품을 ~으로 구입하다.

16. 역량　(　　　　　)

일을 해낼 수 있는 재량
¶ 그 정도 ~이라면 일을 맡길만 합니다.

17. 용량　(　　　　　)

쓰는 양. 약제 같은 것의 한 번 또는 하루의 사용량
¶ 약을 복용할 때는 반드시 지시된 ~을 따라야 한다.

18. 중량　(　　　　　)

무게
¶ ~이 2톤은 되겠다.

19. 대량생산 (　　　　　)

많은 양을 생산함
¶ 곧 공장 설비를 마치고 ~에 들어갔다.

♣ 다음 낱말 풀이에 알맞은 한자(漢字)를 쓰시오.　　▶정답은 203쪽

1. 여행　(　　　　　　　　)

일이나 관광의 목적으로 다른 지역에 가는 일
¶ 이번 겨울에는 남해안을 ~할 생각이다.

2. 여객　(　　　　　　　　)

여행하는 사람
¶ 서울역 대합실에는 수많은 ~으로 붐볐다.

3. 여로　(　　　　　　　　)

여행하는 길.
¶ 기나긴 인생의 ~도 이제 마무리 할 때가 되었다.

4. 여비　(　　　　　　　　)

여행할 때 필요한 돈
¶ 갈길은 먼데 ~가 벌써 바닥을 드러내기 시작했다.

5. 역사　(　　　　　　　　)

인류 사회의 과거에 있어서의 변천·흥망의 기록
¶ 과거의 ~를 알아야 미래를 알 수 있다.

6. 역대　(　　　　　　　　)

대대로 이어온 여러 대
¶ 이번 선거는 ~로 볼 수 없었던 공정한 선거였다.

7. 내력　(　　　　　　　　)

겪어 온 자취
¶ 할머니는 우리 집의 ~에 대해 소상히 말씀해 주셨다.

8. 전력　(　　　　　　　　)

예전부터 현재에 이르기까지 행적, 경력
¶ 새로 부임한 장관은 ~이 매우 화려했다.

9. 학력　(　　　　　　　　)

학교를 다닌 경력
¶ 기초 ~ 검사.

10. 연습　(　　　　　　　　)

되풀이해 익힘
¶ 배우는 건 쉽지만 ~을 통해 자기 것으로 만드는 건 어렵다.

11. 세련　(　　　　　　　　)

지식을 연마하고 기술을 익혀 어색하거나 서투른 데가 없음
¶ 지나친 ~은 오히려 천박하게 보일 수도 있다.

12. 영애　(　　　　　　　　)

남의 딸에 대한 경칭
¶ 대통령의 딸을 ~라고 한다.

13. 구령　(　　　　　　　　)

단체 행동의 동작을 일제히 하도록 부르는 호령
¶ 모두 ~에 맞추어 움직이기 시작했다.

14. 명령　(　　　　　　　　)

명하여 시킴. 윗사람이 아랫사람에게 내리는 분부
¶ 군인은 국민의 ~에 충성을 다해야 한다.

15. 법령　(　　　　　　　　)

법률과 명령
¶ 그 일은 이미 ~에 기재되어 있다.

16. 발령　(　　　　　　　　)

직책이나 직위에 대한 명령을 내림
¶ 오늘 인사 ~이 있을 것이다.

17. 영부인　(　　　　　　　　)

남의 부인에 대한 경칭, 보통 대통령의 부인을 이름
¶ ~께서 고아원을 방문하셨다.

18. 노고　(　　　　　　　　)

일하는 수고로움
¶ 추운데 정말 ~가 많으십니다 그려.

19. 과로　(　　　　　　　　)

힘쓰고 수고로움이 지나침
¶ 김 과장은 ~로 쓰러져 결국 유명을 달리하고 말았다.

20. 공로　(　　　　　　　　)

일에 애쓴 공적
¶ ~로 병이 나다.

♣ 다음 낱말 풀이에 알맞은 한자(漢字)를 쓰시오.　　▶정답은 204쪽

1. 노동자　(　　　　　)
노동을 해서 살아가는 사람. 근로자
¶ 사용자와 ~.

2. 요금　(　　　　　)
사물을 사용하거나 소비하거나 관람한 대가로 지불하는 돈
¶ 이번 달에 수도 ~이 너무 많이 나왔다.

3. 요리　(　　　　　)
음식을 만드는 일정한 방법, 또는 그 음식
¶ 맛있는 ~를 만들 줄 알고 먹을 수 있다는 것도 인생의 큰 낙이다.

4. 무료　(　　　　　)
값을 내지 않음, 공짜
¶ ~회원 가입은 신중하게 고려해 결정해야 한다.

5. 급료　(　　　　　)
일한 대가로 받는 돈
¶ 많은 ~를 받으려면 그만한 능력을 갖추고 또 그만한 일을 해야만 한다.

6. 식료품　(　　　　　)
음식의 재료가 되는 물품으로 주식품 이외의 것
¶ 연일 계속된 폭설로 가게에 ~이 동이 났다.

7. 영토　(　　　　　)
한 국가가 통치하고 있는 땅
¶ 독도는 유구한 우리의 ~이다.

8. 영지　(　　　　　)
영토
¶ 만주는 우리의 ~였다.

9. 영해　(　　　　　)
한 국가가 영유하고 있는 바다
¶ 일본의 우리 ~침범이 자주 이루어지고 있다.

10. 영공　(　　　　　)
한 국가가 영유하고 있는 영토와 영해의 하늘
¶ 우리의 ~은 우리의 힘으로 지켜야 한다.

11. 두령　(　　　　　)
여러 사람을 거느린 우두머리
¶ 임꺽정은 도적의 ~이 되었다.

12. 유례　(　　　　　)
유사한 예증. 같거나 비슷한 예
¶ 유사 이래 ~가 없던 일이다.

13. 분류　(　　　　　)
종류에 따라서 나눔
¶ 개개의 특성에 맞추어 ~하였습니다.

14. 동류　(　　　　　)
같은 종류나 무리
¶ 고래는 포유류인 침팬지와 ~이다.

15. 유만부동　(　　　　　)
비슷한 것은 많으나 같지 않고 다름. 분수에 넘침
¶ 배은망덕도 ~이지.

16. 유행　(　　　　　)
의복·화장 등의 양식이 일시적으로 널리 퍼지는 현상
¶ ~따라 사는 것도 제멋이지 뭐.

17. 육교　(　　　　　)
도로나 철도 위에 사람이 다닐 수 있도록 공중에 만든 다리
¶ ~는 자동차에는 편리하지만 사람들에게는 불편하다.

18. 육로　(　　　　　)
육지 위의 길
¶ ~를 이용해 탱크를 빠르게 전진시켰다.

♣ **다음 낱말 풀이에 알맞은 한자(漢字)를 쓰시오.** ▶정답은 204쪽

1. 육해 (　　　　　)

   육지와 바다
   ¶ ~ 양쪽으로 공격하는 양동작전을 구사했다.

2. 육상 (　　　　　)

   육지 위
   ¶ ~ 식물과 수중 식물을 잘 구별해야 한다.

3. 명마 (　　　　　)

   매우 뛰어난 말
   ¶ 제주도는 본래 ~를 길렀었다.

4. 말년 (　　　　　)

   인생의 마지막 무렵
   ¶ 이 그림은 신윤복이 ~에 그린 작품이다.

5. 말세 (　　　　　)

   도덕이 타락하여 곧 망하기 직전의 세상
   ¶ ~라는 말은 인류 이래 있어 왔다.

6. 연말 (　　　　　)

   그 해의 끝
   ¶ ~이라 각종 송년회가 열리고 있다.

7. 종말 (　　　　　)

   어떤 일이나 현상이 끝나는 것
   ¶ 환경오염은 지구의 ~을 가속화시킬 것이다.

8. 망국 (　　　　　)

   망하여 없어진 나라
   ¶ 마의태자는 ~의 한을 품고 금강산으로 향했다.

9. 망신 (　　　　　)

   자기의 지위·명예·체면 따위를 망침
   ¶ ~도 그런 ~이 없었다.

10. 망월 (　　　　　)

    보름달
    ¶ 오늘 날이 맑다고 했으니까 ~을 볼 수 있겠구나.

11. 매매 (　　　　　)

    사고파는 것
    ¶ 불경기가 ~로 이루어지지 않아 걱정이다.

12. 매점 (　　　　　)

    물건을 파는 가게
    ¶ 구내 ~에서 예쁜 공책을 샀다.

13. 무능 (　　　　　)

    능력이나 재능이 없음
    ¶ ~한 사람.

14. 무료 (　　　　　)

    값을 내지 않음, 공짜
    ¶ ~입니다. 마음껏 드십시오.

15. 무죄 (　　　　　)

    죄가 없음
    ¶ 사랑은 ~.

16. 무사통과 (　　　　　)

    아무 일 없이 지나감
    ¶ 이 정도의 준비면 내일 검사는 ~다.

17. 배수 (　　　　　)

    갑절 즉 곱이 되는 수
    ¶ 6의 ~는 36이다.

18. 법식 (　　　　　)

    법도와 양식
    ¶ ~을 지켜가며 공손하게 말했다.

19. 법칙 (　　　　　)

    지켜야 하는 규범
    ¶ ~은 지키라고 있는 거야.

20. 법전 (　　　　　)

    국가가 제정한 통일적·체계적인 성문 법규집
    ¶ 세상에 그런 일이 어느 ~에 실려 있니?

♣ 다음 낱말 풀이에 알맞은 한자(漢字)를 쓰시오. ▶정답은 204쪽

1. 변화 (   )
성질, 모양 등이 달라짐
¶ 주가는 경제 여건의 ~에 민감하게 반응한다.

2. 변질 (   )
성질이나 물질이 변함
¶ 냉동 보관으로 식품의 ~을 막을 수 있었다.

3. 변칙 (   )
원칙에 벗어난 법칙
¶ 원칙 아닌 ~ 운영.

4. 병졸 (   )
군사
¶ 수많은 ~들이 벌떼처럼 몰려왔다.

5. 병사 (   )
군사
¶ 공격은커녕 방어하기에도 너무나 ~가 모자랐다.

6. 병법 (   )
군사를 지휘하고 전쟁을 하는 법칙
¶ ~에 능하지 못하다면 싸우나 마나다.

7. 복덕 (   )
타고난 복과 후한 마음
¶ 복스러운 공덕을 ~이라 한다.

8. 만복 (   )
만 가지 복. 수많은 복
¶ 웃으면 ~을 받는다고 한다.

9. 행복 (   )
복스런 좋은 운수
¶ ~이 가득한 집, 바로 우리 집이다.

10. 봉사 (   )
국가나 남을 위해 노력함
¶ 월드컵 자원 ~.

11. 봉사활동 (   )
봉사를 하는 활동
¶ ~도 점수로 환산한다니... 말도 안돼.

12. 비용 (   )
어떤 일을 하는 데 드는 돈
¶ 생각은 좋은데 ~이 너무 들어 가능할지 모르겠다.

13. 이목구비 (   )
귀, 눈, 입, 코
¶ ~가 뚜렷하니 정말 잘생겼다.

14. 빙하 (   )
거대한 얼음 덩어리가 강처럼 흐르는 것
¶ 남극에 가면 ~를 볼 수 있다.

15. 빙탄 (   )
얼음과 숯처럼 서로 정반대가 되어 용납되지 못하는 관계
¶ 신경 쓰지마. 그와 너는 ~같은 관계야.

16. 빙판 (   )
얼음이 깔린 길바닥
¶ ~길에 운전 조심하세요.

17. 사졸 (   )
병정, 군사, 졸병
¶ ~이 귀한 줄 모르면 전쟁을 할 수 없다.

18. 사기 (   )
의욕이나 자신감이 충만한 기세
¶ ~가 하늘을 찌를 듯했다.

19. 사농공상 (   )
선비·농부·공장·상인의 네 가지 계급
¶ 난리가 일어나자 ~ 구분 없이 적들에 대항했다.

♣ 다음 낱말 풀이에 알맞은 한자(漢字)를 쓰시오.   ▶정답은 204쪽

1. 사기   (   )
역사를 기록한 책. 보통 중국 전한시대의 사마천이 지은 책
¶ 사마천이 쓴 『~』라는 책은 역사서이다.

2. 사초   (   )
조선시대 사관이 기록하여 둔 사기의 초고로 이를 바탕으로 실록을 작성함
¶ ~는 실록 작성의 초고이다.

3. 사생   (   )
실물이나 경치를 베끼어 그림
¶ 내일 ~대회가 경복궁에서 열릴 예정이다.

4. 사고   (   )
생각
¶ ~력.

5. 의사   (   )
어떤 일을 하고자 하는 생각
¶ ~소통을 분명히!

6. 조사   (   )
사물의 내용을 알기 위해 자세히 살펴봄
¶ 내일부터 인구 ~가 전국적으로 행해진다.

7. 산모   (   )
막 아기를 낳은 지 며칠 되지 않은 여자
¶ 다행히 순산을 하여 ~도 아이도 건강했다.

8. 산재   (   )
산업재해
¶ ~는 보상을 받을 수 있다.

9. 산지   (   )
생산되어 나온 땅
¶ ~ 가격보다 더 싼 값으로 팔 수밖에 없었다.

10. 생산   (   )
각종 물건을 만들어 냄
¶ ~ 실적이 배로 향상되었다.

11. 상인   (   )
상업을 직업으로 삼는 사람
¶ ~을 낮추어서 장사치라고 부르기도 하지.

12. 상선   (   )
상업 목적으로 쓰는 배
¶ 항구에 ~이 가득 찼다.

13. 상점   (   )
물건을 파는 가게
¶ 그 ~엔 없는 물건이 없다.

14. 상품   (   )
팔 목적으로 생산된 물건
¶ 그 상점엔 없는 ~이 없다.

15. 상업   (   )
상품의 매매로 생산과 소비를 연락하고 이익을 취하는 영업
¶ 우리 아버지는 ~에 종사하신다.

16. 상대   (   )
서로 마주 봄. 또는 마주 겨룸
¶ 나와 너는 ~가 되지 않는다.

17. 상관   (   )
서로 관련이 있음
¶ 너와는 ~ 없는 일이야.

18. 상생   (   )
음양오행설에서, 金은 水와, 水는 木과, 木은 火와, 火는 土와, 土는 金과 조화를 이룰 수 있다는 뜻으로 서로 도움이 되는 관계
¶ 우리 서로 ~ 관계가 되도록 노력합시다.

♣ 다음 낱말 풀이에 알맞은 한자(漢字)를 쓰시오.   ▶정답은 204쪽

1. 상품　(　　　　　　　)

　상으로 주는 물건
　¶ 노래자랑 대회에서 ~으로 컴퓨터를 받아왔다.

2. 대상　(　　　　　　　)

　큰 상
　¶ 영예의 ~ 수상자를 발표하겠습니다.

3. 서두　(　　　　　　　)

　일이나 말의 첫머리
　¶ 인기 가수의 공연으로 화려하게 ~를 장식했다.

4. 선약　(　　　　　　　)

　신선의 약. 효험이 좋은 약
　¶ 이 ~은 만병통치약이다.

5. 선인　(　　　　　　　)

　신선
　¶ 그가 바로 ~이야.

6. 선악　(　　　　　　　)

　착함과 사악함
　¶ ~도 구별할 줄 모르면 배워서 무엇 하겠느냐?

7. 선량　(　　　　　　　)

　착하고 좋음
　¶ ~한 사람들이 행복하게 살 수 있는 사회가 되도록 노력해야 합니다.

8. 선남선녀　(　　　　　　　)

　착하고 선한 남자와 여자라는 뜻으로 보통 평범한 사람들을 말함
　¶ 공연장에 ~가 가득 들어찼다.

9. 선거　(　　　　　　　)

　대표자나 임원을 뽑는 일
　¶ 이번 국회의원 ~는 한 치 앞을 내다볼 수 없었다.

10. 선실　(　　　　　　　)

　배안의 방
　¶ ~에서 맞이한 아침 태양은 특별한 감회를 주었다.

11. 선상　(　　　　　　　)

　배의 위
　¶ 비가 쏟아져 더 이상 ~에 있을 수 없었다.

12. 선명　(　　　　　　　)

　산뜻하고 밝음
　¶ 비가 온 뒤 한껏 앞산이 ~하게 보였다.

13. 신선　(　　　　　　　)

　싱싱하고 깨끗함
　¶ ~한 생선이 두 마리에 천 원.

14. 조선　(　　　　　　　)

　우리나라의 예전 이름
　¶ ~ 사람은 예로부터 인정 많고 어질기로 유명하다.

15. 설명　(　　　　　　　)

　풀어서 밝힘
　¶ 저 선생님은 참 자세하게 ~해주서.

16. 설법　(　　　　　　　)

　불교의 교의를 들려줌
　¶ 스님의 ~은 한 시간 넘게 계속되었다.

17. 설교　(　　　　　　　)

　종교의 교의를 설명함. 단단히 타일러 가르침
　¶ 참다 못한 신부님이 드디어 ~를 늘어놓기 시작했다.

18. 발설　(　　　　　　　)

　말을 퍼뜨림
　¶ 어떻게 해서든지 ~을 막아야 한다.

19. 소설　(　　　　　　　)

　작가의 상상력에 바탕을 두고 허구적으로 이야기를 꾸며 나간 산문체의 문학 양식
　¶ 우리 아이는 만화보다 ~을 더 좋아한다.

♣ 다음 낱말 풀이에 알맞은 한자(漢字)를 쓰시오.　　　▶정답은 204쪽

1. 성질　(　　　　　)

　마음의 바탕. 사물이 본디부터 가지고 있는 고유한 특성
　¶ 사장님은 다 좋은데 무지 급한 그 ~이 문제다.

2. 성격　(　　　　　)

　개인이 가지고 있는 고유의 성질이나 품성
　¶ ~이 명랑한 게 아주 맘에 들었다.

3. 성품　(　　　　　)

　사람의 성질이나 됨됨이
　¶ 그는 강직한 ~을 지니고 있다.

4. 남성　(　　　　　)

　성년이 된 남자 ↔ 여성
　¶ 성인 남자를 ~이라 하다.

5. 세련　(　　　　　)

　지식을 연마하고 기술을 익혀 어색하거나 서투른 데가 없음
　¶ 도회지에서 온 분이라 매우 ~돼 있군.

6. 세면　(　　　　　)

　얼굴을 씻음
　¶ ~ 도구는 각자 챙겨 오십시오.

7. 세차　(　　　　　)

　차를 씻음
　¶ 이상하게도 ~만 하면 비가 온다.

8. 세월　(　　　　　)

　흘러가는 시간
　¶ 오랜 ~이 지났건만 그는 옛날 그 모습 그대로였다.

9. 연세　(　　　　　)

　나이의 높임말
　¶ 올해 ~가 어떻게 되십니까?

10. 결속　(　　　　　)

　뜻이 같은 사람끼리 서로 단결함
　¶ 국민적 ~ 없이는 성공할 수 없다.

11. 수상　(　　　　　)

　내각의 우두머리. 옛날의 영의정
　¶ 의원 내각제에서는 다수당의 우두머리가 ~이 되는 것이 일반적이다.

12. 자수　(　　　　　)

　죄를 범한 사람이 자진하여 범죄사실을 고백함
　¶ ~하여 광명 찾자.

13. 숙제　(　　　　　)

　집에서 풀도록 내준 과제. 또는 해결해야만 하는 문제
　¶ 그 문제는 아직도 해결되지 못한 채 ~로 남아 있다.

14. 숙명　(　　　　　)

　타고난 운명, 피할 수 없는 운명
　¶ 그는 더 이상 자신의 ~에 대항할 수 없었다.

15. 숙원　(　　　　　)

　오래된 소원
　¶ 통일은 우리의 ~이다.

16. 숙망　(　　　　　)

　오래도록 품은 소망
　¶ 드디어 ~을 성취하였다.

17. 순서　(　　　　　)

　차례
　¶ 자 질서를 지켜 ~대로 받아 가십시오.

18. 순위　(　　　　　)

　차례의 위치, 등급
　¶ 시험을 보고 그 ~에 따라서 근무지를 배정했다.

19. 순리　(　　　　　)

　도리에 순종함 또는 순조로운 이치
　¶ ~를 거역해서는 안 된다.

♣ 다음 낱말 풀이에 알맞은 한자(漢字)를 쓰시오.　　　▶정답은 204쪽

1. 순산　(　　　　　)

순조롭게 아이를 낳음
¶ ~의 소식에 모두들 기뻐 어쩔 줄 몰랐다.

2. 명시　(　　　　　)

밝히어 분명하게 보여줌
¶ 사용 방법을 ~하였다.

3. 훈시　(　　　　　)

가르쳐서 보이거나 타이름
¶ 교장 선생님의 ~가 있었다.

4. 표시　(　　　　　)

겉으로 표현해서 보여줌
¶ 그의 얼굴에 금방 ~가 났다.

5. 식견　(　　　　　)

학식과 견문. 곧 사물을 분별할 수 있는 능력
¶ ~이 있어야 무슨 일이든지 할 수 있다.

6. 면식　(　　　　　)

얼굴을 알 정도의 관계
¶ ~이 전혀 없습니다.

7. 유식　(　　　　　)

아는 게 많음
¶ ~한 척은 혼자 다하는구나.

8. 무식　(　　　　　)

아는 게 없음
¶ ~한 척 그만하고 어서 알려줘.

9. 학식　(　　　　　)

배워서 얻은 지식
¶ 그는 ~과 덕망을 갖춘 사람으로 평가 받고 있다.

10. 신하　(　　　　　)

임금을 섬기어 벼슬하는 사람
¶ 남의 ~된 입장으로 그런 말을 해서는 아니 되오.

11. 가신　(　　　　　)

집안의 신하. 정승의 집안일을 맡아보던 사람
¶ 그는 심지어 ~까지 두고 있습니다.

12. 공신　(　　　　　)

나라를 위해 공을 세운 신하
¶ 신숭겸은 고려 개국~으로 봉해졌다.

13. 중신　(　　　　　)

중요한 관직에 있는 신하
¶ 이 나라의 ~으로 그런 행동을 할 수는 없습니다.

14. 사육신　(　　　　　)

죽은 여섯 명의 신하. 조선 세조때 단종의 복위를 꾀하다 잡혀 죽은 이개, 하위지, 유성원, 유응부, 성삼문, 박팽년의 여섯 충신
¶ ~묘는 한강 노량진에 있다.

15. 실사　(　　　　　)

실제로 조사함
¶ 검찰의 ~가 있을 거라는 소문이 돌았다.

16. 실수　(　　　　　)

실제의 수. 무리수와 유리수. ↔ 허수
¶ 무리수와 유리수를 합쳐 ~라 한다.

17. 실효　(　　　　　)

실제의 효과
¶ 문제는 ~성이 얼마나 있느냐는 겁니다.

18. 실습　(　　　　　)

이미 배운 이론을 실제로 해보고 익힘
¶ 이론 위주의 교육이나 ~ 위주의 교육은 각기 장단점이 있다.

19. 실행　(　　　　　)

실제로 행동함
¶ 그 즉시 ~하였다.

♣ 다음 낱말 풀이에 알맞은 한자(漢字)를 쓰시오. ▶정답은 204쪽

1. 아동 (　　　　　)
  아이
  ¶ ~은 이 나라의 미래이다.

2. 아명 (　　　　　)
  어릴 때의 이름
  ¶ 그 이름은 다른 사람이 아니라, 바로 제 ~입니다.

3. 악덕 (　　　　　)
  악한 덕
  ¶ ~ 고리대금업자를 모두 구속하였다.

4. 악명 (　　　　　)
  나쁜 이름. 좋지 않은 평판
  ¶ 그는 인디언 학살로 ~을 떨치고 있었다.

5. 악법 (　　　　　)
  나쁜 법
  ¶ ~도 법이라고 지켜야 한단 말이지?

6. 악용 (　　　　　)
  나쁘게 이용함
  ¶ 착한 사람을 ~하는 것만큼 나쁜 일은 없다.

7. 오한 (　　　　　)
  몸이 오들오들 떨리는 증상
  ¶ ~이 들어 당체 잠을 잘 수가 없었다.

8. 안건 (　　　　　)
  토의하거나 조사해야할 건수
  ¶ 오늘의 ~을 말씀드리겠습니다.

9. 대안 (　　　　　)
  어떤 안을 대신하는 안
  ¶ ~ 없는 비방은 자제해 주시기 바랍니다.

10. 입안 (　　　　　)
  안건을 세움
  ¶ 금주 안에 새로운 정책이 ~될 것이다.

11. 방안 (　　　　　)
  일을 처리하거나 해결하여 나갈 방법이나 계획
  ¶ 우리에게 필요한 것은 구체적인 실천 ~이다.

12. 안내 (　　　　　)
  어떤 내용을 알려주거나 인도해 줌
  ¶ 버스 안의 ~ 방송은 매우 듣기 좋았다.

13. 약속 (　　　　　)
  장래의 할 일에 관해 상대방과 서로 언약하여 정함
  ¶ 우리 ~한 거 잊지마.

14. 약수 (　　　　　)
  어떤 수나 식을 나누어 나머지가 없이 떨어지는 수나 식을 일컫는 말
  ¶ 3은 6의 ~이다.

15. 공약 (　　　　　)
  공적인 약속
  ¶ 선거 ~은 반드시 지켜져야 합니다.

16. 선약 (　　　　　)
  먼저 정한 약속
  ¶ ~이 있어서 참석하기 어려울 것 같습니다.

17. 언약 (　　　　　)
  말로 정한 약속
  ¶ 우리가 사랑의 ~을 나눈 지 어언 10여 년이 지났습니다.

18. 양분 (　　　　　)
  영양이 되는 성분
  ¶ 태아는 모체로부터 ~과 산소를 공급받는다.

19. 양심 (　　　　　)
  마음을 수양함
  ¶ 良心(양심)과 ~은 전혀 다른 말이다.

♣ 다음 낱말 풀이에 알맞은 한자(漢字)를 쓰시오.　　　▶정답은 204쪽

1. 양어　(　　　　　　)

　물고기를 기름
　¶ 미꾸라지 ~장.

2. 양성　(　　　　　　)

　가르쳐서 길러 냄
　¶ 은퇴한 관료들은 대개 후진을 ~하며 여생을 마치곤 했다.

3. 교양　(　　　　　　)

　문화에 관한 폭넓은 지식
　¶ 지성인으로서 ~을 쌓아야 한다.

4. 어구　(　　　　　　)

　고기잡이에 사용되는 도구
　¶ 노인은 ~를 손질하며 구름 낀 바다를 바라보았다.

5. 어부　(　　　　　　)

　물고기 잡이를 업으로 하는 사람
　¶ ~들이 흥겨이 노래하며 돌아오고 있었다.

6. 어선　(　　　　　　)

　고기잡이 배
　¶ 이번 태풍으로 ~이 거의 파괴되었다.

7. 어장　(　　　　　　)

　고기잡이를 하는 곳. 풍부한 수산 자원이 있고, 어업을 할 수 있는 수역.
　¶ ~이 안 되려면 해파리만 끓는다.

8. 어물　(　　　　　　)

　물고기. 생선을 가공하여 말린 것
　¶ 냉장고는 ~로 가닥 차 있었다.

9. 대어　(　　　　　　)

　큰 물고기
　¶ 이번 낚시에서는 ~를 낚고야 말겠다.

10. 인어　(　　　　　　)

　상반신은 사람, 하반신은 물고기인 상상의 동물
　¶ ~공주가 육지로 올라왔다.

11. 은어　(　　　　　　)

　은어과에 속하는 물고기
　¶ 전라남도 장흥의 탐진강 ~는 임금님께 올리는 진상품이었다.

12. 억만장자　(　　　　　　)

　몇 억대의 재산을 가진 사람
　¶ ~의 꿈을 이루기 위해 열심히 일했다.

13. 수억　(　　　　　　)

　억의 두서너 배 되는 수효
　¶ 이 도자기는 ~원을 호가한다고 한다.

14. 열망　(　　　　　　)

　열렬히 바람
　¶ ~으로 타오르는 눈동자들이 이글거렸다.

15. 열병　(　　　　　　)

　고열을 수반하는 질병
　¶ 월드컵 때문에 축구의 ~이 전국을 휩쓸었다.

16. 열정　(　　　　　　)

　열렬한 애정
　¶ 우리 모두 뜨거운 ~으로 대표 선수단을 맞이합시다.

17. 열기　(　　　　　　)

　뜨거운 기운
　¶ 체육관은 관중들의 ~로 후끈거렸다.

18. 발열　(　　　　　　)

　물체가 열을 냄
　¶ 찌는 듯한 더위에 아스팔트의 ~까지 겹쳐 도로 위는 그야말로 찜통이었다.

19. 엽서　(　　　　　　)

　잎사귀만한 종이에 쓰는 글
　¶ 정답을 ~에 써서 보내주시면, 추첨을 통해 푸짐한 상품을 드리겠습니다.

♣ 다음 낱말 풀이에 알맞은 한자(漢字)를 쓰시오.   ▶정답은 204쪽

1. 중엽　(　　　　　　　)

중간 시대
¶ 이 사찰은 신라 시대 ~에 창건 되었습니다.

2. 옥내　(　　　　　　　)

집안
¶ 비가 오자 모두들 ~로 들어왔다.

3. 가옥　(　　　　　　　)

집
¶ 나는 노년을 전통 ~에서 보내고 싶다.

4. 양옥　(　　　　　　　)

서양식 집
¶ 사거리에 새로 지은 ~이 바로 우리 집이야.

5. 완전　(　　　　　　　)

부족함이 없음
¶ 모든 준비를 ~히 마쳤습니다.

6. 완결　(　　　　　　　)

부족함이 없이 맺음
¶ 시작한지 10여 년 만에 드디어 ~을 보았다.

7. 완성　(　　　　　　　)

완전히 이룸
¶ 이 작품을 ~하기 전에는 눈을 감을 수 없다.

8. 완승　(　　　　　　　)

완전한 승리
¶ 미국과의 축구에서 3 대 0 으로 우리 한국팀이 ~을 거두었습니다.

9. 완패　(　　　　　　　)

완전한 패배
¶ 연습과 대비를 게을리한 챔피언은 이 날 ~했다.

10. 요일　(　　　　　　　)

일주일의 각 날을 이르는 말
¶ 오늘이 무슨 ~이냐?

11. 월요병　(　　　　　　　)

월요일에 샐러리맨이 느끼는 피로 또는 신체적인 무력감
¶ 월요일만 되면 피곤하니 이것이 ~인가?

12. 금요일　(　　　　　　　)

월요일을 시작으로 다섯째 날
¶ 매주 ~ 오후에는 회식이 있다.

13. 요약　(　　　　　　　)

요점을 잡아서 추림
¶ 널리 배우되 핵심을 ~할 줄 알아야 한다.

14. 요인　(　　　　　　　)

사물의 성립에 필요한 원인
¶ 그는 실패 ~을 면밀히 분석하기 시작했다.

15. 요소　(　　　　　　　)

중요한 장소
¶ ~마다 요원을 배치했다.

16. 요건　(　　　　　　　)

필요한 조건
¶ 일정한 자격 ~을 갖춘 사람만을 채용했다.

17. 중요　(　　　　　　　)

귀중함
¶ 이 자료는 사업상 매우 ~하다.

18. 욕실　(　　　　　　　)

목욕하는 방
¶ 곱단이는 ~에 들어간 지 두 시간이 되도록 나오지 않았다.

19. 입욕　(　　　　　　　)

목욕탕에 들어감, 또는 목욕을 함
¶ ~권을 가지고 들어가세요.

♣ 다음 낱말 풀이에 알맞은 한자(漢字)를 쓰시오.　　　▶정답은 204쪽

1. 일광욕　(　　　　　)

   햇볕을 쬠
   ¶ 나는 여름 내내 동해안에서 ~을 즐겼다.

2. 해수욕　(　　　　　)

   바닷물에 목욕함
   ¶ 겨울에 하는 ~이 맛이 그만이다.

3. 우정　(　　　　　)

   친구들 간의 정
   ¶ 나는 윤동주와 깊은 ~을 맺었다.

4. 우군　(　　　　　)

   자기편의 군대
   ¶ 적군인지 ~인지조차 구별할 수 없었다.

5. 전우　(　　　　　)

   같은 부대에 소속하면서 생활과 전투를 같이 하는 동료
   ¶ ~의 시체를 넘고 넘어 앞으로 앞으로.

6. 친우　(　　　　　)

   친구
   ¶ 나와 지선이는 막역한 ~사이다.

7. 학우　(　　　　　)

   배우면서 사귄 친구
   ¶ 우리 과 ~들끼리 학회를 조직하였다.

8. 우족　(　　　　　)

   소의 발
   ¶ 몸이 허할 때는 ~탕이 최고다.

9. 농우　(　　　　　)

   농사지을 때 쓰는 소
   ¶ 가뭄도 가뭄이지만 ~가 부족해서 더 큰일이다.

10. 한우　(　　　　　)

    한국에서 낳아 자란 소
    ¶ 이제 수입 소 때문에 ~ 구경하기가 하늘에 별 따기다.

11. 우마차　(　　　　　)

    소와 말이 끄는 차
    ¶ 도로 한 가운데를 ~가 자동차와 나란히 달리고 있었다.

12. 우기　(　　　　　)

    일 년 중 비가 가장 많이 오는 시기
    ¶ ~를 맞아 도랑을 파기에 여념이 없었다.

13. 우중　(　　　　　)

    비가 내리는 가운데, 비가 올 때
    ¶ 김 의사는 ~에도 불구하고 집을 나서야만 했다.

14. 풍우　(　　　　　)

    바람과 비
    ¶ ~가 거세게 쏟아지기 시작했다.

15. 운집　(　　　　　)

    구름처럼 많은 사람들이 모임
    ¶ 수많은 사람들이 ~해 있었다.

16. 백운　(　　　　　)

    흰 구름
    ¶ 저 ~만이 나의 맘을 알아주려는지.

17. 청운　(　　　　　)

    푸른 구름. 높은 지위나 벼슬을 말함
    ¶ ~의 꿈을 품고 상경했다.

18. 전운　(　　　　　)

    전투가 벌어지려는 살기가 있는 상황. 또는 포연이 서린 전장
    ¶ 감도는 ~에 진정할 수가 없었다.

19. 풍운아　(　　　　　)

    좋은 기운을 타고 세상에 두각을 나타낸 사람
    ¶ 당대의 ~.

183

♣ 다음 낱말 풀이에 알맞은 한자(漢字)를 쓰시오.   ▶정답은 204쪽

1. 웅대　(　　　　　)

웅장하고 큼
¶ 청년은 모름지기 ~한 포부를 품어야 한다.

2. 영웅　(　　　　　)

지력(智力)과 재능 또는 담력·무용(武勇) 등에 특히 뛰어나서 대업을 이룩한 사람
¶ 충무공은 겨레의 존경을 받는 ~이다.

3. 원인　(　　　　　)

사물·상태의 일이 일어나는 근본
¶ ~을 알아야 질병을 치료할 수 있다.

4. 원가　(　　　　　)

상품 등의 생산하거나 구입하는데 드는 최소 가격
¶ ~에도 못 미치는 가격으로 팔 수밖에 없었다.

5. 원칙　(　　　　　)

기본이 되는 규칙이나 법칙
¶ ~을 세우다.

6. 초원　(　　　　　)

풀이 난 들판
¶ 끝없이 펼쳐진 ~을 묵묵히 걸을 따름이었다.

7. 원산지　(　　　　　)

물건의 생산지. 또는 동식물이 처음 자라난 곳
¶ 캥거루의 ~는 호주이다.

8. 원금　(　　　　　)

밑천, 본전
¶ 장사가 너무 안 돼서 ~까지 날렸다.

9. 원년　(　　　　　)

어떤 일이 처음 시작되는 해
¶ 올해는 부정부패를 추방하는 ~으로 삼아야 한다.

10. 원래　(　　　　　)

본래, 전부터. 원래와 통용됨
¶ 나? 난 ~ 그래.

11. 원로　(　　　　　)

오래 그 일에 종사하여 공로가 있는 연로자
¶ 학계의 ~들이 두루 모였다.

12. 원수　(　　　　　)

국가에서 가장 높은 사람, 국가 원수
¶ 내 나이 이제 80이요. 어찌 ~의 직임을 감당할 수 있겠소.

13. 원생　(　　　　　)

학원 같이 원에 수용되어 있는 사람이나, 원에서 배우는 사람
¶ 유치원생이나 대학원생이나 ~이기는 매한가지다.

14. 원장　(　　　　　)

원의 우두머리
¶ 인자하신 우리 유치원 ~ 선생님.

15. 병원　(　　　　　)

병을 치료하는 기관
¶ 대도시에 ~은 넘치지만 아직도 시골에는 ~이 부족하다.

16. 입원　(　　　　　)

환자가 병을 고치기 위해 병원에 들어가 머뭄 ↔퇴원
¶ 휴가 기간 내내 병원에 ~해 있었다.

17. 학원　(　　　　　)

학교 이외의 사립 교육기관
¶ ~도 이제 정당한 교육 기관으로 인정해야 한다.

18. 원서　(　　　　　)

지원하거나 청원하는 내용을 적은 서류
¶ 입학 ~는 전국 유명 서점에서 구입할 수 있다.

19. 민원　(　　　　　)

주민이 행정기관에 원하는 바를 요구함
¶ 시장은 ~ 해결에 적극 앞장섰다.

♣ 다음 낱말 풀이에 알맞은 한자(漢字)를 쓰시오. ▶정답은 204쪽

1. 소원 (   )

   원하는 바
   ¶ 올해에는 ~ 성취하시기 바랍니다.

2. 자원 (   )

   스스로 원하여 지원함
   ¶ 전쟁에 ~하여 입대하다.

3. 동위 (   )

   같은 위치, 지위나 등급
   ¶ ~에 있는 사람들은 모두 소집되었다.

4. 방위 (   )

   방향의 위치
   ¶ 결국 숲 속에서 ~ 감각을 상실했다.

5. 순위 (   )

   순서나 차례
   ¶ ~대로 상품을 나누어 주었다.

6. 왕위 (   )

   임금의 자리
   ¶ ~에 오르실 분이 이러시면 아니 되옵니다.

7. 위대 (   )

   훌륭하고 큼
   ¶ 여기 여러분 앞에 한 ~한 사람이 누워있습니다.

8. 위력 (   )

   위대한 힘
   ¶ 인간들이 나의 ~을 잘 보았는가?

9. 위업 (   )

   위대한 업적
   ¶ 한 개인이 이렇게 큰 ~을 달성했다는 것은 도무지 믿어지지 않았다.

10. 이북 (   )

    어떤 지점을 한계로 한 북쪽 ↔이남
    ¶ 한강 ~에는 눈이 오고 있었다.

11. 이전 (   )

    일정한 때로부터의 앞
    ¶ ~부터 나는 줄곧 너를 의심하고 있었다.

12. 이후 (   )

    일정한 때로부터의 뒤
    ¶ ~로 어떠한 경우에도 다시는 그런 일을 하지 않겠습니다.

13. 이심전심 (   )

    마음으로써 마음을 전함
    ¶ ~이었을까? 곱단이도 나를 보더니 빙긋 웃는 것이었다.

14. 이순 (   )

    무슨 말을 들어도 다 이해가 됨
    ¶ 이제 어느덧 ~의 나이에 이르렀다.

15. 마이동풍 (   )

    남의 의견이나 충고의 말을 귀담아 듣지 않고 흘려버림을 이르는 말
    ¶ 그에게는 무슨 말을 해도 ~이야.

16. 인과 (   )

    원인과 결과
    ¶ ~관계를 잘 따져보면 방법이 있을 거야.

17. 사인 (   )

    죽은 원인
    ¶ 결국 ~도 밝혀지지 않고 사건은 잊혀지기 시작했다.

18. 원인 (   )

    사물·상태의 일이 일어나는 근본
    ¶ 이대로 죽어도 좋으니, 병의 ~이나 알았으면 합니다.

19. 임명 (   )

    일정한 지위나 임무를 맡김
    ¶ 28세라는 젊은 나이에 부사장에 ~되었다.

♣ 다음 낱말 풀이에 알맞은 한자(漢字)를 쓰시오.   ▶정답은 204쪽

1. 임기　(　　　　　　)
   임무를 맡아보는 일정한 기한
   ¶ ~가 끝나가는 데도 후임자를 결정하지 못했다.

2. 임용　(　　　　　　)
   직무를 맡겨 등용함
   ¶ 중등교사 ~시험이 다음달 5일에 있을 예정이다.

3. 신임　(　　　　　　)
   믿고 일을 맡김
   ¶ 바로 윗사람의 ~도 얻지 못한다면 그의 능력은 뻔한 것이다.

4. 재고　(　　　　　　)
   다시 생각함
   ¶ 여러분의 의견을 참조하여 적극 ~해 보겠습니다.

5. 재건　(　　　　　　)
   다시 세움
   ¶ 전쟁으로 폐허가 된 국토를 ~하기 시작했다.

6. 재생　(　　　　　　)
   다시 살림
   ¶ ~의 길을 주신다면 이 목숨 바쳐 열심히 일하겠습니다.

7. 재창　(　　　　　　)
   다시 노래 부름
   ¶ ~의 목소리가 끊이지 않고 울렸다.

8. 재작년　(　　　　　　)
   작년의 거듭. 2년 전을 의미함
   ¶ 나는 ~에 이곳 평택시로 이사 왔다.

9. 재료　(　　　　　　)
   물건 만드는 원료
   ¶ ~가 좋아야 음식이 맛있다.

10. 재목　(　　　　　　)
    재료가 되는 나무
    ¶ ~이 좋지 못하면 집을 짓기 어렵다.

11. 재해　(　　　　　　)
    재앙에 의한 피해
    ¶ ~를 막기 위해 혼신의 힘을 다했다.

12. 화재　(　　　　　　)
    불로 인한 재앙
    ¶ 건조한 날이 계속되어 ~의 위험이 어느 때보다도 높았다.

13. 수재　(　　　　　　)
    물로 입은 재앙
    ¶ 홍수로 인한 ~로 많은 사람들이 집을 잃었다.

14. 천재지변　(　　　　　　)
    하늘의 재앙과 땅의 변함. 즉 자연의 재앙을 의미
    ¶ ~의 경우에는 보험 혜택이 없습니다.

15. 재물　(　　　　　　)
    돈 등의 온갖 값나가는 물건
    ¶ ~이 아무리 많아도 죽어서 가져갈 수는 없다.

16. 재산　(　　　　　　)
    재물이 모인 것
    ¶ 그의 근면함은 그에게 엄청난 ~을 안겨 주었다.

17. 재력　(　　　　　　)
    재산상의 힘, 재물의 힘
    ¶ 만득이는 막강한 ~과 권력을 동시에 거머쥐었다.

18. 재계　(　　　　　　)
    실업가 및 금융가의 사회
    ¶ 새로운 고용법은 ~에서 열렬한 환영을 받았다.

19. 문화재　(　　　　　　)
    문화의 소산으로 역사상・예술상 가치가 높은 것
    ¶ ~를 외국으로 밀반출하다 경찰에 적발되었다.

♣ 다음 낱말 풀이에 알맞은 한자(漢字)를 쓰시오. ▶정답은 205쪽

1. 언쟁 (   )

   말다툼
   ¶ 장난말이 ~으로까지 발전했다.

2. 저금 (   )

   돈을 모음
   ¶ 돼지 ~통.

3. 저탄 (   )

   숯을 저장함
   ¶ ~할 때에는 습기에 주의해야 한다.

4. 적중 (   )

   목표물에 맞음
   ¶ 나의 예감이 ~하는 순간이었다.

5. 목적 (   )

   일을 이루려는 목표
   ¶ ~이 확실해야 성취도 확실할 수 있다.

6. 법적 (   )

   법의, 법에 있어서의
   ¶ ~으로는 아무 문제가 없었다.

7. 외적 (   )

   바깥의
   ¶ 적어도 ~으로는 평온해 보였다.

8. 적색 (   )

   붉은 색
   ¶ ~ 주의보가 전국에 내려졌다.

9. 적자 (   )

   붉은 빛깔의 글자. 지출이 수입을 초과함 ↔흑자
   ¶ 이번 달부터 드디어 ~에서 흑자로 돌아섰다.

10. 적신호 (   )

    위험신호 ↔청신호
    ¶ 고혈압은 건강의 ~이다.

11. 적외선 (   )

    물리에서 파장이 적색 가시(可視)광선보다 길고 열작용이 큰 전자파
    ¶ 이 사진은 야간에 ~ 사진기로 찍은거야.

12. 자전 (   )

    글자를 풀이한 사전
    ¶ 모르는 글자가 있으면 ~을 찾아봐라.

13. 특전 (   )

    특별한 은전
    ¶ 이번 대회 우승자에게는 해외 여행의 ~이 주어진다.

14. 백과사전 (   )

    수많은 분야를 한 책에 모아 풀이해서 만든 사전
    ¶ ~에는 없는 게 없다.

15. 전기 (   )

    개인의 일생 동안의 행적을 적은 기록
    ¶ 나는 어려서 위인 ~를 많이 읽었다.

16. 전래 (   )

    전해져 내려옴
    ¶ 우리 조카는 ~ 동화라면 밥 먹다가도 뛰어 나온다.

17. 전설 (   )

    옛날부터 민간에 전해 내려오는 이야기
    ¶ 용소와 며느리 바위에 대한 ~을 들었다.

18. 부전자전 (   )

    대대로 아버지가 아들에게 전함
    ¶ ~이라더니 결국 아빠와 오빠를 두고 하는 말이네요.

19. 전개 (   )

    어떠한 내용이나 일을 펼쳐 나감
    ¶ 이야기 ~가 점점 흥미로웠다.

♣ 다음 낱말 풀이에 알맞은 한자(漢字)를 쓰시오.　　　►정답은 205쪽

1. 전시회　(　　　　　　)

특정한 물건을 진열해 보여주는 모임
¶ 조선후기회화 ~가 경복궁에서 열린다.

2. 전시효과　(　　　　　　)

실질적인 효과가 아니라 남에게 보이기 위해 어떤 일을 행해서 얻은 효과
¶ 근본적 대책은 마련하지 않고 ~만 노리고 있었다.

3. 절개　(　　　　　　)

째어서 엶
¶ 복부를 ~한 후 맹장을 찾기 시작했다.

4. 절실　(　　　　　　)

적절하여 실제에 꼭 들어맞음. 아주 긴요함
¶ 너에겐 아무 상관없지만 나에겐 아주 ~한 문제야.

5. 절친　(　　　　　　)

아주 친근함
¶ 나와 곱단이는 ~한 사이이다.

6. 일절　(　　　　　　)

아주, 도무지
¶ 뇌물은 ~ 사양합니다.

7. 일체　(　　　　　　)

모든 것, 온갖 사물
¶ 회사 운영을 ~ 너에게 맡긴다.

8. 품절　(　　　　　　)

상품이 모두 팔려 남은 게 없음
¶ 상점에는 ~이라는 두 글자만 크게 적혀 있었다.

9. 절기　(　　　　　　)

한 해를 스물 넷으로 등분한 하나
¶ ~가 일러서 예년보다 일찍 꽃이 피었다.

10. 절도　(　　　　　　)

일이나 행동을 똑똑 끊어 맺는 마디
¶ 너도 이제 12살이니 ~에 맞게 행동해라.

11. 절약　(　　　　　　)

아껴 씀
¶ 근검과 ~은 부를 이루는 기본이다.

12. 명절　(　　　　　　)

국가나 사회적으로 정해 경축하는 기념일
¶ ~을 맞아 새옷으로 갈아입었다.

13. 음절　(　　　　　　)

음운이 모여서 이루어진 말소리의 단위
¶ '강아지'는 모두 3~이고, '엽기 토끼'는 4~이다.

14. 본점　(　　　　　　)

본거지가 되는 가게 ↔지점(支店), 분점(分店)
¶ 상품의 인기가 너무 좋아서 ~에서도 물건을 구할 수 없었다.

15. 상점　(　　　　　　)

물건을 파는 가게
¶ 오전 10시가 되어서야 ~들이 하나둘씩 문을 열기 시작했다.

16. 서점　(　　　　　　)

책을 파는 가게
¶ 인터넷 ~들이 할인된 가격으로 배달까지 해준다.

17. 음식점　(　　　　　　)

먹고 마실 것을 파는 가게
¶ 우리 이모는 ~을 하신다.

18. 정지　(　　　　　　)

멈춤
¶ 횡단보도 앞에서는 일단 ~하고 본다.

19. 정전　(　　　　　　)

전쟁을 멈춤
¶ 양국간의 ~ 협상이 활발하게 열리기 시작했다.

♣ 다음 낱말 풀이에 알맞은 한자(漢字)를 쓰시오.　　　▶정답은 205쪽

1. 정전　　(　　　　　　　　)

전기공급을 멈춤
¶ 전기 공사 관계로 오후 5시부터 6시까지 ~하겠다고 연락이 왔다.

2. 정거장　(　　　　　　　　)

차를 타고 내리는 장소
¶ 사람들이 ~에 길게 줄을 서 있었다.

3. 정담　　(　　　　　　　　)

다정하게 주고받는 이야기
¶ 오랜만에 가족이 모여 오순도순 ~을 나누었다.

4. 정감　　(　　　　　　　　)

사람의 감성에 정취를 불러일으키는 느낌
¶ ~이 어린 목소리로 노래하기 시작했다.

5. 모정　　(　　　　　　　　)

어머니의 심정
¶ ~보다 강한 것은 이 세상에 없다.

6. 심정　　(　　　　　　　　)

마음속의 생각이나 감정
¶ 솔직한 ~으로 모든 것을 고백하기 시작했다.

7. 표정　　(　　　　　　　　)

마음속의 감정이 겉으로 드러남
¶ 사뭇 긴장된 ~이었다.

8. 조심　　(　　　　　　　　)

실수가 없도록 삼가서 경계함
¶ 꿈자리가 이상하니 모두들 ~하거라.

9. 조업　　(　　　　　　　　)

기계 등을 움직여 일을 함
¶ 오랜 파업 끝에 ~이 시작되었다.

10. 체조　　(　　　　　　　　)

건강증진 등을 목적으로 하는 일정한 규칙에 따른 운동
¶ 아침 일찍 온 가족이 모여 ~를 시작했다.

11. 조사　　(　　　　　　　　)

자세히 살핌
¶ 각종 비리 사건에 대한 특별 ~가 시작되었다.

12. 조절　　(　　　　　　　　)

정도에 맞추어 잘 고르게 함
¶ 양을 정확하게 ~해서 사용하세요.

13. 강조　　(　　　　　　　　)

강력히 주장함
¶ 불조심은 아무리 ~해도 지나치지 않습니다.

14. 시조　　(　　　　　　　　)

고려 말부터 발달한 한국 고유의 정형시
¶ 우리 ~나 한 수 지어봅시다.

15. 졸업　　(　　　　　　　　)

일정한 학업의 과정을 마침
¶ ~할 때 상장 하나 못 받아 가면 정말 창피하다.

16. 졸병　　(　　　　　　　　)

병사
¶ 나는 ~이 아니라 장군이다.

17. 고졸　　(　　　　　　　　)

고등학교 과정을 마침
¶ 학력이 ~은 돼야 이 일을 할 수 있습니다.

18. 대졸　　(　　　　　　　　)

대학교 과정을 마침
¶ ~ 신입사원 모집이 내달부터 시작된다.

19. 종류　　(　　　　　　　　)

사물의 갈래
¶ 여러 ~의 가구들이 모두 모여 있었다.

♣ 다음 낱말 풀이에 알맞은 한자(漢字)를 쓰시오.   ▶정답은 205쪽

1. 종목　（　　　　　　　　）
여러 종류에 따라 나눈 항목
¶ 나는 올림픽에서 네 ~에 걸쳐 금메달을 땄다.

2. 각종　（　　　　　　　　）
각가지. 여러 종류
¶ 이 체육관에서는 ~ 운동 경기를 모두 열 수 있다.

3. 식인종　（　　　　　　　）
사람을 먹는 부족
¶ ~도 나름의 식인하는 이유가 있다.

4. 종국　（　　　　　　　　）
일의 마지막 끝판
¶ 아무리 지가 잘났다 해도 ~엔 죽음마저 피할 수 있겠느냐?

5. 종례　（　　　　　　　　）
일과가 끝난 뒤에 담임 선생과 학생이 모여 나누는 인사
¶ ~가 끝나고 청소가 시작되었다.

6. 종말　（　　　　　　　　）
계속된 일이나 현상의 끝
¶ 이제 우리의 ~도 서서히 다가오고 있습니다.

7. 종일　（　　　　　　　　）
하루 낮 동안
¶ 하루 ~ 생각해 보아도 책을 보는 것보다 더 좋은 일은 없었다.

8. 죄악　（　　　　　　　　）
죄가 될 만한 악행
¶ 그런 ~을 저지르고도 네가 무사할 줄 알았느냐?

9. 죄목　（　　　　　　　　）
죄의 명목
¶ 내 ~이 무엇인지 알고나 잡혀갑시다.

10. 죄인　（　　　　　　　）
죄를 지은 사람
¶ 세상에 ~을 미워하지 않으면 누굴 미워하겠는가?

11. 무죄　（　　　　　　　）
죄가 없음
¶ ~ 판결.

12. 주말　（　　　　　　　）
한 주일의 끝. 토요일 내지 토요일과 일요일
¶ 즐거운 ~이 시작되었다.

13. 주번　（　　　　　　　）
주간마다 바꾸어 하는 근무 또는 그 사람
¶ 담 주는 내가 ~이다.

14. 주중　（　　　　　　　）
한 주일의 중간. 주말을 제외한 때
¶ 가급적 ~에 만났으면 합니다.

15. 매주　（　　　　　　　）
한 주일마다
¶ ~ 수요일 저녁마다 나는 영화를 보러 간다.

16. 금주　（　　　　　　　）
이번 주일
¶ 끔찍했던 ~도 드디어 끝나가고 있었다.

17. 주군　（　　　　　　　）
주와 군
¶ 이 지방의 ~을 모두 합치면 열 개도 넘습니다.

18. 전주　（　　　　　　　）
전라북도의 중심 도시
¶ ~는 예로부터 ~비빔밥으로 유명하다.

19. 중지　（　　　　　　　）
중간에 그만둠
¶ 아무리 ~를 외쳤지만 운전사는 듣지 못했다.

♣ 다음 낱말 풀이에 알맞은 한자(漢字)를 쓰시오. ▶정답은 205쪽

1. 정지 (　　　　　)
멈춤
¶ 만취한 운전자는 ~ 신호를 무시하고 달리기 시작했다.

2. 지식 (　　　　　)
배우거나 경험으로 알게 된 것
¶ ~과 지성은 엄연히 다르다.

3. 친지 (　　　　　)
친근하게 가깝게 지내는 사람
¶ 가까운 ~들을 모시고 조촐하게 식을 올리기로 했다.

4. 지성 (　　　　　)
지식을 통일하고 새로운 인식을 낳을 수 있는 정신 작용
¶ 그는 우리 시대의 ~을 대표하는 사람이다.

5. 지행합일 (　　　　　)
아는 것과 행동이 하나로 일치됨
¶ ~ 없는 지식은 장식에 불과하다.

6. 질량 (　　　　　)
물체가 가지고 있는 고유한 역학적 기본량
¶ 이 두 물질은 ~이 서로 다르다.

7. 질문 (　　　　　)
이유·의문 등을 물음
¶ ~ 있으면 하세요.

8. 물질 (　　　　　)
물체를 이루는 성질
¶ ~에 욕심을 내면 안 된다.

9. 변질 (　　　　　)
성질이나 물질이 변함
¶ ~된 제품은 교환하여 드립니다.

10. 토질 (　　　　　)
흙의 성질
¶ 여기 여주는 ~이 매우 좋다.

11. 착공 (　　　　　)
공사에 착수함
¶ ~이 곧 성공이라.

12. 착륙 (　　　　　)
육지에 닿음
¶ 전투기들이 연이어 ~하고 있었다.

13. 착실 (　　　　　)
진실함
¶ 그럼요, ~하면 되지요, 미모가 무슨 소용이 있습니까?

14. 착석 (　　　　　)
자리에 닿음. 자리에 앉음
¶ 모두 자리에 ~해 주시기 바랍니다.

15. 정착 (　　　　　)
한곳에 자리를 잡고 더 이상 떠돌아다니지 않음
¶ 인류는 달에 성공적으로 ~하였다.

16. 참가 (　　　　　)
참여
¶ 대회에 ~하실 분께서는 미리 신청해 주십시오.

17. 참석 (　　　　　)
자리에 참가함
¶ 모임에 ~하느라 좀 늦었습니다.

18. 참전 (　　　　　)
전쟁에 참여함
¶ 민족 내전에 제 삼자가 ~해서는 안 됩니다.

19. 불참 (　　　　　)
참여하지 않음
¶ 안건에 항의 하는 뜻으로 ~을 선언했다.

♣ 다음 낱말 풀이에 알맞은 한자(漢字)를 쓰시오.　　　▶정답은 205쪽

1. 고참　　(　　　　　　)
오래전부터 한 직위나 직장에 머물러 있는 사람
¶ 결국 내가 이 분야의 최고 ~이 되고 말았다.

2. 독창　　(　　　　　　)
혼자서 노래 부름
¶ 합창도 싫다, ~도 싫다, 그럼 너 뭐할래?

3. 명창　　(　　　　　　)
노래를 잘 부르는 사람이나 노래
¶ 우리 마을의 ~인 나잘해 씨를 소개합니다.

4. 이중창　　(　　　　　　)
두 명이 한 성부씩 맡아서 부르는 노래
¶ ~은 두 사람의 호흡이 무엇보다 중요하다.

5. 가창력　　(　　　　　　)
노래 부르는 능력
¶ 나잘해 씨는 뛰어난 ~의 소지자다.

6. 책임　　(　　　　　　)
맡은 임무
¶ 내가 ~지고 할게, 걱정하지마.

7. 책선　　(　　　　　　)
선한 일을 서로 권함
¶ 참다운 친구 사이일수록 ~을 미덕으로 여긴다.

8. 문책　　(　　　　　　)
잘못을 묻고 꾸짖음
¶ 결국 상사에게 ~을 당하고 말았다.

9. 자책　　(　　　　　　)
자신의 잘못에 대해 스스로 책망함
¶ 그는 심한 ~으로 괴로워하다가 결국 자살하고 말았다.

10. 철마　　(　　　　　　)
철로 만든 말. 기차를 비유해서 씀
¶ 둘리는 ~보다 더 빨리 달려가고 싶었다.

11. 철선　　(　　　　　　)
쇠로 만든 배
¶ ~이 나온 지는 그리 오래 되지 않았다.

12. 철판　　(　　　　　　)
쇠로 만든 넓은 판
¶ 요즘은 ~으로 집을 짓기도 하는가?

13. 철도　　(　　　　　　)
철길
¶ ~를 건널 때는 항상 조심해야 한다.

14. 철칙　　(　　　　　　)
쇠붙이처럼 어길 수 없는 중요한 규칙
¶ ~도 무시한다면 도대체 무슨 규칙을 지키겠는가?

15. 초면　　(　　　　　　)
처음 얼굴을 대함, 처음 만남
¶ ~에 실례가 많았습니다.

16. 연초　　(　　　　　　)
해가 시작된 처음
¶ ~부터 이런 일이 생기다니 정말 면목 없습니다.

17. 초파일　　(　　　　　　)
여드레. 일반적으로 음력 4월 8일인 석가탄신일을 말함
¶ 할머니께서 ~에는 항상 절에 가신다.

18. 초등학교　(　　　　　　)
취학하여 맨 처음 가는 6년 과정의 학교
¶ 드디어 내 아들이 ~에 입학하였다.

19. 최고　　(　　　　　　)
가장 높음
¶ '내가 ~야'라는 생각이 자신은 물론 남까지 망친다.

192

♣ 다음 낱말 풀이에 알맞은 한자(漢字)를 쓰시오. ▶정답은 205쪽

1. 최단 (　　　　　)
   가장 짧음
   ¶ 나는 ~ 시일에 태평양을 항해한 기록을 가지고 있다.

2. 최선 (　　　　　)
   가장 좋음, 온 정성과 힘
   ¶ 항상 ~을 다한다는 자세로 살아야 한다.

3. 최초 (　　　　　)
   가장 처음
   ¶ 내 인생 ~로 하늘을 나는 순간이었다.

4. 최후 (　　　　　)
   가장 뒤
   ¶ 우리는 ~의 일인까지 싸울 것입니다.

5. 축가 (　　　　　)
   축하하는 노래
   ¶ 결혼을 축하하는 ~가 숲 속 가득 울려 퍼지기 시작했다.

6. 축복 (　　　　　)
   복을 기원함
   ¶ 우리 모두 이 불쌍한 어린 양을 위해서 ~의 기도를 드립시다.

7. 축전 (　　　　　)
   축하하는 전보
   ¶ 생일 ~이 아침부터 쇄도하기 시작했다.

8. 자축 (　　　　　)
   스스로 축하함
   ¶ 아무도 내 생일인 줄 몰랐기 때문에 ~의 자리를 갖기로 했다.

9. 충당 (　　　　　)
   모자라는 것을 채워 메움
   ¶ 인력을 더 ~하지 않으면 기일 내에 끝낼 수 없습니다.

10. 충전 (　　　　　)
    전기를 채움
    ¶ 지금 ~하지 않으면 내일 사용할 수 없어.

11. 충족 (　　　　　)
    채워서 만족함, 모자람이 없음
    ¶ 인간의 욕구를 ~시키기란 애초부터 불가능하다.

12. 충분 (　　　　　)
    채워서 모자람이 없음
    ¶ 당신의 사랑, 이거 하나면 ~해요.

13. 충실 (　　　　　)
    내용이 알참
    ¶ 우리는 모두 자신의 삶에 ~을 다해야 한다.

14. 경치 (　　　　　)
    자연계의 아름다운 현상, 풍경
    ¶ 나는 단풍으로 뒤덮인 계곡의 아름다운 ~에 넋을 잃고 말았다.

15. 이치 (　　　　　)
    도리에 맞는 취지
    ¶ 자연의 ~는 따지는 대상이 아니라 이해하는 대상입니다.

16. 합치 (　　　　　)
    의견 등이 맞아 일치함
    ¶ 밤새 토론했으나 더 이상 의견이 ~되지 않았다.

17. 치명적 (　　　　　)
    죽을 지경에 이르는
    ¶ 그의 배신은 ~이었다.

18. 교칙 (　　　　　)
    학교의 규칙
    ¶ 지금까지 ~을 어기고도 용서를 구한 사람은 너 밖에 없었다.

♣ 다음 낱말 풀이에 알맞은 한자(漢字)를 쓰시오.　　▶정답은 205쪽

1. 규칙　　(　　　　　　)

정해놓은 법
¶ ~은 지키라고 있는 거지 어기라고 있는 게 아니야.

2. 반칙　　(　　　　　　)

규칙을 위반함
¶ 그는 ~왕이라는 불명예를 오히려 명예로 착각하고 있었다.

3. 학칙　　(　　　　　　)

학과 및 편제에 관한 규칙
¶ ~에 따라 위원회 선거에 들어갔다.

4. 타계　　(　　　　　　)

죽음을 다르게 표현한 말
¶ 할머니는 향년 88세로 ~하셨습니다.

5. 타국　　(　　　　　　)

남의 나라
¶ ~에 가면 그 나라의 풍습을 따르라.

6. 자타　　(　　　　　　)

자신과 자신을 제외한 다른 모든 사람
¶ 내가 바로 ~ 공인 척척박사입니다.

7. 출타　　(　　　　　　)

집에서 다른 곳으로 나감
¶ 아버지는 지금 ~ 중이십니다.

8. 타산지석　(　　　　　　)

다른 곳의 돌이라도 옥돌을 가는 데에 소용이 된다는 뜻으로, 다른 사람의 하찮은 언행일지라도 자신을 수양하는 데에 도움이 된다는 말
¶ 우리도 이 일을 ~으로 삼아 조심하도록 하자.

9. 타개　　(　　　　　　)

쳐서 엶. 얽히고 막힌 일을 잘 처리하여 나아감
¶ 이 난국을 ~하기 위해 우리 모두 합심합시다.

10. 타구　　(　　　　　　)

공을 침
¶ 쭉 뻗은 ~가 담장을 넘어갔습니다.

11. 타령　　(　　　　　　)

어떤 사물에 대해 자꾸 이야기함
¶ 너는 또 밥~이니?

12. 안타　　(　　　　　　)

야구에서 타자가 누상에 나아갈 수 있도록 공을 치는 일
¶ 오늘 하루 삼 타석 삼 ~를 기록하고 있습니다.

13. 탁견　　(　　　　　　)

뛰어난 견해
¶ 선생님의 ~에 놀라지 않을 수 없습니다.

14. 탁구　　(　　　　　　)

운동경기 이름. 핑퐁, 테이블 테니스라고 함
¶ ~공이 하얀색에서 오랜지 색으로 바뀌었다.

15. 탁상　　(　　　　　　)

책상이나 식탁 등 탁자의 위
¶ ~에 놓인 책을 펼쳐 보거라.

16. 탁자　　(　　　　　　)

물건을 올려 놓을 수 있게 만든 가구
¶ 거실에는 ~하나와 의자 하나밖에 없었다.

17. 식탁　　(　　　　　　)

밥 먹을 수 있는 탁자
¶ ~을 책상 삼아 공부했다.

18. 탄가　　(　　　　　　)

탄의 값
¶ ~가 너무 올라 연탄을 살 수 없을 지경입니다.

♣ 다음 낱말 풀이에 알맞은 한자(漢字)를 쓰시오.   ▶정답은 205쪽

1. 탄차 (　　　　　)
석탄을 운반하는 차
¶ ~에 올라타고 탄광으로 향했다.

2. 목탄 (　　　　　)
숯
¶ 불을 피우기 위해 ~을 준비했다.

3. 석탄 (　　　　　)
돌로 이루어진 탄
¶ 역시 난로는 ~ 난로가 최고야.

4. 택지 (　　　　　)
집 터
¶ ~를 싼 값에 분양한다고 한다.

5. 가택 (　　　　　)
집
¶ 김대통령은 젊은 시절에 ~에 연금된 적도 있었다.

6. 자택 (　　　　　)
자신의 집
¶ 오늘 김 장관의 ~에서 기자회견이 있을 거라고 합니다.

7. 주택 (　　　　　)
사람이 사는 집
¶ ~ 공급이 턱없이 모자라 집을 구하기 힘들었다.

8. 댁내 (　　　　　)
집의 안. 집안. 남의 집안의 존칭
¶ ~ 두루 편안하신지요.

9. 판본 (　　　　　)
판각본
¶ '춘향전'은 ~에 따라 내용이 서로 다르다.

10. 판자 (　　　　　)
나무로 만든 널조각
¶ ~를 엮어 집을 만들어 살았다.

11. 등판 (　　　　　)
투수판에 오름. 야구에서 투수가 마운드에 서는 일
¶ 내일은 특급 투수가 ~하는 날이다.

12. 합판 (　　　　　)
여러 장을 합쳐 만든 널빤지
¶ 담장을 수리하려면 ~이 다섯 장은 있어야 하겠는데요.

13. 화판 (　　　　　)
그림 그릴 때 받치는 판
¶ ~이 너무 적어서 불편해요.

14. 패망 (　　　　　)
패하여 망함
¶ 일본은 전쟁에서 ~했지만 아직도 자신의 잘못을 모른다.

15. 패인 (　　　　　)
패한 원인
¶ 오늘의 ~은 바로 어제 먹은 음식에 있습니다.

16. 패전 (　　　　　)
전쟁에 패함
¶ 일본은 태평양 전쟁을 일으켰지만 결국 ~ 국가가 되었다.

17. 승패 (　　　　　)
승리와 패배
¶ 한국 축구팀은 ~와 관계없이 16강에 진출하게 되었습니다.

18. 전패 (　　　　　)
모두 짐
¶ 5전 ~를 기록 중이니, 팬들의 사기까지 저하되었다.

♣ 다음 낱말 풀이에 알맞은 한자(漢字)를 쓰시오. ▶정답은 205쪽

1. 품귀 (　　　　　)

상품이 귀해 짐
¶ 가뭄으로 농산물 ~ 현상이 예상된다.

2. 품질 (　　　　　)

물건의 성질
¶ 이 장갑은 ~이 우수합니다.

3. 품명 (　　　　　)

물건의 이름
¶ 슈퍼마켓에 있는 물건의 ~을 모두 적어야만 했다.

4. 품위 (　　　　　)

사람이 지니고 있는 위엄이나 기품, 또는 사물의 격
¶ 학생이면 학생으로서 ~가 있어야 한다.

5. 금품 (　　　　　)

돈과 물품
¶ ~은 받은 혐의로 부서 직원 전체가 구속되었다.

6. 필요 (　　　　　)

꼭 소용이 됨
¶ ~한 물건은 미리 적어서 시장에 가거라.

7. 필승 (　　　　　)

반드시 이김
¶ 독수리 팀은 ~을 다짐했다.

8. 필연 (　　　　　)

그리 되는 수밖에 다른 도리가 없음
¶ 우리의 만남은 우연이 아니라 ~입니다.

9. 필사적 (　　　　　)

죽기를 결심하고 일을 함. 결사적
¶ 김 과장은 상품 개발에 ~으로 매달리기 시작했다.

10. 필순 (　　　　　)

글씨를 쓸 때에 붓을 놀리는 순서
¶ ~대로 글씨를 쓰면 글씨가 한결 좋아진다.

11. 필자 (　　　　　)

글 또는 글씨를 쓴 사람
¶ 유명한 ~에게 부탁해서 글을 받기로 했다.

12. 필치 (　　　　　)

글씨에 나타나는 맛, 개성
¶ 이 작품은 두 남녀의 순수한 사랑을 섬세한 ~로 그렸다.

13. 명필 (　　　　　)

글씨를 잘 쓰는 사람. 또는 그 글씨
¶ 한석봉은 당대 최고 ~로 평가받고 있다.

14. 친필 (　　　　　)

친히 직접 쓴 글씨
¶ 대왕의 ~ 현판.

15. 하천 (　　　　　)

시내, 강
¶ ~이 오염되면 생태계가 모두 파괴될 수 있다.

16. 하구 (　　　　　)

강어귀. 강물이 바다로 흘러드는 어귀
¶ ~에 어선들이 하나둘씩 나타나기 시작했다.

17. 은하수 (　　　　　)

은하계를 강에 비유한 말. 미리내
¶ 견우와 직녀는 ~를 사이에 두고 떨어져 있다.

18. 백년하청 (　　　　　)

황하의 물이 맑아지기를 무작정 기다린다는 뜻으로, 아무리 바라고 기다려도 실현될 가망이 없음을 이르는 말
¶ 그 놈이 인간되는 것은 ~이 되는 격이요.

19. 한기 (　　　　　)

찬 기운
¶ 갑자기 몸에서 ~가 느껴지며 오한이 나기 시작했다.

♣ 다음 낱말 풀이에 알맞은 한자(漢字)를 쓰시오.　　　　▶정답은 205쪽

1. 한랭　　(　　　　　　　)

춥고 참
¶ 시베리아에서 발달한 고기압의 차가운 ~ 전선이 내일 우리나라를 통과하겠습니다.

2. 한해　　(　　　　　　　)

추위로 인한 피해
¶ 올해는 날이 따뜻해서 ~가 거의 없었다.

3. 한랭전선　(　　　　　　　)

기상에서 따뜻하고 가벼운 기단 밑에, 차고 무거운 기단이 깔려 생긴 전선
¶ ~이 발달할수록 추운 겨울이다.

4. 해악　　(　　　　　　　)

피해가 되는 나쁜 일
¶ 남에게 ~을 끼치면 안 된다고 했지.

5. 공해　　(　　　　　　　)

산업의 발달로 생물이 입게 되는 피해
¶ 각종 ~로 인한 환경오염이 심각한 수준에 이르렀다.

6. 병해　　(　　　　　　　)

병으로 입은 농작물의 피해
¶ 쌀을 수확하기 위해서는 무수한 ~해 싸워야 한다.

7. 수해　　(　　　　　　　)

물로 인한 피해
¶ 홍수로 ~가 잇따르고 있다.

8. 재해　　(　　　　　　　)

재앙으로 인한 피해
¶ 산업 ~를 없애는 것이 올해 우리 회사의 목표입니다.

9. 허가　　(　　　　　　　)

허락함
¶ ~되지 않은 음식물은 들여올 수 없습니다.

10. 허다　　(　　　　　　　)

매우 많음
¶ 시험 끝나고 열심히 공부하겠다고 결심하는 것은 ~한 사례에 불과하다.

11. 특허　　(　　　　　　　)

특별히 허락함. 또는 특허권
¶ 신소재 개발로 ~를 따냈다.

12. 십리허　(　　　　　　　)

십리쯤
¶ 낙양성 ~에 높고 낮은 저 무덤은 왕후장상이 아니더냐.

13. 호수　　(　　　　　　　)

지리에서 사면이 육지로 싸이고 물이 괸 곳
¶ ~ 위에서 하룻밤 자고 싶다.

14. 호남　　(　　　　　　　)

전라 남북도를 일컫는 말
¶ ~ 지역에 강풍이 불 예정입니다.

15. 강호　　(　　　　　　　)

강과 호수. 속세를 떠난 선비가 사는 곳
¶ 은퇴해 ~에 살기로 했다.

16. 화석　　(　　　　　　　)

지질시대에 살던 동식물의 유해 및 유적이 암석 속에 남아있는 것
¶ 석유·석탄·천연 가스 따위는 ~ 연료이다.

17. 화합　　(　　　　　　　)

둘 이상의 물질이 결합함
¶ 산소와 수소가 ~해서 물이 된다.

18. 강화　　(　　　　　　　)

강하게 함. 또는 강하게 됨 ↔약화
¶ 체력을 ~하기 위해 조깅을 하기로 했다.

19. 동화　　(　　　　　　　)

서로 같게 변함
¶ 주변 사람들과 ~되지 못하면 사회 생활하기가 어렵다.

197

♣ 다음 낱말 풀이에 알맞은 한자(漢字)를 쓰시오.　　　▶정답은 205쪽

1. 교화　（　　　　　　　）

   가르쳐서 변화시킴
   ¶ 어리석은 사람들을 ~하는데 평생을 바쳤다.

2. 환자　（　　　　　　　）

   아픈 사람
   ¶ 나는 ~야, 나는 쉴 거야, 네가 다 해!

3. 노환　（　　　　　　　）

   노인의 병에 대한 존칭
   ¶ 마님께서는 결국 ~으로 돌아가시고 말았다.

4. 후환　（　　　　　　　）

   뒤의 근심거리
   ¶ 그렇게 놀기만 하다니, ~이 두렵지도 않니?

5. 효과　（　　　　　　　）

   어떤 행위로 인한 결과
   ¶ 환자의 마음먹기에 따라 똑같은 약도 ~가 다를 수 있다.

6. 효능　（　　　　　　　）

   효험의 능력
   ¶ 콩나물은 숙취에 ~이 뛰어나다.

7. 효력　（　　　　　　　）

   효과 등을 나타내는 힘
   ¶ 약의 ~이 떨어지자 환자는 다시 죽겠다고 소리쳤다.

8. 효용　（　　　　　　　）

   보람이나 쓸모
   ¶ 아무리 좋은 것이라도 ~ 가치가 없으면 그만입니다.

9. 약효　（　　　　　　　）

   약의 효험
   ¶ 몸이 건강해야 ~도 좋다.

10. 흉악　（　　　　　　　）

    거칠고 사나움
    ¶ 저렇게 ~한 놈을 위해 변호를 해야 한단 말이지?

11. 흉가　（　　　　　　　）

    흉한 일을 당하는 불길한 집
    ¶ 재 너머에 있는 ~에는 얼씬도 하지 마라.

12. 흉계　（　　　　　　　）

    음흉한 계략
    ¶ 온갖 ~를 꾸며 어진 장관을 몰아내고야 말았다.

13. 흉년　（　　　　　　　）

    농작물이 잘 되지 않은 해 ↔풍년
    ¶ 그나마 ~이 들어 먹을 것마저 없었다.

14. 길흉　（　　　　　　　）

    길함과 흉함
    ¶ 걱정하지 말라! ~은 항시 번갈아 오는 법이란다.

15. 흑백　（　　　　　　　）

    검은색과 흰색
    ¶ ~ 논리로 사물을 판단하면 안 된다.

16. 흑탄　（　　　　　　　）

    검은색 석탄의 하나
    ¶ ~은 창고에 얼마든지 있습니다.

17. 흑색　（　　　　　　　）

    검은색
    ¶ ~ 볼펜 주세요.

18. 흑심　（　　　　　　　）

    검은 마음. 음흉한 마음
    ¶ ~을 품다.

19. 흑자　（　　　　　　　）

    수입이 지출을 초과함 ↔ 적자
    ¶ 우리 회사는 벤처 기업인데 요즈음 이익이 생겨 ~ 경영을 하고 있다.

【정답】 - 한자어 독음 쓰기

▶ 132쪽

1.가격   2.대가   3.정가   4.원가   5.고가품
6.가입   7.가공   8.가산   9.가중   10.가속도
11.가능   12.가관   13.가결   14.불문가지   15.개량
16.개정   17.개명   18.개선   19.객관   20.객실
21.객지   22.주객   23.식객   24.거래   25.공정거래
26.거수   27.거명   28.거사   29.일거일동   30.건수
31.사건   32.용건   33.물건   34.안건   35.건전
36.건실

▶ 133쪽

1.건재   2.건승   3.강건   4.건국   5.건립
6.건물   7.중건   8.재건   9.격식   10.격언
11.인격   12.주격   13.합격   14.견본   15.견문
16.소견   17.의견   18.견물생심   19.결정   20.결심
21.결사   22.결산   23.결승전   24.결과   25.결합
26.결말   27.결성   28.결실   29.직결   30.경관
31.경치   32.경품   33.경기   34.야경   35.팔경
36.경례

▶ 134쪽

1.경어   2.경의   3.경로석   4.경천애인   5.경기
6.경쟁   7.경합   8.경마   9.경중   10.경양식
11.경음악   12.경공업   13.고백   14.고발   15.고별
16.고지   17.공고   18.고유   19.고정   20.고착
21.고체   22.고사   23.고안   24.재고   25.고고학
26.곡직   27.가곡   28.명곡   29.곡선미   30.청산별곡
31.과거   32.과다   33.과속   34.과실   35.통과
36.과업

▶ 135쪽

1.과외   2.과제   3.일과   4.관광   5.관상
6.관객   7.낙관   8.외관   9.관문   10.상관
11.통관   12.관심사   13.무관심   14.광고   15.광대
16.광야   17.광장   18.인도교   19.남해대교   20.구현
21.가구   22.용구   23.문구점   24.구체적   25.구국
26.구명   27.구출   28.구세주   29.구급차   30.구식
31.구정   32.구면   33.친구   34.신구   35.국번
36.결국

▶ 136쪽

1.대국   2.약국   3.전화국   4.귀하   5.귀중
6.귀댁   7.고귀   8.귀중품   9.규칙   10.규격
11.신규   12.정규군   13.급료   14.급수   15.급식
16.급유   17.월급   18.발급   19.자기   20.이기
21.십년지기   22.기본   23.기지   24.기금   25.기간
26.기말   27.시기   28.학기   29.사춘기   30.기차
31.기선   32.기술   33.기능   34.구기   35.실기
36.장기

▶ 137쪽

1.길일   2.길운   3.운수불길   4.입춘대길   5.염원
6.염두   7.관념   8.신념   9.이념   10.능력
11.가능   12.만능   13.재능   14.능동적   15.단상
16.교단   17.문단   18.등단   19.화단   20.단결
21.단체   22.집단   23.합창단   24.대담   25.면담
26.미담   27.야담   28.회담   29.당대   30.당번
31.당초   32.당락   33.부당   34.덕행   35.덕담
36.미덕

▶ 138쪽

1.공덕   2.도덕   3.도래   4.도착   5.당도
6.독도   7.낙도   8.삼다도   9.한반도   10.도읍
11.도시   12.왕도   13.고도   14.수도   15.독립
16.독신   17.독창   18.무남독녀   19.낙서   20.낙수
21.낙화   22.당락   23.하락   24.낭랑   25.낭독
26.명랑   27.냉수   28.냉온   29.냉전   30.냉기
31.냉해   32.양심   33.양서   34.개량   35.불량
36.선량

▶ 139쪽

1.다량   2.역량   3.용량   4.중량   5.대량생산
6.여행   7.여객   8.여로   9.여비   10.역사
11.역대   12.내력   13.전력   14.학력   15.연습
16.세련   17.훈련   18.연병장   19.영애   20.구령
21.명령   22.법령   23.발령   24.영부인   25.영토
26.영해   27.영공   28.두령   29.요령   30.노고
31.과로   32.공로   33.노동자   34.요금   35.요리
36.무료

► 140쪽

1.급료 2.식료품 3.유례 4.분류 5.동류
6.유만부동 7.유행 8.유통 9.일류 10.해류
11.청산유수 12.육교 13.육로 14.육해 15.육상
16.육군 17.마부 18.마차 19.명마 20.목마
21.백마 22.말년 23.말세 24.연말 25.종말
26.망국 27.망신 28.패망 29.망월 30.덕망
31.소망 32.전망 33.매매 34.매입 35.매점
36.매상

► 141쪽

1.매출 2.도매 3.무능 4.무료 5.무죄
6.무사통과 7.배수 8.배가 9.법식 10.법칙
11.법전 12.악법 13.변화 14.변절 15.변칙
16.변동 17.변수 18.병졸 19.병사 20.병법
21.병력 22.신병 23.복덕 24.만복 25.행복
26.천복 27.봉사 28.봉행 29.봉양 30.봉안
31.비중 32.비례 33.비용 34.소비 35.식비
36.회비

► 142쪽

1.비음 2.비조 3.이목구비 4.빙하 5.빙탄
6.빙판 7.빙수 8.빙상 9.치사 10.봉사활동
11.사졸 12.사기 13.사병 14.사농공상 15.사기
16.사초 17.사학 18.사가 19.사료 20.사생
21.필사본 22.사고 23.사념 24.사친 25.의사
26.조사 27.실사 28.내사 29.산모 30.산재
31.산지 32.산업 33.생산 34.상인 35.상선
36.상점

► 143쪽

1.상품 2.상업 3.상대 4.상관 5.상생
6.상담 7.상당 8.상품 9.대상 10.금상
11.은상 12.가창상 13.서두 14.서문 15.서곡
16.선약 17.선인 18.선녀 19.신선 20.선악
21.선행 22.친선 23.선남선녀 24.선거 25.선출
26.선정 27.선수 28.당선 29.선실 30.선상
31.선장 32.선체 33.선명 34.신선 35.조선
36.설명

► 144쪽

1.설법 2.설교 3.발설 4.소설 5.성질
6.성격 7.성품 8.성급 9.남성 10.세면
11.세차 12.세수 13.세례 14.세월 15.세입
16.세한 17.연세 18.만세 19.결속 20.단속
21.수상 22.수석 23.수위 24.부수 25.자수
26.숙제 27.숙명 28.숙원 29.숙망 30.여인숙
31.순서 32.순위 33.순리 34.순산 35.순번
36.명시

► 145쪽

1.훈시 2.표시 3.고시 4.예시 5.식견
6.면식 7.유식 8.무식 9.학식 10.신하
11.가신 12.공신 13.중신 14.사육신 15.실수
16.실효 17.실습 18.실행 19.부실 20.아동
21.아명 22.소아 23.육아 24.건아 25.악덕
26.악명 27.악용 28.악한 29.오한 30.안건
31.대안 32.입안 33.방안 34.안내 35.약속
36.약수

► 146쪽

1.공약 2.선약 3.언약 4.양분 5.양심
6.양어 7.양성 8.교양 9.어구 10.어부
11.어선 12.어장 13.어촌 14.어류 15.어물
16.대어 17.인어 18.은어 19.억만장자 20.수억
21.오억 22.열망 23.열병 24.열정 25.열기
26.발열 27.엽서 28.초엽 29.중엽 30.말엽
31.옥내 32.옥외 33.가옥 34.양옥 35.한옥
36.완전

► 147쪽

1.완결 2.완성 3.완승 4.완패 5.요일
6.월요병 7.금요일 8.요약 9.요인 10.요소
11.요건 12.중요 13.욕실 14.입욕 15.일광욕
16.해수욕 17.우정 18.우군 19.전우 20.친우
21.학우 22.우족 23.농우 24.한우 25.우마차
26.우기 27.우중 28.풍우 29.우천시 30.운집
31.백운 32.청운 33.전운 34.풍운아 35.웅대
36.웅건

► 148쪽

1.영웅 2.원료 3.원가 4.원칙 5.초원
6.원산지 7.원금 8.원년 9.원래 10.원로
11.원수 12.원생 13.원장 4.병원 15.입원
16.학원 17.원서 18.원망 19.민원 20.소원
21.자원 22.동위 23.방위 24.재위 25.왕위
26.부위 27.위대 28.위력 29.위업 30.위인
31.이북 32.이전 33.이후 34.이심전심 35.이목
36.이순

► 149쪽

1.마이동풍 2.인과 3.사인 4.요인 5.원인
6.인습 7.임명 8.임기 9.임용 10.신임
11.소임 12.재고 13.재건 14.재생 15.재창
16.재작년 17.재료 18.재목 19.목재 20.재해
21.화재 22.수재 23.천재지변 24.재물 25.재산
26.재력 27.재계 28.문화재 29.언쟁 30.전쟁
31.저금 32.저탄 33.적중 34.목적 35.법적
36.외적

► 150쪽

1.공적 2.적색 3.적자 4.적신호 5.적외선
6.고전 7.자전 8.특전 9.백과사전 10.전기
11.전래 12.전설 13.부전자전 14.전개 15.발전
16.전시회 17.전시효과 18.절개 19.절실 20.절친
21.일체/일절 22.품절 23.절기 24.절도 25.절약
26.명절 27.음절 28.본점 29.개점 30.서점
31.음식점 32.정지 33.정전 34.정전 35.정거장
36.정담

► 151쪽

1.정감 2.모정 3.심정 4.표정 5.조심
6.조업 7.체조 8.조작 9.조사 10.조화
11.조절 12.강조 13.시조 14.졸업 15.졸병
16.고졸 17.대졸 18.종류 19.종목 20.종자
21.각종 22.식인종 23.종국 24.종례 25.종말
26.종일 27.시종 28.죄악 29.죄목 30.죄인
31.죄과 32.무죄 33.주말 34.주번 35.주중
36.매주

► 152쪽

1.금주 2.주군 3.전주 4.광주 5.광주
6.중지 7.정지 8.행동거지 9.지식 10.친지
11.지성 12.지행합일 13.질량 14.질문 15.물질
16.변질 17.토질 18.착공 19.착륙 20.착실
21.착석 22.정착 23.참가 24.참석 25.참전
26.불참 27.고참 28.독창 29.명창 30.이중창
31.가창력 32.책임 33.책망 34.책선 35.문책
36.자책

► 153쪽

1.철마 2.철선 3.철판 4.철도 5.철칙
6.초면 7.연초 8.초파일 9.초등학교 10.최고
11.최단 12.최선 13.최초 14.최후 15.축가
16.축복 17.축전 18.축원 19.자축 20.충당
21.충전 22.충족 23.충분 24.충실 25.경치
26.이치 27.합치 28.치명적 29.교칙 30.규칙
31.반칙 32.회칙 33.학칙 34.타계 35.타국
36.자타

► 154쪽

1.출타 2.타산지석 3.타개 4.타구 5.타령
6.타자 7.안타 8.탁견 9.탁구 10.탁상
11.탁자 12.식탁 13.탄가 14.탄질 15.탄차
16.목탄 17.석탄 18.택지 19.가택 20.자택
21.주택 22.댁내 23.판본 24.판자 25.등판
26.합판 27.화판 28.패인 29.패전 30.패배
31.전패 32.승패 33.품귀 34.품질 35.품명
36.품위

► 155쪽

1.금품 2.필요 3.필승 4.필연 5.필사적
6.필순 7.필자 8.필치 9.명필 10.친필
11.하천 12.하구 13.은하수 14.백년하청 15.한기
16.한랭 17.한해 18.한랭전선 19.해악 20.공해
21.병해 22.수해 23.재해 24.허가 25.허다
26.특허 27.십리허 28.호수 29.호남 30.강호
31.화석 32.화합 33.강화 34.동화 35.교화
36.환자

► 156쪽

1. 노환 2. 병환 3. 후환 4. 급환 5. 효과
6. 효능 7. 효력 8. 효용 9. 약효 10. 흉악
11. 흉가 12. 흉계 13. 흉년 14. 길흉 15. 흑백
16. 흑탄 17. 흑색 18. 흑심 19. 흑자 20. 기단
21. 독학 22. 낙석 23. 무형 24. 상국 25. 설안
26. 주요 27. 원유 28. 재발 29. 재삼 30. 인재
31. 곡조 32. 종신 33. 죄질 34. 정칙 35. 성패
36. 견문일치

► 157쪽

1. 결사반대 2. 고정관념 3. 고정불변 4. 고전문학 5. 과실치사
6. 교우이신 7. 교학상장 8. 금시초문 9. 능소능대 10. 연말연시
11. 다재다능 12. 다정다감 13. 대서특필 14. 동화작용 15. 육해공군
16. 양약고구 17. 만고불변 18. 무소부지 19. 문일지십 20. 부전자전
21. 불문곡직 22. 불요불급 23. 사사건건 24. 사실무근 25. 사유종시
26. 사친이효 27. 삼한사온 28. 생면부지 29. 선사시대 30. 숙원사업
31. 속전속결 32. 안분지족 33. 어불성설 34. 언행일치 35. 유구무언
36. 유명무실

► 158쪽

1. 이실직고 2. 인상착의 3. 일치단결 4. 자급자족 5. 자수성가
6. 대재소용 7. 전래동화 8. 전무후무 9. 전지전능 10. 정정당당
11. 조변석개 12. 지행일치 13. 천군만마 14. 천변만화 15. 추풍낙엽
16. 패가망신 17. 평가절하 18. 해수욕장 19. 행운유수

【정답】- 한자어 쓰기

▶ **159쪽**
1.價格 2.代價 3.定價 4.原價 5.高價品
6.加入 7.加工 8.加算 9.加重 10.加速度
11.可能 12.可觀 13.可決 14.不問可知 15.改良
16.改正 17.改名 18.改善 19.客觀

▶ **160쪽**
1.客室 2.客地 3.主客 4.食客 5.去來
6.公正去來 7.擧手 8.擧名 9.擧事 10.行動擧止
11.件數 12.事件 13.用件 14.案件 15.健全
16.健實 17.健在 18.健勝 19.建國

▶ **161쪽**
1.建立 2.建物 3.重建 4.再建 5.格式
6.格言 7.人格 8.主格 9.合格 10.見本
11.見聞 12.所見 13.意見 14.見物生心 15.決定
16.決心 17.決死 18.決算 19.決勝戰

▶ **162쪽**
1.結果 2.結合 3.結末 4.結成 5.結實
6.直結 7.景觀 8.景致 9.景品 10.景氣
11.夜景 12.八景 13.敬禮 14.敬語 15.敬意
16.敬老席 17.敬天愛人 18.競技 19.競爭

▶ **163쪽**
1.競合 2.輕重 3.輕洋食 4.輕音樂 5.輕工業
6.告白 7.告發 8.告別 9.告知 10.公告
11.固有 12.固定 13.固着 14.固體 15.考査
16.考案 17.再考 18.考古學 19.曲直

▶ **164쪽**
1.歌曲 2.名曲 3.曲線美 4.靑山別曲 5.過去
6.過多 7.過速 8.過失 9.通過 10.課業
11.課外 12.課題 13.日課 14.觀光 15.觀相
16.觀客 17.樂觀 18.外觀 19.關門

▶ **165쪽**
1.相關 2.通關 3.關心事 4.無關心 5.廣告
6.廣大 7.廣野 8.廣場 9.人道橋 10.南海大橋
11.具現 12.家具 13.用具 14.文具店 15.具體的
16.救國 17.救命 18.救出 19.救世主 20.救急車

▶ **166쪽**
1.舊式 2.舊正 3.舊面 4.親舊 5.局番
6.結局 7.對局 8.藥局 9.電話局 10.貴下
11.貴中 12.貴宅 13.高貴 14.貴重品 15.規則
16.規格 17.新規 18.正規軍 19.給料 20.給水

▶ **167쪽**
1.給食 2.給油 3.月給 4.發給 5.自己
6.利己 7.十年知己 8.基本 9.基地 10.基金
11.期間 12.期末 13.時期 14.學期 15.思春期
16.汽車 17.汽船 18.技術 19.技能

▶ **168쪽**
1.球技 2.實技 3.長技 4.吉日 5.吉運
6.運數不吉 7.立春大吉 8.念願 9.觀念 10.信念
11.理念 12.能力 13.可能 14.萬能 15.才能
16.能動的 17.壇上 18.敎壇 19.文壇

▶ **169쪽**
1.登壇 2.花壇 3.團結 4.團體 5.集團
6.合唱團 7.對談 8.面談 9.美談 10.野談
11.會談 12.當代 13.當番 14.當初 15.當落
16.不當 17.德行 18.德談 19.美德 20.功德

▶ **170쪽**
1.道德 2.到來 3.到着 4.當到 5.獨島
6.落島 7.三多島 8.韓半島 9.都邑 10.都市
11.王都 12.古都 13.首都 14.獨立 15.獨身
16.獨唱 17.無男獨女 18.落書 19.落水

▶ **171쪽**
1.當落 2.下落 3.朗朗 4.朗讀 5.明朗
6.冷水 7.冷溫 8.冷戰 9.冷氣 10.良心
11.良書 12.改良 13.不良 14.善良 15.多量
16.力量 17.用量 18.重量 19.大量生産

▶ **172쪽**
1.旅行 2.旅客 3.旅路 4.旅費 5.歷史
6.歷代 7.來歷 8.前歷 9.學歷 10.練習
11.洗練 12.令愛 13.口令 14.命令 15.法令
16.發令 17.令夫人 18.勞苦 19.過勞 20.功勞

203

► 173쪽
1.勞動者 2.料金 3.料理 4.無料 5.給料
6.食料品 7.領土 8.領地 9.領海 10.領空
11.頭領 12.類例 13.分類 14.同類 15.類萬不同
16.流行 17.陸橋 18.陸路

► 174쪽
1.陸海 2.陸上 3.名馬 4.末年 5.末世
6.年末 7.終末 8.亡國 9.亡身 10.望月
11.賣買 12.賣店 13.無能 14.無料 15.無罪
16.無事通過 17.倍數 18.法式 19.法則 20.法典

► 175쪽
1.變化 2.變質 3.變則 4.兵卒 5.兵士
6.兵法 7.福德 8.萬福 9.幸福 10.奉仕
11.奉仕活動 12.費用 13.耳目口鼻 14.氷河 15.氷炭
16.氷板 17.士卒 18.士氣 19.士農工商

► 176쪽
1.史記 2.史草 3.寫生 4.思考 5.意思
6.調査 7.産母 8.産災 9.産地 10.生産
11.商人 12.商船 13.商店 14.商品 15.商業
16.相對 17.相關 18.相生

► 177쪽
1.賞品 2.大賞 3.序頭 4.仙藥 5.仙人
6.善惡 7.善良 8.善男善女 9.選擧 10.船室
11.船上 12.鮮明 13.新鮮 14.朝鮮 15.說明
16.說法 17.說敎 18.發說 19.小說

► 178쪽
1.性質 2.性格 3.性品 4.男性 5.洗練
6.洗面 7.洗車 8.歲月 9.年歲 10.結束
11.首相 12.自首 13.宿題 14.宿命 15.宿願
16.宿望 17.順序 18.順位 19.順理

► 179쪽
1.順産 2.明示 3.訓示 4.表示 5.識見
6.面識 7.有識 8.無識 9.學識 10.臣下
11.家臣 12.功臣 13.重臣 14.死六臣 15.實査
16.實數 17.實效 18.實習 19.實行

► 180쪽
1.兒童 2.兒名 3.惡德 4.惡名 5.惡法
6.惡用 7.惡寒 8.案件 9.代案 10.立案
11.方案 12.案內 13.約束 14.約數 15.公約
16.先約 17.言約 18.養分 19.養心

► 181쪽
1.養魚 2.養成 3.敎養 4.漁具 5.漁夫
6.漁船 7.漁場 8.魚物 9.大魚 10.人魚
11.銀魚 12.億萬長者 13.數億 14.熱望 15.熱病
16.熱情 17.熱氣 18.發熱 19.葉書

► 182쪽
1.中葉 2.屋內 3.家屋 4.洋屋 5.完全
6.完結 7.完成 8.完勝 9.完敗 10.曜日
11.月曜病 12.金曜日 13.要約 14.要因 15.要所
16.要件 17.重要 18.浴室 19.入浴

► 183쪽
1.日光浴 2.海水浴 3.友情 4.友軍 5.戰友
6.親友 7.學友 8.牛足 9.農牛 10.韓牛
11.牛馬車 12.雨期 13.雨中 14.風雨 15.雲集
16.白雲 17.靑雲 18.戰雲 19.風雲兒

► 184쪽
1.雄大 2.英雄 3.原因 4.原價 5.原則
6.草原 7.原産地 8.元金 9.元年 10.元來
11.元老 12.元首 13.院生 14.院長 15.病院
16.入院 17.學院 18.願書 19.民願

► 185쪽
1.所願 2.自願 3.同位 4.方位 5.順位
6.王位 7.偉大 8.偉力 9.偉業 10.以北
11.以前 12.以後 13.以心傳心 14.耳順 15.馬耳東風
16.因果 17.死因 18.原因 19.任命

► 186쪽
1.任期 2.任用 3.信任 4.再考 5.再建
6.再生 7.再唱 8.再昨年 9.材料 10.材木
11.災害 12.火災 13.水災 14.天災地變 15.財物
16.財産 17.財力 18.財界 19.文化財

► *187쪽*
1.言爭 2.貯金 3.貯炭 4.的中 5.目的
6.法的 7.外的 8.赤色 9.赤字 10.赤信號
11.赤外線 12.字典 13.特典 14.百科事典 15.傳記
16.傳來 17.傳說 18.父傳子傳 19.展開

► *188쪽*
1.展示會 2.展示效果 3.切開 4.切實 5.切親
6.一切 7.一切 8.品切 9.節氣 10.節度
11.節約 12.名節 13.音節 14.本店 15.商店
16.書店 17.飲食店 18.停止 19.停戰

► *189쪽*
1.停電 2.停車場 3.情談 4.情感 5.母情
6.心情 7.表情 8.操心 9.操業 10.體操
11.調查 12.調節 13.強調 14.時調 15.卒業
16.卒兵 17.高卒 18.大卒 19.種類

► *190쪽*
1.種目 2.各種 3.食人種 4.終局 5.終禮
6.終末 7.終日 8.罪惡 9.罪目 10.罪人
11.無罪 12.週末 13.週番 14.週中 15.每週
16.今週 17.州郡 18.全州 19.中止

► *191쪽*
1.停止 2.知識 3.親知 4.知性 5.知行合一
6.質量 7.質問 8.物質 9.變質 10.土質
11.着工 12.着陸 13.着實 14.着席 15.定着
16.參加 17.參席 18.參戰 19.不參

► *192쪽*
1.古參 2.獨唱 3.名唱 4.二重唱 5.歌唱力
6.責任 7.責善 8.問責 9.自責 10.鐵馬
11.鐵船 12.鐵板 13.鐵道 14.鐵則 15.初面
16.年初 17.初八日 18.初等學校 19.最高

► *193쪽*
1.最短 2.最善 3.最初 4.最後 5.祝歌
6.祝福 7.祝電 8.自祝 9.充當 10.充電
11.充足 12.充分 13.充實 14.景致 15.理致
16.合致 17.致命的 18.校則

► *194쪽*
1.規則 2.反則 3.學則 4.他界 5.他國
6.自他 7.出他 8.他山之石 9.打開 10.打球
11.打令 12.安打 13.卓見 14.卓球 15.卓上
16.卓子 17.食卓 18.炭價

► *195쪽*
1.炭車 2.木炭 3.石炭 4.宅地 5.家宅
6.自宅 7.住宅 8.宅內 9.板本 10.板子
11.登板 12.合板 13.畫板 14.敗亡 15.敗因
16.敗戰 17.勝敗 18.全敗

► *196쪽*
1.品貴 2.品質 3.品名 4.品位 5.金品
6.必要 7.必勝 8.必然 9.必死的 10.筆順
11.筆者 12.筆致 13.名筆 14.親筆 15.河川
16.河口 17.銀河水 18.百年河淸 19.寒氣

► *197쪽*
1.寒冷 2.寒害 3.寒冷前線 4.害惡 5.公害
6.病害 7.水害 8.災害 9.許可 10.許多
11.特許 12.十里許 13.湖水 14.湖南 15.江湖
16.化石 17.化合 18.強化 19.同化

► *198쪽*
1.敎化 2.患者 3.老患 4.後患 5.效果
6.效能 7.效力 8.效用 9.藥效 10.凶惡
11.凶家 12.凶計 13.凶年 14.吉凶 15.黑白
16.黑炭 17.黑色 18.黑心 19.黑字

♣ 다음 반의어(反義語 = 뜻이 서로 반대되거나 상대인 한자)를 써 보시오.

• 거래(去:來) : 오고 가는 일.	去 來		
	갈 거 / 올 래	갈 거 / 올 래	

• 경중(輕重) : 가벼움과 무거움.	輕 重		
	가벼울 경 / 무거울 중	가벼울 경 / 무거울 중	

• 곡직(曲直) : 굽음과 곧음.	曲 直		
	굽을 곡 / 곧을 직	굽을 곡 / 곧을 직	

• 공과(功過) : 공로와 허물.	功 過		
	공 공 / 허물 과	공 공 / 허물 과	

♣ 다음 반의어(反義語 = 뜻이 서로 반대되거나 상대인 한자)를 써 보시오.

	吉 凶		
• 길흉(吉凶) : 길함과 흉함.	길할 **길** / 흉할 **흉**	길할 **길** / 흉할 **흉**	

	當 落		
• 당락(當落) : 선거 등에서 붙음과 떨어짐.	맞을 **당** / 떨어질 **락**	맞을 **당** / 떨어질 **락**	

	勞 使		
• 노사(勞使) : 노동자와 사용자.	일할 **로** / 부릴 **사**	일할 **로** / 부릴 **사**	

	利 害		
• 이해(利:害) : 이익과 손해.	이할 **리** / 해할 **해**	이할 **리** / 해할 **해**	

♣ 다음 반의어(反義語 = 뜻이 서로 반대되거나 상대인 한자)를 써 보시오.

• 매매(賣買) : 물건을 팔고 삼.	賣 買 팔 매 / 살 매	팔 매 / 살 매	
• 발착(發着) : 출발과 도착.	發 着 떠날 발 / 이를 착	떠날 발 / 이를 착	
• 본말(本末) : 일의 처음과 끝.	本 末 근본 본 / 끝 말	근본 본 / 끝 말	
• 빙탄(氷炭) : 얼음과 숯이라는 뜻으로, 서로 정반대가 됨을 비유.	氷 炭 얼음 빙 / 숯 탄	얼음 빙 / 숯 탄	

♣ **다음 반의어**(反義語 = 뜻이 서로 반대되거나 상대인 한자)**를 써 보시오.**

• 산하(山河) : 산과 큰 내.	山 河 메 산 / 물 하	메 산 / 물 하	
• 선악(善:惡) : 착함과 악함.	善 惡 착할 선 / 악할 악	착할 선 / 악할 악	
• 성패(成敗) : 성공과 실패.	成 敗 이룰 성 / 패할 패	이룰 성 / 패할 패	
• 승패(勝敗) : 이기고 짐.	勝 敗 이길 승 / 패할 패	이길 승 / 패할 패	

♣ 다음 반의어(反義語 = 뜻이 서로 반대되거나 상대인 한자)를 써 보시오.

- **시말(始:末)**
  : 처음과 끝.

始	末		
처음 시	끝 말	처음 시	끝 말

- **시종(始:終)**
  : 처음과 끝.

始	終		
처음 시	마칠 종	처음 시	마칠 종

- **신구(新舊)**
  : 새것과 헌것.

新	舊		
새 신	예 구	새 신	예 구

- **온랭(溫冷)**
  : 따뜻함과 참.

溫	冷		
따뜻할 온	찰 랭	따뜻할 온	찰 랭

♣ 다음 반의어(反義語 = 뜻이 서로 반대되거나 상대인 한자)를 써 보시오.

• 유무(有:無) : 있음과 없음.	有 無		
	있을 유 / 없을 무	있을 유 / 없을 무	
• 인과(因果) : 원인과 결과.	因 果		
	인할 인 / 결과 과	인할 인 / 결과 과	
• 자타(自他) : 자기와 남.	自 他		
	자기 자 / 남 타	자기 자 / 남 타	
• 주객(主客) : 주인과 손님.	主 客		
	주인 주 / 손 객	주인 주 / 손 객	

♣ 다음 반의어(反義語 = 뜻이 서로 반대되거나 상대인 한자)를 써 보시오.

• 초종(初終) : 초상이 난 처음과 곡을 마치는 제사.	初 終 처음 초 / 마칠 종	처음 초 / 마칠 종	
• 해륙(海:陸) : 바다와 육지.	海 陸 바다 해 / 뭍 륙	바다 해 / 뭍 륙	
• 흑백(黑白) : 검은빛과 흰빛.	黑 白 검을 흑 / 흰 백	검을 흑 / 흰 백	

♣ **다음 동의어**(同義語 = 뜻이 같거나 비슷한 한자)**를 써 보시오.**

• 가옥(家屋) : 사람이 사는 집.	家 屋 집 가 / 집 옥	집 가 / 집 옥	
• 가택(家宅) : 사람이 사는 집.	家 宅 집 가 / 집 택	집 가 / 집 택	
• 가곡(歌曲) : 노래. 노래의 곡조.	歌 曲 노래 가 / 악곡 곡	노래 가 / 악곡 곡	
• 경쟁(競:爭) : 서로 앞서거나 이기려고 다툼.	競 爭 다툴 경 / 다툴 쟁	다툴 경 / 다툴 쟁	

♣ 다음 동의어(同義語 = 뜻이 같거나 비슷한 한자)를 써 보시오.

• 과거(過:去) : 지나간 때.	過 去			
	지날 과 / 갈 거	지날 과 / 갈 거		
• 과실(過:失) : 잘못이나 허물.	過 失			
	허물 과 / 잘못할 실	허물 과 / 잘못할 실		
• 과실(果:實) : 먹을 수 있는 나무 열매.	果 實			
	열매 과 / 열매 실	열매 과 / 열매 실		
• 기술(技術) : 말이나 일을 솜씨 있게 하는 재간.	技 術			
	재주 기 / 재주 술	재주 기 / 재주 술		

♣ 다음 동의어(同義語 = 뜻이 같거나 비슷한 한자)를 써 보시오.

• 연세(年歲) : <나이>의 높임 말.	年 歲 해 년 | 해 세	해 년 | 해 세		
• 담화(談話) : 어떤 일에 관한 의견이나 태도를 밝히는 말.	談 話 말씀 담 | 말씀 화	말씀 담 | 말씀 화		
• 도착(到:着) : 목적지에 다다름.	到 着 이를 도 | 이를 착	이를 도 | 이를 착		
• 법식(法式) : 의식 등의 규칙.	法 式 법 법 | 법 식	법 법 | 법 식		

♣ 다음 동의어(同義語 = 뜻이 같거나 비슷한 한자)를 써 보시오.

• 법전(法典) : 어떤 종류의 법규를 체계적으로 정리하여 엮은 책.	法 典 법 **법** / 법 **전**	법 **법** / 법 **전**	
• 변화(變:化) : 사물의 모양·성질·상태 등이 달라짐.	變 化 변할 **변** / 변화할 **화**	변할 **변** / 변화할 **화**	
• 병사(兵士) : 군인.	兵 士 병사 **병** / 병사 **사**	병사 **병** / 병사 **사**	
• 병졸(兵卒) : 군사.	兵 卒 병사 **병** / 병사 **졸**	병사 **병** / 병사 **졸**	

♣ 다음 동의어(同義語 = 뜻이 같거나 비슷한 한자)를 써 보시오.

• 사고(思考) : 생각하고 궁리함.	思 考 생각 **사** / 생각할 **고**	생각 **사** / 생각할 **고**	
• 사념(思念) : 마음속으로 생각함.	思 念 생각 **사** / 생각 **념**	생각 **사** / 생각 **념**	
• 선별(選:別) : 가려서 골라내거나 추려냄.	選 別 가릴 **선** / 나눌 **별**	가릴 **선** / 나눌 **별**	
• 시초(始:初) : 맨 처음.	始 初 처음 **시** / 처음 **초**	처음 **시** / 처음 **초**	

♣ 다음 동의어(同義語 = 뜻이 같거나 비슷한 한자)를 써 보시오.

• 심정(心情) : 마음에 품은 생각과 감정.	心 情 마음 심 / 뜻 정	마음 심 / 뜻 정		
• 의사(意:思) : 무엇을 하고자 하는 생각.	意 思 뜻 의 / 생각 사	뜻 의 / 생각 사		
• 전쟁(戰:爭) : 병력에 의한 국가 상호간 또는 국가와 교전 단체간의 투쟁.	戰 爭 싸움 전 / 다툴 쟁	싸움 전 / 다툴 쟁		
• 정지(停止) : 도중에서 멎거나 그침.	停 止 머무를 정 / 그칠 지	머무를 정 / 그칠 지		

218

♣ 다음 동의어(同義語 = 뜻이 같거나 비슷한 한자)를 써 보시오.

• 조화(調和) : 대립이나 어긋남이 없이 서로 잘 어울림.	調 和 고를 조 / 화할 화	고를 조 / 화할 화	
• 종지(終止) : 끝남 또는 끝.	終 止 마칠 종 / 그칠 지	마칠 종 / 그칠 지	
• 지식(知識) : 배우거나 연구하여 알고 있는 내용.	知 識 알 지 / 알 식	알 지 / 알 식	
• 하천(河川) : 시내. 강.	河 川 물 하 / 내 천	물 하 / 내 천	

♣ 다음 동의어(同義語 = 뜻이 같거나 비슷한 한자)를 써 보시오.

• 한냉/한랭 (寒冷) : 춥고 참.	寒 冷 찰 한 / 찰 냉/랭	찰 한 / 찰 냉/랭	
• 해양(海洋) : 큰 바다.	海 洋 바다 해 / 큰바다 양	바다 해 / 큰바다 양	
• 행복(幸:福) : 심신의 욕구가 충족되어 조금도 부족감이 없는 상태.	幸 福 다행 행 / 복 복	다행 행 / 복 복	

♣ 다음 동음이의어(同音異義語 = 소리는 같으나 뜻이 다른 한자어)를 써 보시오.

• 가구(家具) : 집안 살림에 쓰이는 기구.	家 具 집 가　갖출 구	집 가　갖출 구	
• 가구(家口) : 각 살림을 하는 생계 단위.	家 口 집 가　입 구	집 가　입 구	
• 고도(古:都) : 옛 도읍.	古 都 예 고　도읍 도	예 고　도읍 도	
• 고도(高度) : 높은 정도.	高 度 높을 고　법도 도	높을 고　법도 도	

♣ 다음 동음이의어(同音異義語 = 소리는 같으나 뜻이 다른 한자어)를 써 보시오.

고전(古:典) : 시대를 대표하는 것으로서, 후세 사람들의 모범이 될 만한 가치를 지닌 작품.	古典 예 고　책 전	예 고　책 전	
고전(苦戰) : 몹시 힘들고 괴로운 싸움.	苦戰 쓸 고　싸움 전	쓸 고　싸움 전	
대가(代:價) : 물건 값. 무엇을 희생하여 얻은 결과.	代價 대신 대　값 가	대신 대　값 가	
대가(大:家) : 전문 분야에 조예가 깊은 사람.	大家 큰 대　전문가 가	큰 대　전문가 가	

♣ 다음 동음이의어(同音異義語 = 소리는 같으나 뜻이 다른 한자어)를 써 보시오.

• 의식(意:識) : 대상을 총괄하며 판단·분별하는 마음에 관한 작용.	意 識 뜻 의 / 알 식	뜻 의 / 알 식	
• 의식(衣食) : 의복과 음식.	衣 食 옷 의 / 밥 식	옷 의 / 밥 식	
• 학력(學歷) : 학업을 닦은 이력.	學 歷 배울 학 / 지날 력	배울 학 / 지날 력	
• 학력(學力) : 학문을 쌓은 정도.	學 力 배울 학 / 힘 력	배울 학 / 힘 력	

♣ 다음 한자성어(漢字成語)의 독음(讀音)을 쓰시오.　　▶정답은 230쪽

1. 家電用品　(　　　)
가정용 전기 기기로 쓰이는 상품.

2. 家庭敎育　(　　　)
가정에서 집안 어른들의 일상 생활을 통해 자녀가 받는 영향과 교화.

3. 家庭學習　(　　　)
학교의 숙제나 과제를 집에서 익히는 일.

4. 見聞一致　(　　　)
보고 들은 바가 꼭 같음.

5. 見物生心　(　　　)
물건을 보면 가지고 싶은 욕심이 생김.

6. 決死反對　(　　　)
목숨을 내어 걸고 반대함.

7. 古典文學　(　　　)
옛날의 문예 작품으로서 지금까지 어떤 가치를 띠고 전하여 오는 문학.

8. 固定觀念　(　　　)
자연히 마음이 그리로 가서 항상 의식에 고착되어 있는 관념.

9. 固定不變　(　　　)
고정하여 변함이 없음.

10. 公正去來　(　　　)
독점 거래나 암거래가 아닌 공정한 거래.

11. 過失致死　(　　　)
잘못한 행위로 인하여 사람을 죽게 함.

12. 觀光案內　(　　　)
풍경과 문물 제도 등을 구경하는 안내.

13. 交友以信　(　　　)
벗을 사귐에 믿음으로써 함. 세속오계(世俗五戒)의 하나.

14. 交通安全　(　　　)
교통에 탈 없이 하는 일.

15. 敎學相長　(　　　)
가르치고 배움은 서로 성장하도록 돕는다는 뜻.

16. 九死一生　(　　　)
죽을 고비를 여러 차례 겪고 겨우 살아남.

17. 國民年金　(　　　)
국민을 대상으로 약정한 내용에 따라 국가 기관이 해마다 정기적으로 주는 금액.

18. 國土開發　(　　　)
나라의 영토를 개발함.

19. 今始初聞　(　　　)
이제야 비로소 처음으로 들음.

20. 男女老少　(　　　)
남자와 여자와 늙은이와 젊은이. 곧, 모든 사람.

21. 南海大橋　(　　　)
우리 나라 최초의 현수교(懸垂橋)로, 남해도를 육지인 하동군과 연결시킨 다리.

22. 能小能大　(　　　)
모든 일에 두루 능함.

23. 多才多能　(　　　)
재주가 많고 능력이 풍부함.

24. 多情多感　(　　　)
감수성이 예민해 느끼는 바가 많음.

25. 大量生産　(　　　)
한 공장에서 동질·동형의 상품을 기계력에 의하여 많은 분량으로 만들어 냄.

♣ 다음 한자성어(漢字成語)의 독음(讀音)을 쓰시오.   ▶정답은 230쪽

1. 大書特筆 (　　　)
   특히 드러나게 큰 글자로 씀.

2. 道路交通 (　　　)
   찻길 등의 소통 상태.

3. 獨立萬歲 (　　　)
   남에게 의존하거나 속박당하지 않으려는 외침.

4. 東問西答 (　　　)
   물음과는 딴판인 엉뚱한 대답.

5. 童話作家 (　　　)
   아이들의 마음을 기조로 하여 공상적·서정적·교훈적인 이야기를 꾸미는 작가.

6. 同化作用 (　　　)
   생물체가 체외에서 취한 물질에 화학변화를 가한 다음, 자기 몸에 필요한 화학 구조물로 바꾸는 일.

7. 馬耳東風 (　　　)
   남의 말을 귀담아 듣지 않고 곧 흘려 버림을 이르는 말.

8. 萬古不變 (　　　)
   오랜 세월을 두고 변하지 아니함.

9. 無男獨女 (　　　)
   아들 없는 집안의 외동딸.

10. 無事通過 (　　　)
    아무일 없이 통하여 지나가거나 옴.

11. 無所不知 (　　　)
    모르는 것이 없음.

12. 聞一知十 (　　　)
    한 가지를 들으면 열을 미루어 앎. 지극히 총명함.

13. 百科事典 (　　　)
    학술·기예·가정·사회 등 모든 분야에 걸친 사항을 간명하고도 상식적으로 한 책에 모아 풀이해서 만든 사전.

14. 百年河清 (　　　)
    중국의 황하가 항상 흐리어 맑을 때가 없다는 말로, 아무리 오래 되어도 사물이 이루어지기 어렵다는 뜻.

15. 奉仕活動 (　　　)
    남을 위해 활동함.

16. 父傳子傳 (　　　)
    대대로 아비가 아들에게 전함. 늑부전자승(父傳子承).

17. 不問可知 (　　　)
    묻지 않아도 알 수 있음.

18. 不問曲直 (　　　)
    옳고 그른 것을 묻지 않음.

19. 不要不急 (　　　)
    필요하지도 급하지도 아니함.

20. 士農工商 (　　　)
    선비·농부·공장(工匠)·상인의 네 가지 계급.

21. 事事件件 (　　　)
    모든 일. 온갖 사건.

22. 事實無根 (　　　)
    근거가 없는 일. 전혀 사실과 다른 일.

23. 事有終始 (　　　)
    일에는 처음과 끝이 있음.

24. 事親以孝 (　　　)
    세속오계(世俗五戒)의 하나로, 어버이를 섬김에 효도로써 함.

25. 山川草木 (　　　)
    산과 물과 풀과 나무, 곧 자연.

♣ 다음 한자성어(漢字成語)의 독음(讀音)을 쓰시오.   ▶정답은 230쪽

1. 三寒四溫　(　　　　)
겨울철에 한국·만주·중국 등지에서 추운 날씨가 약 3일 계속되다가 다음에 따뜻한 날씨가 4일 가량 계속되는 주기적 기후 현상.

2. 生面不知　(　　　　)
서로 만나 본 일이 없어 도무지 모르는 사람.

3. 生産工場　(　　　　)
생활에 필요한 물품을 만들어내는 공장.

4. 選擧集會　(　　　　)
많은 사람 가운데서 적당한 사람을 뽑는 과정의 모임.

5. 善男善女　(　　　　)
착한 남자와 여자. 일반 백성.

6. 先史時代　(　　　　)
고고학상 시대 구분의 하나로, 문헌적 사료가 전혀 없는 시대.

7. 世界平和　(　　　　)
인류 사회 전체의 평화.

8. 世上萬事　(　　　　)
세상에서 일어나는 온갖 일.

9. 速戰速決　(　　　　)
지구전을 피하고 결전으로써 속히 판가름하려는 일.

10. 宿願事業　(　　　　)
오래 전부터 소원했던 사업.

11. 市民公園　(　　　　)
한 도시 안의 시민들이 공공으로 이용하는 쉼터.

12. 市長選擧　(　　　　)
한 도시의 우두머리를 뽑는 선거.

13. 時調白日場　(　　　　)
같은 날 같은 시간대에 한 장소에서 치루는 시조를 짓는 시험 대회.

14. 信用社會　(　　　　)
약속이나 재화 등의 교환에 있어서 어김이 없는 사회.

15. 十年知己　(　　　　)
오래 전부터 사귀어 온 친구.

16. 十中八九　(　　　　)
열 가운데 여덟이나 아홉이 됨. 거의 다 됨을 가리키는 말.

17. 安分知足　(　　　　)
편안한 마음으로 제 분수를 지키며 만족함을 앎.

18. 良藥苦口　(　　　　)
효험이 좋은 약은 입에 쓰다는 뜻으로, 충언(忠言)은 귀에 거슬리나 자신에게 이롭다는 말.

19. 語不成說　(　　　　)
말이 조금도 사리에 맞지 않음.

20. 億萬長者　(　　　　)
몇 억대의 재산을 가진 사람.

21. 言行一致　(　　　　)
하는 말과 행동이 같음.

22. 旅行案內　(　　　　)
집을 떠나와 객지에서의 길라잡이.

23. 年末年始　(　　　　)
세밑과 해가 바뀌어 시작되는 시점.

♣ 다음 한자성어(漢字成語)의 독음(讀音)을 쓰시오. ▶정답은 230쪽

1. 英才敎育 (　　　　)
   탁월한 재주를 가진 이를 위한 교육.

2. 運數不吉 (　　　　)
   운수가 좋지 아니함.

3. 有口無言 (　　　　)
   입은 있으나 할 말이 없다는 뜻으로, 변명이나 항변할 말이 없음.

4. 類萬不同 (　　　　)
   많은 것이 모두 서로 같지 않음. 분수에 맞지 않음.

5. 有名無實 (　　　　)
   이름만 있고 그 실상은 없음.

6. 陸海空軍 (　　　　)
   육군·해군·공군.

7. 耳目口鼻 (　　　　)
   귀·눈·입·코.

8. 以實直告 (　　　　)
   사실 그대로 고함.

9. 以心傳心 (　　　　)
   말·글에 의존하지 않고, 마음에서 마음으로 전함. ≒교외별전(敎外別傳).

10. 人相着衣 (　　　　)
    사람의 생김새와 옷차림.

11. 一擧一動 (　　　　)
    조그만 일에 이르기까지의 동작 하나하나.

12. 一朝一夕 (　　　　)
    하루 아침·하루 저녁처럼 짧은 시일.

13. 一致團結 (　　　　)
    여럿이 한 덩어리로 굳게 뭉침.

14. 立春大吉 (　　　　)
    입춘을 맞이하여 길운을 기원하는 글.

15. 自給自足 (　　　　)
    자기의 수요를 자기가 생산하여 충당함.

16. 自手成家 (　　　　)
    물려받은 재산이 없는 사람이 제 힘으로 한 살림을 이룩함.

17. 朝令夕改 (　　　　)
    아침에 명령을 내렸다가, 저녁에 다시 고침.

18. 傳來童話 (　　　　)
    전해 내려오는 어린이를 대상으로 하는 이야기.

19. 前無後無 (　　　　)
    전에도 없었고 앞으로도 없음.

20. 展示效果 (　　　　)
    소비 지출이 자신의 소득 수준에 따르지 않고 타인의 모방에 의하여 증대되는 사회적·심리적 효과.

21. 全知全能 (　　　　)
    무엇이나 다 알고 무엇이나 행하는 신의 능력.

22. 朝變夕改 (　　　　)
    아침 저녁으로 뜯어 고침.

23. 知行一致 (　　　　)
    아는 것과 실행하는 것이 일치함.

24. 知行合一 (　　　　)
    지(知)와 행(行)은 병진해야 한다는 설.

25. 千軍萬馬 (　　　　)
    썩 많은 군사와 말.

26. 千變萬化 (　　　　)
    한없이 변화함.

27. 天災地變 (　　　　)
    지진·홍수 따위의 자연 재앙.

♣ 다음 한자성어(漢字成語)의 독음(讀音)을 쓰시오. ▶정답은 230쪽

1. 青山別曲 (　　　　　)
지은이, 연대 미상의 고려 속요로, 고려 후기 거듭되는 전란과 혼란으로 인해 삶의 터전을 상실한 유랑민의 처지를 노래함.

2. 青山流水 (　　　　　)
막힘 없이 썩 잘하는 말의 비유.

3. 初等學校 (　　　　　)
학령 아동에게 초등 교육을 가르치는 학교.

4. 秋風落葉 (　　　　　)
가을 바람에 흩어져 떨어지는 낙엽이란 뜻으로, 세력 등이 낙엽처럼 시들어 우수수 떨어짐의 비유.

5. 春夏秋冬 (　　　　　)
봄·여름·가을·겨울의 네 철.

6. 親切奉仕 (　　　　　)
매우 정답고 고분고분한 태도로 대하는 봉사.

7. 他山之石 (　　　　　)
다른 사람의 하찮은 언행일지라도 자기의 지덕(知德)을 연마하는데에 도움이 된다는 말.

8. 特別活動 (　　　　　)
학교 교육의 정규 교과목 이외의 특별 교육 활동.

9. 敗家亡身 (　　　　　)
가산을 없애고 몸을 망침.

10. 平價切下 (　　　　　)
화폐 단위의 가치를 내리는 일. ≒평가절상(平價切上).

11. 寒冷前線 (　　　　　)
따뜻하고 가벼운 기단 밑에 차고 무거운 기단이 깔린 불연속선.

12. 海水浴場 (　　　　　)
해수욕하기에 알맞은 환경과 설비가 되어 있는 곳.

13. 行動擧止 (　　　　　)
몸을 움직여 하는 모든 짓.

14. 行雲流水 (　　　　　)
떠가는 구름과 흐르는 물. 일이 막힘이 없거나, 마음씨가 시원하고 씩씩함의 비유.

15. 孝行少年 (　　　　　)
부모를 효성으로 잘 섬기는 소년.

16. 高山流水 (　　　　　)
높은 산에서 흘러내리는 물. 극히 미묘한 거문고의 가락.

17. 落花流水 (　　　　　)
떨어지는 꽃과 흐르는 물. 가는 봄의 경치.

18. 南船北馬 (　　　　　)
중국의 지형이, 남쪽은 강이 많아서 배를 이용하고 북쪽은 산과 사막이 많아서 말을 이용함.

19. 大材小用 (　　　　　)
큰 재목이 작게 쓰임. 큰 재목은 큰일에 쓰여야 함.

20. 德本財末 (　　　　　)
사람이 살아가는 데 덕이 근본이고, 재물은 사소한 것임.

21. 讀書三到 (　　　　　)
독서를 하는 세 가지 방법. 입으로 다른 말을 아니 하는 구도(口到), 눈으로 다른 것을 보지 않고 책만 잘 보는 안도(眼到), 마음 속에 깊이 새기는 심도(心到).

22. 同心同德 (　　　　　)
일치단결된 마음.

23. 萬不成說 (　　　　　)
모든 것이 말이 되지 않음. ≒어불성설(語不成說).

24. 無不通知 (　　　　　)
무슨 일이든지 환히 통하여 모르는 것이 없음.

♣ 다음 한자성어(漢字成語)의 독음(讀音)을 쓰시오.   ▶정답은 230쪽

1. 無比一色 (   )
견줄 데가 없는 오직 하나의 미모. 미인. ≒경국지색(傾國之色).

2. 百年言約 (   )
평생을 같이 지낼 것을 굳게 다짐하는 언약.

3. 白首北面 (   )
재주와 덕이 없는 사람은 늙어서도 북쪽을 향하여 스승의 가르침을 받아야 마땅함. 배움에는 나이 제한이 없으므로 백발의 노인이 되어서도 배워야 함.

4. 別無長物 (   )
필요한 것 이외에는 갖지 않음. 물욕이 없는 검소한 생활.

5. 北窓三友 (   )
거문고·술·시(詩)를 말함.

6. 不可救藥 (   )
치료약을 구할 수 없음. 일을 만회할 수 없을 지경에 달하였음.

7. 時不可失 (   )
때를 잃어버리면 안 됨. 좋은 기회는 한번 지나가면 다시 잡기가 어려움.

8. 十年寒窓 (   )
십년 동안 사람이 오지 않아 쓸쓸한 창문. ≒두문불출(杜門不出).

9. 惡衣惡食 (   )
너절하고 조잡한 옷을 입고 맛없는 음식을 먹음, 또는 그 옷이나 음식.

10. 約法三章 (   )
한나라 고조가 진나라 군사를 격파하고 함양에 들어가서 지방의 유력자들과 약속한 세 조항의 법. 사람을 살해한 자는 사형에 처하고, 사람을 상해하거나 남의 물건을 훔친 자는 처벌하며, 그 밖의 진나라 법을 폐지한다는 내용.

11. 雲心月性 (   )
구름 같은 마음과 달 같은 성품. 맑고 깨끗하여 욕심이 없음.

12. 月下氷人 (   )
남녀의 결혼 중매를 하는 사람. ≒월하노인(月下老人).

13. 以火救火 (   )
불로써 불을 끄려 함. 일을 처리함에 있어서 오히려 사태를 더욱 악화시킴.

14. 一字無識 (   )
한 글자도 알지 못함. ≒일문부지(一文不知).

15. 一發必中 (   )
한번 쏘아 반드시 맞춤.

16. 一葉小船 (   )
물 위에 떠있는 잎사귀 하나처럼 작은 배.

17. 一葉知秋 (   )
하나의 나뭇잎을 보고 가을이 옴을 앎. 조그마한 일을 가지고 장차 올 일을 미리 짐작함.

18. 紙上兵談 (   )
종이 위에서 펼치는 용병의 이야기.

19. 千歲一時 (   )
천년에 한번 올까 말까한 한번의 때.

20. 春秋筆法 (   )
공자가 엮은 역사책 『춘추』의 기록 방법. 대의명분을 밝히어 세우는 역사 사건에 대한 비판적이고 엄정한 필법.

21. 七落八落 (   )
일곱이 떨어지거나 여덟이 떨어짐.

22. 黃口小兒 (   )
부리가 누런 새 새끼 같은 어린아이. 철없이 미숙한 사람을 낮잡아 이르는 말.

【정답】 - 한자성어 독음 쓰기

▶ 224쪽

1.가전용품 2.가정교육 3.가정학습 4.견문일치
5.견물생심 6.결사반대 7.고전문학 8.고정관념
9.고정불변 10.공정거래 11.과실치사 12.관광안내
13.교우이신 14.교통안전 15.교학상장 16.구사일생
17.국민연금 18.국토개발 19.금시초문 20.남녀노소
21.남해대교 22.능소능대 23.다재다능 24.다정다감
25.대량생산

▶ 225쪽

1.대서특필 2.도로교통 3.독립만세 4.동문서답
5.동화작가 6.동화작용 7.마이동풍 8.만고불변
9.무남독녀 10.무사통과 11.무소부지 12.문일지십
13.백과사전 14.백년하청 15.봉사활동 16.부전자전
17.불문가지 18.불문곡직 19.불요불급 20.사농공상
21.사사건건 22.사실무근 23.사유종시 24.사친이효
25.산천초목

▶ 226쪽

1.삼한사온 2.생면부지 3.생산공장 4.선거집회
5.선남선녀 6.선사시대 7.세계평화 8.세상만사
9.속전속결 10.숙원사업 11.시민공원 12.시장선거
13.시조백일장 14.신용사회 15.십년지기 16.십중팔구
17.안분지족 18.양약고구 19.어불성설 20.억만장자
21.언행일치 22.여행안내 23.연말연시

▶ 227쪽

1.영재교육 2.운수불길 3.유구무언 4.유만부동
5.유명무실 6.육해공군 7.이목구비 8.이실직고
9.이심전심 10.인상착의 11.일거일동 12.일조일석
13.일치단결 14.입춘대길 15.자급자족 16.자수성가
17.조령석개 18.전래동화 19.전무후무 20.전시효과
21.전지전능 22.조변석개 23.지행일치 24.지행합일
25.천군만마 26.천변만화 27.천재지변

▶ 228쪽

1.청산별곡 2.청산유수 3.초등학교 4.추풍낙엽
5.춘하추동 6.친절봉사 7.타산지석 8.특별활동
9.패가망신 10.평가절하 11.한랭전선 12.해수욕장
13.행동거지 14.행운유수 15.효행소년 16.고산유수
17.낙화유수 18.남선북마 19.대재소용 20.덕본재말
21.독서삼도 22.동심동덕 23.만불성설 24.무불통지

▶ 229쪽

1.무비일색 2.백년언약 3.백수북면 4.별무장물
5.북창삼우 6.불가구약 7.시불가실 8.십년한창
9.악의악식 10.약법삼장 11.운심월성 12.월하빙인
13.이화구화 14.일자무식 15.일발필중 16.일엽소선
17.일엽지추 18.지상병담 19.천세일시 20.춘추필법
21.칠락팔락 22.황구소아

활용(活用) 학습

- 5급Ⅱ 예상문제 (5회분)
- 5급 예상문제 (10회분)

제 1회 한자능력검정시험 5급 II 예상문제

(시험시간 : 50분. 시험문항 : 100문제. 합격문항 : 70문제이상) 성명 _____

1. 다음 漢字語의 讀音을 쓰시오.(1~35)

(1) 價格   (2) 所望
(3) 家庭   (4) 族長
(5) 舊式   (6) 愛讀者
(7) 力不足   (8) 見物生心
(9) 敬老   (10) 計算
(11) 公約   (12) 廣告
(13) 觀光   (14) 敎育
(15) 新鮮   (16) 國家
(17) 參席   (18) 死角
(19) 集中   (20) 南北
(21) 美術   (22) 勞動
(23) 勞使   (24) 農事
(25) 對話   (26) 道路
(27) 獨立   (28) 東問西答
(29) 先任   (30) 每日
(31) 名山   (32) 念頭
(33) 物價   (34) 方向
(35) 種類

2. 다음 漢字의 訓과 音을 쓰시오.(36~58)

(36) 號   (37) 化
(38) 心   (39) 書
(40) 發   (41) 淸
(42) 病   (43) 父
(44) 法   (45) 商
(46) 山   (47) 下
(48) 活   (49) 信
(50) 明   (51) 效
(52) 足   (53) 傳
(54) 村   (55) 幸
(56) 相   (57) 事
(58) 對

3. 다음 漢字와 뜻이 反對 또는 相對되는 漢字를 쓰시오.(59~61)

(59) 多 - (   )   (60) (   ) - 足
(61) 祖 - (   )

4. 다음 (   )속에 들어갈 알맞은 漢字를 【예】에서 찾아 그 번호를 쓰시오.(62~65)

【예】 ① 日 ② 不 ③ 長 ④ 口 ⑤ 成
      ⑥ 民 ⑦ 休 ⑧ 便 ⑨ 庭

(62) 一(   )二言   (63) 市(   )公園
(64) 一(   )一短   (65) 家(   )敎育

5. 다음 漢字와 뜻이 같거나 비슷한 漢字를 (   )속에 넣어 漢字語를 만드시오.(66~68)

(66) 衣(   )   (67) 敎(   )
(68) (   )式

6. 다음 漢字와 소리는 같으나, 뜻이 다른 漢字語를 쓰시오.(69~71)

(69) 童心. (   ) - 너와 나는 **동심**이니까 마음이 잘 맞을거야.
(70) 全線. (   ) - 전기는 **전선**을 통하여 옵니다.
(71) 淸算. (   ) - 새가 **청산**에서 노래를 부릅니다.

232

7. 다음 漢字語의 뜻을 쓰시오.(72~74)

(72) 不幸

(73) 信念

(74) 主客

8. 다음 漢字의 略字를 쓰시오.(75~77)

(75) 萬   (76) 醫

(77) 號

9. 다음 單語를 漢字로 쓰시오.(78~97)

(78) 국군(우리나라의 군대)

(79) 가수(노래 부르는 일을 직업으로 삼는 사람)

(80) 선생(학생을 가르치는 사람)

(81) 부모(나를 낳아주신 사람)

(82) 불신(남이 하는 것을 믿지 않음)

(83) 수목(물과 나무)

(84) 서당(글을 배우는 곳)

(85) 직각(90°로 이루어진 각)

(86) 계산(수량이나 돈 등을 헤아림)

(87) 광명(밝은 빛)

(88) 대신(남의 일을 대행하는 것)

(89) 요산요수(산을 좋아하고 물을 좋아함)

(90) 주소(생활의 근거가 되는 곳)

(91) 동풍(동쪽에서 부는 바람)

(92) 좌우(왼쪽과 오른쪽)

(93) 부족(넉넉하지 않음)

(94) 남북(남쪽과 북쪽)

(95) 공명정대(바르고 분명하고 떳떳함)

(96) 공생(함께 같이 살아감)

(97) 고급(높은 등급)

10. 다음 漢字의 필순에 대한 물음에 답하시오.(98~100)

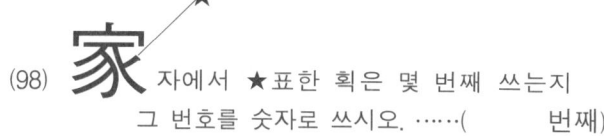
(98) 家 자에서 ★표한 획은 몇 번째 쓰는지 그 번호를 숫자로 쓰시오. ……(번째)

(99) 老 자에서 ★표한 획은 몇 번째 쓰는지 그 번호를 숫자로 쓰시오. ……(번째)

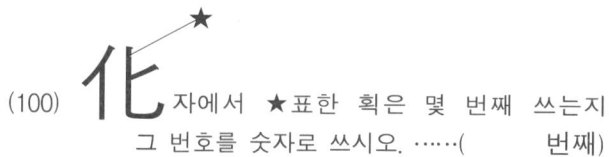
(100) 化 자에서 ★표한 획은 몇 번째 쓰는지 그 번호를 숫자로 쓰시오. ……(번째)

▶ 정답은 262쪽

제 2회 한자능력검정시험 5급II 예상문제

(시험시간 : 50분. 시험문항 : 100문제. 합격문항 : 70문제이상)   성명 _____

1. 다음 漢字語의 讀音을 쓰시오.(1~35)

(1) 分類   (2) 信念

(3) 樂團   (4) 傳記

(5) 德行   (6) 仙藥

(7) 偉業   (8) 愛民

(9) 具色   (10) 團束

(11) 幸福   (12) 親舊

(13) 旅客   (14) 德性

(15) 敎理   (16) 藥局

(17) 說明   (18) 責任

(19) 洗禮   (20) 基金

(21) 友情   (22) 商業

(23) 重千金   (24) 過失

(25) 效果   (26) 課外

(27) 告發   (28) 品質

(29) 兵卒   (30) 共感

(31) 責望   (32) 格言

(33) 到着   (34) 服用藥

(35) 當番

2. 다음 漢字의 訓과 音을 쓰시오.(36~58)

(36) 昨   (37) 紙

(38) 待   (39) 算

(40) 林   (41) 野

(42) 席   (43) 第

(44) 仙   (45) 舊

(46) 材   (47) 束

(48) 産   (49) 球

(50) 養   (51) 奉

(52) 筆   (53) 基

(54) 雲   (55) 財

(56) 展   (57) 課

(58) 敬

3. 다음 單語를 漢字로 쓰시오.(59~78)

(59) 서체(글씨의 체)

(60) 화제(이야기 거리)

(61) 장소(어떤 일이 벌어지거나 물건이 있는 곳)

(62) 정답(옳은 답)

(63) 반성(자신을 되돌아 봄)

(64) 대립(서로 반대됨)

(65) 도장(무예 등을 연습하는 곳)

(66) 동심(어린이의 마음)

(67) 가구(집안의 식구)

(68) 신문(사회에서 일어난 일을 빨리 알리는 것)

(69) 인력거(사람의 힘으로 끄는 수레)

(70) 공간(비어있는 사이, 틈)

(71) 기수(깃발을 드는 사람)

(72) 직선(곧은 줄)

(73) 국가(나라를 대표하는 노래)

(74) 음악(노래와 연주)

(75) 회사(돈을 벌기 위해 만든 모임)

(76) 동식물(동물과 식물)

(77) 성명(성과 이름)

(78) 주민(어느 한곳에 모여 사는 사람)

4. 다음 漢字의 略字를 쓰시오.(79~81)
(79) 國   (80) 實
(81) 禮

5. 다음 漢字와 뜻이 反對 또는 相對되는 漢字를 쓰시오.(82~84)
(82) 老 - (   )   (83) 新 - (   )
(84) (   ) - 短

6. 다음 ( )속에 들어갈 漢字를 골라 그 번호를 쓰시오.(85~88)
(85) ( )畵
   ① 有   ② 子   ③ 圖   ④ 苦
(86) 不( )千里
   ① 遠   ② 入   ③ 院   ④ 外
(87) 足( )
   ① 區   ② 具   ③ 球   ④ 口
(88) 東西古( )
   ① 今   ② 金   ③ 全   ④ 念

7. 다음 漢字와 뜻이 같거나 비슷한 漢字를 ( )속에 넣어 漢字語를 만드시오.(89~91)
(89) 根(   )   (90) 永(   )
(91) 樹(   )

8. 다음 漢字語와 소리는 같으나, 뜻이 다른 漢字語를 쓰시오.(92~94)
(92) 古典. (   ) - 몹시 힘들고 괴로운 싸움.
(93) 空洞. (   ) - 둘 이상의 사람이나 단체가 같은 자격으로 관계를 맺음.
(94) 全面. (   ) - 앞 면. 앞쪽.

9. 다음 漢字의 필순에 대한 물음에 답하시오.(95~97)

(95) 度 자에서 ★표한 획은 몇 번째 쓰는지 그 번호를 고르시오. ……(   )
   ① 두번째   ② 세번째
   ③ 일곱번째   ④ 여덟번째

(96) 生 자에서 ★표한 획은 몇 번째 쓰는지 그 번호를 고르시오. ……(   )
   ① 첫번째   ② 두번째
   ③ 네번째   ④ 다섯번째

(97) 市 자에서 ★표한 획은 몇 번째 쓰는지 그 번호를 고르시오. …(   )
   ① 첫번째   ② 두번째
   ③ 네번째   ④ 다섯번째

10. 다음 漢字語의 뜻을 쓰시오.(98~100)
(98) 開花
(99) 區分
(100) 朗讀

▶ 정답은 262쪽

제3회 한자능력검정시험 5급Ⅱ 예상문제

(시험시간 : 50분. 시험문항 : 100문제. 합격문항 : 70문제이상) 성명 _____

1. 다음 漢字語의 讀音을 쓰시오.(1~35)

(1) 練習   (2) 勝利
(3) 信者   (4) 半生
(5) 校歌   (6) 共感
(7) 人和   (8) 不當
(9) 苦待   (10) 不便
(11) 作業   (12) 年歲
(13) 在學   (14) 病室
(15) 多角   (16) 幸運
(17) 所用   (18) 特別
(19) 朝會   (20) 注意
(21) 集中   (22) 形成
(23) 始祖   (24) 問安
(25) 日記   (26) 到來
(27) 車道   (28) 新鮮
(29) 飮食   (30) 失手
(31) 歷史   (32) 銀行
(33) 分明   (34) 發表
(35) 方向

2. 다음 漢字의 訓과 音을 쓰시오.(36~58)

(36) 洗   (37) 害
(38) 念   (39) 必
(40) 流   (41) 休
(42) 己   (43) 筆
(44) 參   (45) 德
(46) 體   (47) 淸
(48) 旗   (49) 束
(50) 充   (51) 典
(52) 望   (53) 番
(54) 具   (55) 凶
(56) 情   (57) 軍
(58) 號

3. 다음 單語를 漢字로 쓰시오.(59~78)

(59) 제자(스승의 가르침을 받는 사람)
(60) 외가(어머니의 친정)
(61) 농림(농업과 임업)
(62) 남해(남쪽에 있는 바다)
(63) 풍문(떠도는 소문)
(64) 기색(낌새)
(65) 교가(학교의 노래)
(66) 수기(체험을 손으로 직접 기록한 글)
(67) 정답(올바른 대답)
(68) 내년(오는 해, 곧 올해의 다음 해)
(69) 소유(가지고 있는 것)
(70) 부모(아버지와 어머니)
(71) 매사(늘 하는 일)
(72) 초목(풀과 나무)
(73) 백설(흰 눈)
(74) 남녀(남자와 여자)
(75) 만물(만가지 물건, 곧 온갖 사물)
(76) 공부(학문을 배움)
(77) 읍내(고을 안)
(78) 시민(도시에 사는 사람)

4. 다음 漢字語의 뜻을 쓰시오.(79~81)

(79) 公告

(80) 名畵

(81) 信念

5. 다음 漢字의 略字를 쓰시오.(82~84)

(82) 價   (83) 氣

(84) 圖

6. 다음 漢字와 뜻이 反對 또는 相對되는 漢字를 쓰시오.(85~87)

(85) (   ) - 夕   (86) (   ) - 秋

(87) (   ) - 過

7. 다음 ( )속에 들어갈 漢字를 골라 그 번호를 쓰시오.(88~91)

(88) 그럼 그럼, (   )然한 말씀이지!
　　　① 當　② 堂　③ 光　④ 先

(89) 우리 학교의 (   )訓을 생각해보자.
　　　① 敎　② 校　③ 家　④ 級

(90) 선화 公(   )님!
　　　① 州　② 注　③ 主　④ 住

(91) 그 친구와 나는 友(   )이 두텁다.
　　　① 正　② 庭　③ 情　④ 定

8. 다음 漢字와 뜻이 같거나 비슷한 漢字를 ( )속에 넣어 漢字語를 만드시오.(92~94)

(92) (   )服   (93) (   )洋

(94) (   )歲

9. 다음 漢字와 소리는 같으나, 뜻이 다른 漢字語를 쓰시오.(95~97)

(95) 下校. (   ) - 윗사람이 아랫사람에게 가르치어 보임.

(96) 國歌. (   ) - 나라.

(97) 市長. (   ) - 상품을 사고파는 장소.

10. 다음 漢字의 필순에 대한 물음에 답하시오.(98~100)

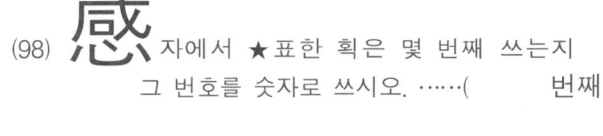
(98) 感 자에서 ★표한 획은 몇 번째 쓰는지 그 번호를 숫자로 쓰시오. ……(번째)

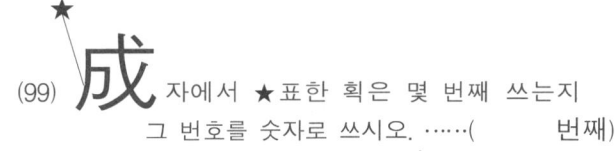
(99) 成 자에서 ★표한 획은 몇 번째 쓰는지 그 번호를 숫자로 쓰시오. ……(번째)

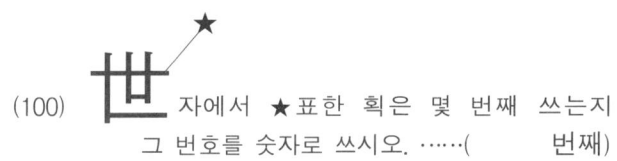
(100) 世 자에서 ★표한 획은 몇 번째 쓰는지 그 번호를 숫자로 쓰시오. ……(번째)

▶ 정답은 263쪽

제 4회 한자능력검정시험 5급II 예상문제

(시험시간 : 50분. 시험문항 : 100문제. 합격문항 : 70문제이상) 성명 _____

1. 다음 漢字語의 讀音을 쓰시오.(1~35)

(1) 不便 (2) 任命
(3) 醫術 (4) 旅客
(5) 林野 (6) 到着
(7) 變質 (8) 庭園
(9) 知識 (10) 友情
(11) 奉養 (12) 兒童
(13) 洗面 (14) 題材
(15) 格式 (16) 相關
(17) 親切 (18) 開店
(19) 約束 (20) 史觀
(21) 待望 (22) 同宿
(23) 宿題 (24) 朗讀
(25) 效能 (26) 調和
(27) 過失 (28) 以北
(29) 鮮明 (30) 失效
(31) 勞苦 (32) 見聞
(33) 性能 (34) 性急
(35) 結束

2. 다음 漢字의 訓과 音을 쓰시오.(36~58)

(36) 黃 (37) 具
(38) 要 (39) 價
(40) 獨 (41) 店
(42) 己 (43) 州
(44) 典 (45) 窓
(46) 的 (47) 例
(48) 史 (49) 雪
(50) 告 (51) 雨
(52) 雲 (53) 弱
(54) 畫 (55) 部
(56) 通 (57) 責
(58) 宅

3. 다음 漢字와 뜻이 反對 또는 相對되는 漢字를 쓰시오.(59~61)

(59) 先 - (   )   (60) (   ) - 下
(61) 利 - (   )

4. 다음 ( )속에 들어갈 알맞은 漢字를 【例예】에서 찾아 그 번호를 쓰시오.(62~65)

| 【例예】 | ① 商 | ② 同 | ③ 自 |
| | ④ 在 | ⑤ 明 | ⑥ 學 |

(62) 公(   )正大   (63) 自由自(   )
(64) 同苦(   )樂   (65) 敎(   )相長

5. 다음 漢字와 뜻이 같거나 비슷한 漢字를 ( )속에 넣어 漢字語를 만드시오.(66~68)

(66) (   )宅   (67) (   )實
(68) 兵(   )

6. 다음 漢字와 소리는 같으나, 뜻이 다른 漢字語를 쓰시오.(69~71)

(69) 苦待. (   ) - 옛 시대.
(70) 空席. (   ) - 공적인 일로 모인 자리.
(71) 校訓. (   ) - 가르치고 타이름.

7. 다음 漢字語의 뜻을 쓰시오.(72~74)

(72) 家訓

(73) 畫室

(74) 風速

8. 다음 漢字의 略字를 쓰시오.(75~77)

(75) 國   (76) 團

(77) 對

9. 다음 單語를 漢字로 쓰시오.(78~97)

(78) 행운(다행스러운 행복한 운수)

(79) 명백(밝고 흼)

(80) 반장(한 반의 우두머리)

(81) 농토(농사짓는 땅)

(82) 도서실(책을 보관하고 열람할 수 있게 한 방)

(83) 신입생(새로 입학한 학생)

(84) 공생(같이 삶)

(85) 고급(높은 등급)

(86) 육성(길러서 자라게 함)

(87) 불리(이롭지 않음)

(88) 편리(편하고 이로움, 또는 간단하고 쉬움)

(89) 반백년(백년의 반. 50년)

(90) 방출(쫓아 내보냄)

(91) 안락(몸과 마음이 즐겁고 편안함)

(92) 방출(쫓아냄. 놓아줌. 내버림)

(93) 동심(어린 마음)

(94) 삼팔선(우리나라 38°를 기준으로 남북을 갈라놓은 선)

(95) 명월(밝은 달)

(96) 발명(없던 것을 만들어냄)

(97) 방화(불을 놓음. 불을 지름)

10. 다음 漢字의 필순에 대한 물음에 답하시오.(98~100)

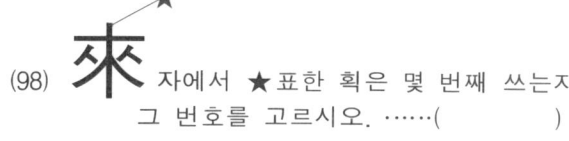

(98) 來 자에서 ★표한 획은 몇 번째 쓰는지 그 번호를 고르시오. ……(   )

① 두번째   ② 여섯번째
③ 일곱번째   ④ 여덟번째

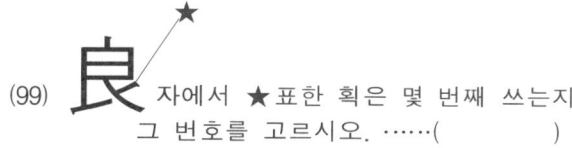

(99) 良 자에서 ★표한 획은 몇 번째 쓰는지 그 번호를 고르시오. ……(   )

① 첫번째   ② 다섯번째
③ 여섯번째   ④ 일곱번째

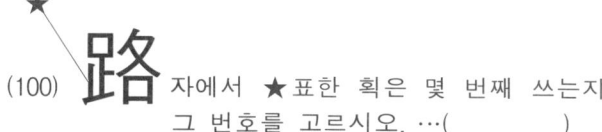

(100) 路 자에서 ★표한 획은 몇 번째 쓰는지 그 번호를 고르시오. …(   )

① 네번째   ② 다섯번째
③ 여섯번째   ④ 일곱번째

▶ 정답은 263쪽

제 5회 한자능력검정시험 5급Ⅱ 예상문제

(시험시간 : 50분. 시험문항 : 100문제. 합격문항 : 70문제이상) 성명 _____

1. 다음 漢字語의 讀音을 쓰시오.(1~35)

(1) 敎養   (2) 晝夜

(3) 功德   (4) 價格表

(5) 陸地   (6) 運命

(7) 速度   (8) 來週

(9) 傳來   (10) 展望

(11) 不動産 (12) 當然

(13) 題目   (14) 綠地

(15) 惡漢   (16) 行樂

(17) 祖上   (18) 充當

(19) 發信   (20) 度數

(21) 一首   (22) 特席

(23) 會食   (24) 種類

(25) 雲集   (26) 米飮

(27) 車窓   (28) 班長

(29) 變化   (30) 樂山樂水

(31) 風樂   (32) 德分

(33) 人心   (34) 形便

(35) 凶惡

2. 다음 漢字의 訓과 音을 쓰시오.(36~58)

(36) 昨   (37) 現

(38) 野   (39) 筆

(40) 林   (41) 算

(42) 童   (43) 高

(44) 美   (45) 席

(46) 愛   (47) 獨

(48) 强   (49) 任

(50) 元   (51) 雲

(52) 財   (53) 敬

(54) 仙   (55) 週

(56) 偉   (57) 知

(58) 後

3. 다음 單語를 漢字로 쓰시오.(59~78)

(59) 화제(이야깃거리)

(60) 국군(나라의 군대)

(61) 반성(스스로를 돌이켜 살핌)

(62) 대립(서로 반대 됨)

(63) 동심(어린이의 마음)

(64) 성장(자라서 커감)

(65) 신화(신들의 이야기)

(66) 노인(늙은 사람)

(67) 춘추(봄과 가을)

(68) 대문(큰 문)

(69) 용기(씩씩하고 굳센 기운)

(70) 산촌(산속에 있는 마을)

(71) 화초(꽃이 피는 풀)

(72) 민의(백성들의 생각. 뜻)

(73) 작문(지은 글, 또는 글을 지음)

(74) 선생(남을 가르치는 사람)

(75) 부모(아버지와 어머니)

(76) 안전(위험하지 않음)

(77) 문제(해답이 필요한 물음)

(78) 상하(위와 아래)

4. 다음 漢字와 뜻이 反對 또는 相對되는 漢字를 쓰시오.(79~81)

(79) 晝 - (　　)　　(80) 陸 - (　　)

(81) (　　) - 弱

5. 다음 (　) 속에 들어갈 알맞은 漢字를 【例예】에서 찾아 그 번호를 쓰시오.(82~85)

| 【例예】 | ① 在 | ② 活 | ③ 心 |
| | ④ 月 | ⑤ 明 | ⑥ 族 |

(82) 白衣民(　　)　　(83) 人命(　　)天

(84) 淸風明(　　)　　(85) 作(　　)三日

6. 다음 漢字와 뜻이 같거나 비슷한 漢字를 골라 그 번호를 쓰시오.(86~88)

(86) (　　)算
　　① 書　② 計　③ 養　④ 産

(87) (　　)木
　　① 實　② 目　③ 水　④ 樹

(88) (　　)體
　　① 白　② 身　③ 目　④ 命

7. 다음 漢字와 음이 같은 漢字를 골라 그 번호를 쓰시오.(89~91)

(89) 道 - (　　)
　　① 登　② 度　③ 獨　④ 産

(90) 敬 - (　　)
　　① 結　② 目　③ 京　④ 建

(91) 電 - (　　)
　　① 傳　② 線　③ 良　④ 店

8. 다음 漢字語의 뜻을 쓰시오.(92~94)

(92) 夏服

(93) 正直

(94) 利害

9. 다음 漢字의 略字를 쓰시오.(95~97)

(95) 發　　　　　　(96) 區

(97) 體

10. 다음 漢字의 필순에 대한 물음에 답하시오.(98~100)

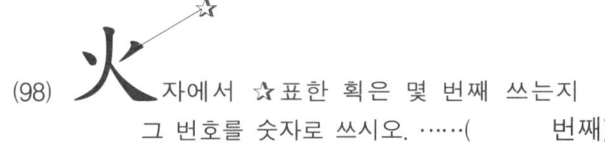
(98) 火 자에서 ☆표한 획은 몇 번째 쓰는지 그 번호를 숫자로 쓰시오. ……(　　번째)

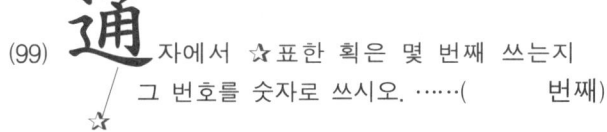
(99) 通 자에서 ☆표한 획은 몇 번째 쓰는지 그 번호를 숫자로 쓰시오. ……(　　번째)

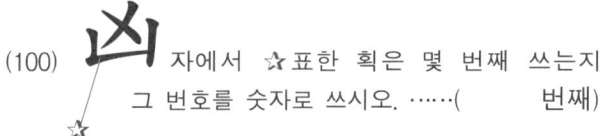
(100) 凶 자에서 ☆표한 획은 몇 번째 쓰는지 그 번호를 숫자로 쓰시오. ……(　　번째)

▶ 정답은 264쪽

제1회 한자능력검정시험 5급 예상문제

(시험시간 : 50분. 시험문항 : 100문제. 합격문항 : 70문제이상) 성명 ＿＿＿＿＿＿＿

1. 다음 漢字語의 讀音을 쓰시오.(1~35)

   (1) 加速   (2) 團體

   (3) 觀光   (4) 鐵路

   (5) 過去   (6) 德行

   (7) 價格   (8) 最古

   (9) 技術   (10) 相對

   (11) 改良   (12) 秋夕

   (13) 新聞   (14) 敗亡

   (15) 責任   (16) 卓球

   (17) 氣質   (18) 惡德

   (19) 順位   (20) 結末

   (21) 合唱   (22) 實事

   (23) 順序   (24) 藥局

   (25) 競馬   (26) 無罪

   (27) 戰船   (28) 原因

   (29) 通關   (30) 終末

   (31) 景致   (32) 生産性

   (33) 電話局   (34) 白頭山

   (35) 科學者

2. 다음 漢字의 訓과 音을 쓰시오.(36~58)

   (36) 凶   (37) 許

   (38) 望   (39) 祝

   (40) 林   (41) 規

   (42) 己   (43) 火

   (44) 湖   (45) 席

   (46) 角   (47) 奉

   (48) 談   (49) 知

   (50) 樹   (51) 識

   (52) 財   (53) 敬

   (54) 基   (55) 開

   (56) 歲   (57) 屋

   (58) 理

3. 다음 單語를 漢字로 쓰시오.(59~78)

   (59) 승리(싸워서 이김)

   (60) 직선(곧은 선)

   (61) 석유(땔감으로 쓰는 기름)

   (62) 정원(집안의 뜰)

   (63) 소화(불을 끔)

   (64) 고산(높은 산)

   (65) 동풍(동쪽에서 부는 바람)

   (66) 세계(온 세상)

   (67) 애국(나라를 사랑함)

   (68) 명월(밝은 달)

   (69) 남녀(남자와 여자)

   (70) 산촌(산 속에 있는 마을)

   (71) 행동(몸을 움직임)

   (72) 영재(똑똑하고 재능이 있는 사람)

   (73) 시계(시간을 볼 수 있는 기계)

   (74) 문답(묻고 대답함)

   (75) 자습(혼자서 공부하여 익힘)

   (76) 안전(위험하지 않음)

   (77) 부친(아버지)

   (78) 교훈(학교의 가르침을 나타낸 표어)

4. 다음 漢字와 뜻이 反對 또는 相對되는
   漢字를 쓰시오.(79~81)
   (79) (   ) - 舊   (80) 曲 - (   )
   (81) (   ) - 敗

5. 다음 ( )속에 들어갈 알맞은 漢字를 【例예】에서
   찾아 그 번호를 쓰시오.(82~85)

【例예】	① 傳	② 庭	③ 給	④ 夏
	⑤ 口	⑥ 求	⑦ 定	⑧ 下

   (82) 以心(   )心   (83) 家(   )教育
   (84) 有(   )無言   (85) 春(   )秋冬

6. 다음 漢字와 뜻이 같거나 비슷한 漢字를
   골라 그 번호를 쓰시오.(86~88)
   (86) (   )歲
        ① 說   ② 洗   ③ 年   ④ 日
   (87) 法(   )
        ① 漢   ② 式   ③ 注   ④ 公
   (88) (   )初
        ① 始   ② 代   ③ 草   ④ 寸

7. 다음 漢字와 음이 같은 漢字를 골라
   그 번호를 쓰시오.(89~91)
   (89) 首(   )
        ① 示   ② 數   ③ 書   ④ 所
   (90) 雨(   )
        ① 五   ② 氷   ③ 友   ④ 洋
   (91) 勞(   )
        ① 老   ② 利   ③ 科   ④ 流

8. 다음 漢字語의 뜻을 쓰시오.(92~94)
   (92) 文章
   (93) 住民
   (94) 見學

9. 다음 漢字의 略字를 쓰시오.(95~97)
   (95) 學   (96) 萬
   (97) 區

10. 다음 漢字의 필순에 대한 물음에
    답하시오.(98~100)

    (98) 料 자에서 ★표한 획은 몇 번째 쓰는지
         그 번호를 고르시오. ……(   )
         ① 두번째   ② 세번째
         ③ 일곱번째   ④ 여덟번째

    (99) 旅 자에서 ★표한 획은 몇 번째 쓰는지
         그 번호를 고르시오. ……(   )
         ① 일곱번째   ② 여덟번째
         ③ 아홉번째   ④ 열번째

    (100) 綠 자에서 ★표한 획은 몇 번째 쓰는지
          그 번호를 고르시오. …(   )
          ① 네번째   ② 다섯번째
          ③ 여섯번째   ④ 일곱번째

    ▶ 정답은 265쪽

제 2회 한자능력검정시험 5급 예상문제

(시험시간 : 50분. 시험문항 : 100문제. 합격문항 : 70문제이상) 성명 _____

1. 다음 漢字語의 讀音을 쓰시오.(1~35)
 (1) 赤道
 (2) 孝行
 (3) 觀光
 (4) 鮮明
 (5) 規約
 (6) 德行
 (7) 傳說
 (8) 獨島
 (9) 自然
 (10) 相對
 (11) 兒童
 (12) 黃色
 (13) 文章
 (14) 活動
 (15) 責任
 (16) 卓球
 (17) 氣質
 (18) 惡德
 (19) 子孫
 (20) 最初
 (21) 順産
 (22) 競爭
 (23) 順序
 (24) 思考
 (25) 唱法
 (26) 無罪
 (27) 交流
 (28) 原因
 (29) 通關
 (30) 品格
 (31) 景致
 (32) 注油所
 (33) 太平洋
 (34) 白頭山
 (35) 作業服

2. 다음 漢字의 訓과 音을 쓰시오.(36~58)
 (36) 局
 (37) 位
 (38) 野
 (39) 登
 (40) 必
 (41) 事
 (42) 敬
 (43) 吉
 (44) 致
 (45) 席
 (46) 愛
 (47) 陽
 (48) 談
 (49) 救
 (50) 米
 (51) 仙
 (52) 財
 (53) 充
 (54) 形
 (55) 爭
 (56) 練
 (57) 橋
 (58) 後

3. 다음 單語를 漢字로 쓰시오.(59~78)
 (59) 성명(성과 이름)
 (60) 화제(이야기 거리)
 (61) 약초(약용으로 쓰이는 풀)
 (62) 정직(바르고 곧음)
 (63) 동심(어린이의 마음)
 (64) 온기(따뜻한 기운)
 (65) 시장(물건을 사고 파는 곳)
 (66) 친애(친밀히 사랑함)
 (67) 실신(정신을 잃음)
 (68) 수목(나무)
 (69) 농토(곡식을 심는 땅)
 (70) 가훈(집안의 중심이 되는 가르침)
 (71) 음악(노래와 연주)
 (72) 시계(시간을 볼 수 있는 기계)
 (73) 외가(어머니의 친정)
 (74) 백미(흰 쌀)
 (75) 미남(잘생긴 남자)
 (76) 소문(들리는 바)
 (77) 녹지(푸른 땅)
 (78) 유리(이로움이 있음)

4. 다음 漢字와 뜻이 反對 또는 相對되는 漢字의 번호를 쓰시오.(79~81)

(79) 輕(　)
　① 文　② 今　③ 花　④ 重

(80) 始(　)
　① 健　② 門　③ 見　④ 終

(81) 遠(　)
　① 出　② 近　③ 各　④ 古

5. 다음 (　)속에 들어갈 알맞은 漢字를 【例예】에서 찾아 그 번호를 쓰시오.(82~85)

【例예】 ① 衣　② 萬　③ 聞　④ 大　⑤ 目

(82) (　)一知十　　(83) 耳(　)口鼻

(84) 白(　)民族　　(85) 家和(　)事成

6. 다음 漢字와 뜻이 같거나 비슷한 漢字를 (　)속에 넣어 漢字語를 만드시오.(86~88)

(86) (　)果　　(87) (　)話

(88) 郡(　)

7. 다음 漢字와 소리는 같으나, 뜻이 다른 漢字語를 쓰시오.(89~91)

(89) 科目. (　) - 과실 나무.

(90) 圖章. (　) - 무예를 수련하는 곳.

(91) 立席. (　) - 선돌.

8. 다음 漢字語의 뜻을 쓰시오.(92~94)

(92) 多讀

(93) 勞使

(94) 路上

9. 다음 漢字의 略字를 쓰시오.(95~97)

(95) 價　　　　　(96) 舊

(97) 區

10. 다음 漢字의 필순에 대한 물음에 답하시오.(98~100)

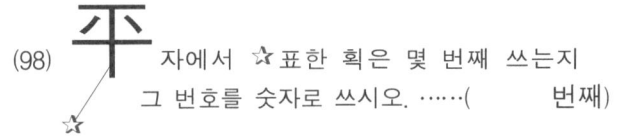

(98) 平 자에서 ☆표한 획은 몇 번째 쓰는지 그 번호를 숫자로 쓰시오. ……(　번째)

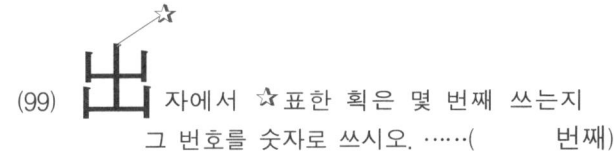

(99) 出 자에서 ☆표한 획은 몇 번째 쓰는지 그 번호를 숫자로 쓰시오. ……(　번째)

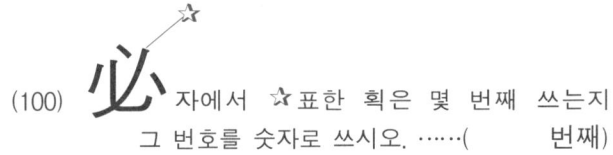

(100) 必 자에서 ☆표한 획은 몇 번째 쓰는지 그 번호를 숫자로 쓰시오. ……(　번째)

➡ 정답은 265쪽

제3회 한자능력검정시험 5급 예상문제

(시험시간 : 50분. 시험문항 : 100문제. 합격문항 : 70문제이상) 성명 _____

1. 다음 漢字語의 讀音을 쓰시오.(1~35)

(1) 農業   (2) 知能
(3) 建物   (4) 發展
(5) 植物   (6) 本部
(7) 速度   (8) 新聞
(9) 親族   (10) 所望
(11) 旅情   (12) 價格
(13) 料金   (14) 通關
(15) 責任   (16) 氣質
(17) 展示   (18) 充當
(19) 氷炭   (20) 改良
(21) 分類   (22) 商業
(23) 效果   (24) 種類
(25) 熱望   (26) 多角
(27) 亡命   (28) 信者
(29) 半生   (30) 發表
(31) 名山   (32) 方向
(33) 日記   (34) 世界化
(35) 醫藥品

2. 다음 漢字의 訓과 音을 쓰시오.(36~58)

(36) 輕   (37) 壇
(38) 課   (39) 黑
(40) 獨   (41) 量
(42) 冷   (43) 樹
(44) 仕   (45) 席
(46) 規   (47) 首
(48) 典   (49) 救
(50) 固   (51) 領
(52) 財   (53) 類
(54) 都   (55) 足
(56) 山   (57) 初
(58) 考

3. 다음 밑줄 친 單語를 漢字로 쓰시오.(59~78)

1) 우리나라의 행정구역은 <u>도·시·구·군·읍</u>·
   　　　　　　　　　　　(59) (60) (61) (62) (63)

   <u>면·동·리</u>로 구분하고 있다.
   (64)(65)(66)

2) <u>야구</u>는 <u>미국</u>에서 처음 <u>시작</u>된 <u>운동</u>이다.
   (67)   (68)   (69)   (70)

3) 길을 건널 때는 <u>전·후·좌·우</u>를 잘 살펴야 한다.
   　　　　　　　(71)(72)(73)(74)

4) <u>현재</u> 우리 <u>인간</u> <u>사회</u>는 <u>자연</u>환경의 오염으로 인해
   (75)   (76)   (77)   (78)

   많은 어려움을 겪고 있다.

4. 다음 漢字와 뜻이 反對 또는 相對되는 漢字를 쓰시오.(79~81)

(79) 問 – (　)   (80) 善 – (　)
(81) 因 – (　)

5. 다음 漢字와 뜻이 같거나 비슷한 漢字를 (　)속에 넣어 漢字語를 만드시오.(82~84)

(82) (　)宅   (83) 競(　)
(84) (　)歲

246

6. 다음 ( )속에 들어갈 알맞은 漢字를 【例예】에서
   찾아 그 번호를 쓰시오.(85~88)

【例예】	① 社	② 長	③ 行	④ 米
	⑤ 上	⑥ 通	⑦ 和	⑧ 庭

(85) 孝(　)少女　　(86) 家(　)學習

(87) 世(　)萬事　　(88) 信用(　)會

7. 다음 漢字語의 뜻을 쓰시오.(89~91)
(89) 首都

(90) 獨身

(91) 先祖

8. 다음 漢字와 소리는 같으나, 뜻이 다른
   漢字語를 쓰시오.(92~94)
(92) 入場. (　　　) - 당면하고 있는 처지.

(93) 戰線. (　　　) - 전깃줄.

(94) 戰後. (　　　) - 앞뒤.

9. 다음 漢字의 略字를 쓰시오.(95~97)
(95) 體　　　　(96) 觀

(97) 對

10. 다음 漢字의 필순에 대한 물음에
    답하시오.(98~100)

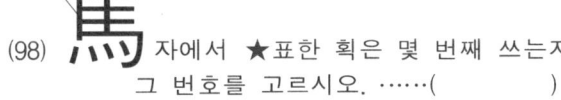

(98) 馬 자에서 ★표한 획은 몇 번째 쓰는지
　　그 번호를 고르시오. ……(　　　)

　　　① 첫번째　　　② 두번째
　　　③ 다섯번째　　④ 여섯번째

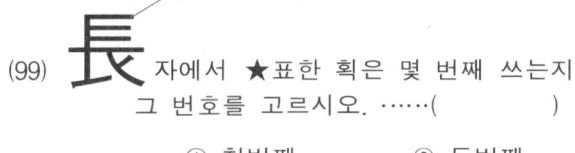

(99) 長 자에서 ★표한 획은 몇 번째 쓰는지
　　그 번호를 고르시오. ……(　　　)

　　　① 첫번째　　　② 두번째
　　　③ 네번째　　　④ 다섯번째

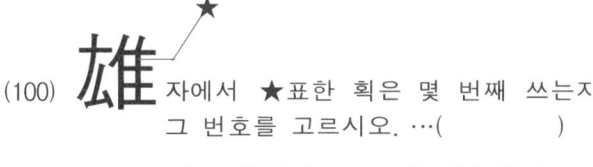

(100) 雄 자에서 ★표한 획은 몇 번째 쓰는지
　　그 번호를 고르시오. …(　　　)

　　　① 여덟번째　　② 아홉번째
　　　③ 열번째　　　④ 열한번째

▶ 정답은 266쪽

제 4회 한자능력검정시험 5급 예상문제

(시험시간 : 50분. 시험문항 : 100문제. 합격문항 : 70문제이상) 성명 _____

1. 다음 漢字語의 讀音을 쓰시오.(1~35)

(1) 戰死   (2) 可決
(3) 競技   (4) 便利
(5) 景致   (6) 材料
(7) 溫水   (8) 最高
(9) 案件   (10) 相對
(11) 靑春   (12) 時間
(13) 知識   (14) 敎室
(15) 責任   (16) 失神
(17) 家族   (18) 惡德
(19) 班長   (20) 結末
(21) 題目   (22) 反對
(23) 順序   (24) 直角
(25) 道路   (26) 無罪
(27) 夏服   (28) 形式
(29) 窓門   (30) 終末
(31) 勝敗   (32) 寒害
(33) 終局   (34) 宿題
(35) 祝福

2. 다음 漢字의 訓과 音을 쓰시오.(36~58)

(36) 湖   (37) 告
(38) 期   (39) 筆
(40) 曜   (41) 赤
(42) 寫   (43) 過
(44) 弱   (45) 打
(46) 葉   (47) 宅
(48) 談   (49) 救
(50) 浴   (51) 獨
(52) 操   (53) 敬
(54) 舊   (55) 爭
(56) 畫   (57) 屋
(58) 鼻

3. 다음 單語를 漢字로 쓰시오.(59~78)

(59) 정원(집안의 뜰)
(60) 국민(나라에 사는 백성)
(61) 감기(몸이 추워지며 기침, 콧물이 나는 병)
(62) 지하(땅속)
(63) 운동(몸을 움직이는 것)
(64) 석유(땔감으로 쓰는 기름)
(65) 춘추(봄과 가을. '나이'의 높임말)
(66) 농토(농사짓는 땅)
(67) 평화(평온하고 화목함)
(68) 발표(널리 드러내 세상에 알림)
(69) 청천(푸른 하늘)
(70) 전후(전쟁이 끝난 후)
(71) 인명(사람의 목숨)
(72) 조석(아침과 저녁)
(73) 교육(가르치고 기르는 것)
(74) 승리(싸워서 이김)
(75) 고생(괴롭고 힘드는 겪음)
(76) 서양(동양의 반대말)
(77) 친족(촌수가 가까운 겨레붙이)
(78) 신문(새로운 소식을 빨리 보도하는 정기 간행물)

4. 다음 漢字와 뜻이 反對 또는 相對되는
   漢字를 쓰시오.(79~81)
   (79) (   ) - 舊   (80) 成 - (   )
   (81) 曲 - (   )

5. 다음 ( )속에 들어갈 알맞은 漢字를 써 넣어
   四字成語를 완성하시오.(82~85)
   (82) 敗家亡(   )   (83) 利害打(   )
   (84) 百(   )事典   (85) 甘(   )利說

6. 다음 漢字와 뜻이 같거나 비슷한 漢字를
   ( )속에 넣어 漢字語를 만드시오.(86~88)
   (86) 道(   )   (87) (   )木
   (88) 談(   )

7. 다음 漢字와 音은 같으나, 뜻이 다른
   漢字語를 쓰시오.(89~91)
   (89) 主力. (   ) - 온 힘을 기울임.
   (90) 地球. (   ) - 땅의 한 구획.
   (91) 地面. (   ) - 기사나 글이 실린 종이의 면.

8. 다음 漢字語의 뜻을 쓰시오.(92~94)
   (92) 建國
   (93) 鐵橋
   (94) 消化

9. 다음 漢字의 略字를 쓰시오.(95~97)
   (95) 萬   (96) 數
   (97) 戰

10. 다음 漢字의 필순에 대한 물음에
    답하시오.(98~100)

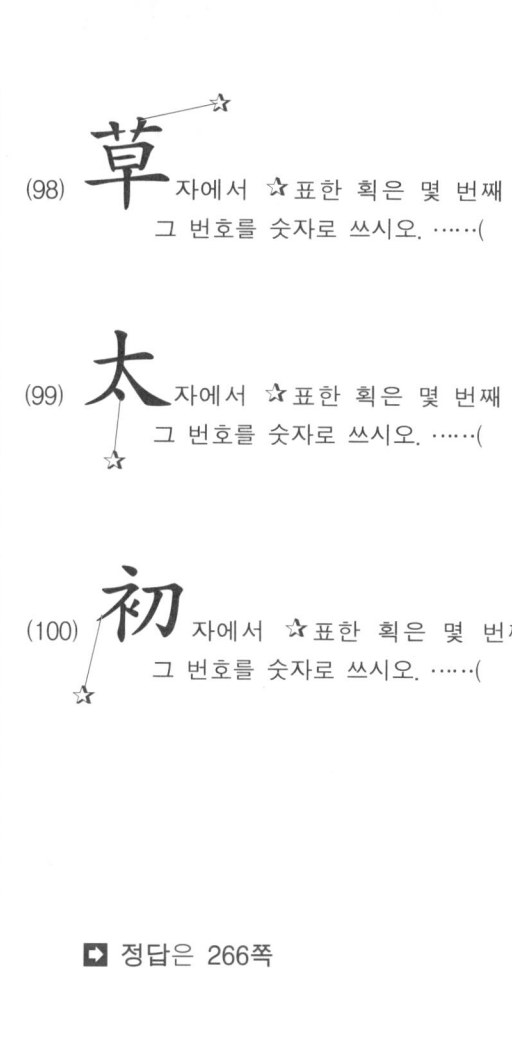

(98) 草 자에서 ☆표한 획은 몇 번째 쓰는지
     그 번호를 숫자로 쓰시오. ……(번째)

(99) 太 자에서 ☆표한 획은 몇 번째 쓰는지
     그 번호를 숫자로 쓰시오. ……(번째)

(100) 初 자에서 ☆표한 획은 몇 번째 쓰는지
      그 번호를 숫자로 쓰시오. ……(번째)

▶ 정답은 266쪽

제 5회 한자능력검정시험 5급 예상문제

(시험시간 : 50분. 시험문항 : 100문제. 합격문항 : 70문제이상) 성명 _____

1. 다음 漢字語의 讀音을 쓰시오.(1~35)

 (1) 感情   (2) 改良
 (3) 改正   (4) 曲線
 (5) 廣告   (6) 校歌
 (7) 敎室   (8) 農事
 (9) 行雲流水 (10) 道路
 (11) 讀書   (12) 東問西答
 (13) 名臣   (14) 物價
 (15) 發明   (16) 白雪
 (17) 法式   (18) 變化
 (19) 父母   (20) 氷板
 (21) 山村   (22) 商品
 (23) 書堂   (24) 世界
 (25) 手術   (26) 宿題
 (27) 新舊   (28) 實事
 (29) 安分知足 (30) 漁父之利
 (31) 練習   (32) 領海
 (33) 要約   (34) 勇氣
 (35) 運行

2. 다음 漢字의 訓과 音을 쓰시오.(36~58)

 (36) 行   (37) 利
 (38) 服   (39) 害
 (40) 命   (41) 給
 (42) 考   (43) 唱
 (44) 傳   (45) 船
 (46) 後   (47) 節
 (48) 線   (49) 寒
 (50) 識   (51) 打
 (52) 停   (53) 類
 (54) 最   (55) 祝
 (56) 卓   (57) 河
 (58) 和

3. 다음 單語를 漢字로 쓰시오.(59~78)

 (59) 군복(군대에서 입는 옷)
 (60) 편지(종이에 펜 등으로 글을 써서 보내는 것)
 (61) 분가(가족의 일부가 딴 집으로 나가서 삶)
 (62) 사장(회사의 우두머리)
 (63) 형제(형과 아우)
 (64) 화초(꽃과 풀)
 (65) 한국(우리나라의 이름)
 (66) 상의(윗옷)
 (67) 춘하추동(봄, 여름, 가을, 겨울)
 (68) 음식(마시고 먹음)
 (69) 신토불이(몸과 땅은 둘이 아님)
 (70) 장단(길고 짧음, 장점과 단점)
 (71) 수목(살아있는 나무의 총칭)
 (72) 자습(스스로 공부하는 것)
 (73) 유구무언(입이 있어도 할 말이 없음)
 (74) 은행(돈을 저축해 놓는 곳, 혹은 돈을 대출받을 수 있는 곳)
 (75) 시종(처음과 끝)
 (76) 십중팔구(열 가운데 여덟이나 아홉이 그러함)
 (77) 심신(몸과 마음)
 (78) 실내(바깥의 반대)

4. 다음 漢字와 뜻이 反對 또는 相對되는 漢字를 쓰시오.(79~81)

(79) (　) - 他　　(80) 當 - (　)

(81) 強 - (　)

5. 다음 (　)속에 들어갈 알맞은 漢字를 【例예】에서 찾아 그 번호를 쓰시오.(82~85)

【例예】	① 敗	② 考	③ 敬
	④ 物	⑤ 老	⑥ 發

(82) 見(　)生心　　(83) (　)天愛人

(84) 國土開(　)　　(85) 男女(　)少

6. 다음 漢字와 뜻이 같거나 비슷한 漢字를 (　)속에 넣어 漢字語를 만드시오.(86~88)

(86) 永(　)　　(87) 正(　)

(88) (　)初

7. 다음 漢字와 음은 같으나, 뜻이 다른 漢字를 골라 그 번호를 쓰시오.(89~91)

(89) 美(　)
　　① 末　② 味　③ 術　④ 性

(90) 實(　)
　　① 身　② 男　③ 水　④ 室

(91) 安(　)
　　① 女　② 案　③ 宇　④ 宙

8. 다음 漢字의 필순에 대한 물음에 답하시오.(92~94)

(92) 자에서 ★표한 획은 몇 번째 쓰는지 그 번호를 고르시오. ……(　)
① 네번째　　② 다섯번째
③ 여섯번째　　④ 일곱번째

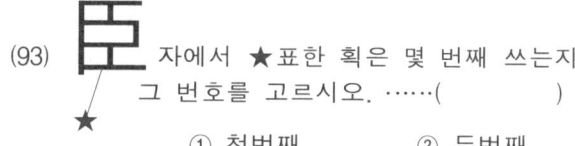

(93) 臣자에서 ★표한 획은 몇 번째 쓰는지 그 번호를 고르시오. ……(　)
① 첫번째　　② 두번째
③ 여섯번째　　④ 일곱번째

(94) 實자에서 ★표한 획은 몇 번째 쓰는지 그 번호를 고르시오. …(　)
① 네번째　　② 다섯번째
③ 여섯번째　　④ 일곱번째

9. 다음 漢字語의 뜻을 쓰시오.(95~97)

(95) 勝利

(96) 信用

(97) 市場

10. 다음 漢字의 略字를 쓰시오.(98~100)

(98) 學　　(99) 樂

(100) 團

▶ 정답은 267쪽

제 6회 한자능력검정시험 5급 예상문제

(시험시간 : 50분. 시험문항 : 100문제. 합격문항 : 70문제이상) 성명 _____

1. 다음 漢字語의 讀音을 쓰시오.(1~35)

(1) 改良   (2) 景致
(3) 校訓   (4) 給料
(5) 對話   (6) 讀書
(7) 賣買   (8) 命中
(9) 反對   (10) 停止
(11) 週末   (12) 知識
(13) 集中   (14) 再建
(15) 飮料   (16) 良心
(17) 歷史   (18) 時間
(19) 時調   (20) 性質
(21) 不問曲直 (22) 分類
(23) 文明   (24) 技術
(25) 發着   (26) 放學
(27) 都市   (28) 童心
(29) 發電   (30) 事件
(31) 父親   (32) 不和
(33) 商業   (34) 不吉
(35) 奉仕

2. 다음 漢字의 訓과 音을 쓰시오.(36~58)

(36) 決   (37) 島
(38) 湖   (39) 屋
(40) 過   (41) 失
(42) 敎   (43) 約
(44) 算   (45) 感
(46) 告   (47) 苦
(48) 板   (49) 貴
(50) 舊   (51) 吉
(52) 冷   (53) 基
(54) 者   (55) 童
(56) 讀   (57) 期
(58) 馬

3. 다음 單語를 漢字로 쓰시오.(59~78)

(59) 불원천리(천리를 멀다고 여기지 않음)
(60) 독후감(책을 읽고 난 뒤의 느낌)
(61) 미남(아름다운 남자, 잘 생긴 남자)
(62) 민심(백성들의 마음)
(63) 법전(법을 기록한 사전)
(64) 백년(100년)
(65) 용지(쓰는 종이)
(66) 산촌(산에 있는 마을)
(67) 상하(위와 아래)
(68) 불화(화목하지 않음)
(69) 서당(글 공부 하는 곳)
(70) 원근(멀고 가까움)
(71) 수상(물 위)
(72) 시민공원(시민이 모여서 이용하는 휴식공간)
(73) 실망(희망을 잃어버림)
(74) 안락(편안하고 즐거움)
(75) 금은(금과 은)
(76) 온수(따듯한 물)
(77) 영원(잠깐이 아닌 변하지 않는 긴 시간)
(78) 애국(나라를 사랑하는 것)

4. 다음 漢字와 뜻이 反對 또는 相對되는 漢字를 쓰시오.(79~81)

(79) 手 - (　　)　　(80) (　　) - 終

(81) (　　) - 冷

5. 다음 (　)속에 들어갈 알맞은 漢字를 【例예】에서 찾아 그 번호를 쓰시오.(82~85)

【例예】	① 目	② 日	③ 問	④ 聞
	⑤ 物	⑥ 水	⑦ 萬	

(82) 白(　)場大會　　(83) 類(　)不同

(84) 東(　)西答　　(85) 見(　)生心

6. 다음 漢字와 뜻이 같거나 비슷한 漢字를 (　)속에 넣어 漢字語를 만드시오.(86~88)

(86) 文(　)　　　　(87) (　)體

(88) 言(　)

7. 다음 漢字와 音이 같은 漢字를 골라 그 번호를 쓰시오.(89~91)

(89) 日(　)

　　① 二　② 溫　③ 一　④ 所

(90) 牛(　)

　　① 洋　② 首　③ 雨　④ 老

(91) 勞(　)

　　① 和　② 流　③ 科　④ 老

8. 다음 漢字의 略字를 쓰시오.(92~94)

(92) 國　　　　　(93) 區

(94) 圖

9. 다음 漢字語의 뜻을 쓰시오.(95~97)

(95) 老人

(96) 國家

(97) 見學

10. 다음 漢字의 필순에 대한 물음에 답하시오.(98~100)

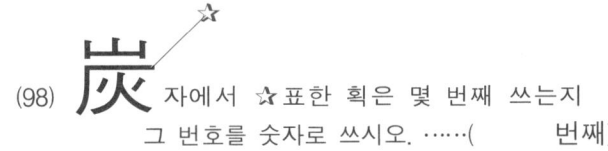

(98) 炭자에서 ☆표한 획은 몇 번째 쓰는지 그 번호를 숫자로 쓰시오. ……(　　번째)

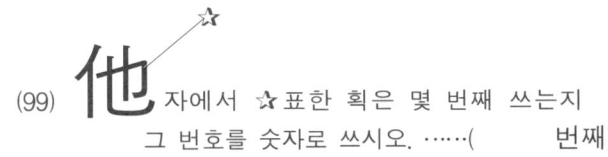

(99) 他자에서 ☆표한 획은 몇 번째 쓰는지 그 번호를 숫자로 쓰시오. ……(　　번째)

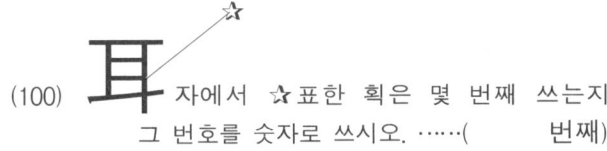

(100) 耳자에서 ☆표한 획은 몇 번째 쓰는지 그 번호를 숫자로 쓰시오. ……(　　번째)

▶ 정답은 267쪽

제 7회 한자능력검정시험 5급 예상문제

(시험시간 : 50분. 시험문항 : 100문제. 합격문항 : 70문제이상) 성명 _____

1. 다음 漢字語의 讀音을 쓰시오.(1~35)

(1) 曲直
(2) 廣告
(3) 校歌
(4) 落花
(5) 朗讀
(6) 道路
(7) 馬耳東風
(8) 門前成市
(9) 發表
(10) 白雪
(11) 病院
(12) 産災
(13) 歲月
(14) 水上
(15) 樂團
(16) 陽地
(17) 熱望
(18) 運命
(19) 利己心
(20) 人名
(21) 材料
(22) 赤十字
(23) 前無後無
(24) 節約
(25) 卒業
(26) 罪惡
(27) 主題
(28) 價格
(29) 靑年
(30) 他社
(31) 情談
(32) 春秋
(33) 集會
(34) 體操
(35) 祝歌

2. 다음 漢字의 訓과 音을 쓰시오.(36~58)

(36) 強
(37) 擧
(38) 健
(39) 建
(40) 店
(41) 決
(42) 鐵
(43) 示
(44) 內
(45) 壇
(46) 冷
(47) 貴
(48) 舊
(49) 救
(50) 者
(51) 期
(52) 化
(53) 情
(54) 德
(55) 面
(56) 倍
(57) 美
(58) 正

3. 다음 單語를 漢字로 쓰시오.(59~78)

(59) 방학(배움의 중간에 일정기간을 쉼)
(60) 화제(이야기 거리)
(61) 반대(찬성하지 않음)
(62) 외가(어머니의 친정)
(63) 발명(없었던 것을 만들어냄)
(64) 운동장(운동을 하는 장소)
(65) 사유(일의 연유, 까닭)
(66) 서양(동양의 반대)
(67) 서당(글 공부하는 곳)
(68) 음악(노래와 연주)
(69) 수중(손 가운데. 손안)
(70) 동심(어린이의 마음)
(71) 악덕(도덕에 어그러지는 나쁜 짓)
(72) 가훈(집안의 중심되는 가르침)
(73) 농토(곡식을 심는 땅)
(74) 입석(서서 가는 자리)
(75) 차선(차가 다니도록 만들어 놓은 선)
(76) 성장(자라남)
(77) 백설(흰 눈)
(78) 상석(윗자리)

4. 다음 漢字와 音이 같은 漢字를 골라 그
   번호를 쓰시오.(79~81)
   (79) 汽(　)
   　　① 能　② 吉　③ 基　④ 口
   (80) 里(　)
   　　① 理　② 林　③ 立　④ 來
   (81) 白(　)
   　　① 法　② 番　③ 放　④ 百

5. 다음 漢字語의 뜻을 쓰시오.(82~84)
   (82) 言語
   (83) 耳目口鼻
   (84) 今始初聞

6. 다음 (　)속에 들어갈 알맞은 漢字를 【例예】에서
   찾아 그 번호를 쓰시오.(85~88)

【例예】	① 見	② 現	③ 受	④ 愛
	⑤ 九	⑥ 老	⑦ 士	⑧ 土

   (85) (　)死一生　　(86) 男女(　)少
   (87) 國(　)開發　　(88) 敬天(　)人

7. 다음 漢字와 뜻이 같거나 비슷한 漢字를
   (　)속에 넣어 漢字語를 만드시오.(89~91)
   (89) 果(　)　　　(90) 君(　)
   (91) 調(　)

8. 다음 漢字와 뜻이 反對 또는 相對되는
   漢字를 쓰시오.(92~94)
   (92) 父 - (　)　　(93) 賣 - (　)
   (94) 勞 - (　)

9. 다음 漢字의 略字를 쓰시오.(95~97)
   (95) 實　　　　　(96) 畫
   (97) 發

10. 다음 漢字의 필순에 대한 물음에
    답하시오.(98~100)

    (98) 夜 자에서 ★표한 획은 몇 번째 쓰는지
    그 번호를 고르시오. ……(　)
    ① 다섯번째　② 여섯번째
    ③ 일곱번째　④ 여덟번째

    (99) 安 자에서 ★표한 획은 몇 번째 쓰는지
    그 번호를 고르시오. ……(　)
    ① 세번째　② 네번째
    ③ 다섯번째　④ 여섯번째

    (100) 身 자에서 ★표한 획은 몇 번째 쓰는지
    그 번호를 고르시오. …(　)
    ① 세번째　② 네번째
    ③ 여섯번째　④ 일곱 번째

▶ 정답은 268쪽

제8회 한자능력검정시험 5급 예상문제

(시험시간 : 50분. 시험문항 : 100문제. 합격문항 : 70문제이상) 성명 _____

1. 다음 漢字語의 讀音을 쓰시오.(1~35)

(1) 對局   (2) 家族
(3) 規則   (4) 來週
(5) 勞使   (6) 對話
(7) 獨島   (8) 東風
(9) 每日   (10) 獨善
(11) 文章   (12) 發展
(13) 方向   (14) 法典
(15) 變化   (16) 父母
(17) 父親   (18) 奉仕
(19) 相對   (20) 生産
(21) 成功   (22) 速度
(23) 孫子   (24) 樹木
(25) 善男善女 (26) 市長選擧
(27) 宿題   (28) 始終
(29) 室內   (30) 心情
(31) 能力   (32) 例事
(33) 要所   (34) 要約
(35) 安全

2. 다음 漢字의 訓과 音을 쓰시오.(36~58)

(36) 因   (37) 法
(38) 去   (39) 具
(40) 漁   (41) 言
(42) 雄   (43) 所
(44) 曜   (45) 情
(46) 習   (47) 陸
(48) 己   (49) 果
(50) 口   (51) 目
(52) 意   (53) 原
(54) 運   (55) 集
(56) 談   (57) 救
(58) 曲

3. 다음 單語를 漢字로 쓰시오.(59~78)

(59) 약소국(약하고 작은 나라)
(60) 학업(배우는 일)
(61) 유화(기름으로 그린 그림)
(62) 의견(뜻을 보임)
(63) 부재자(있지 않은 사람)
(64) 작문(글을 지음)
(65) 승전(전쟁에서 승리함)
(66) 직선(곧은 선)
(67) 목석(나무와 돌)
(68) 신용(믿음)
(69) 왕손(왕의 자손)
(70) 양지(햇빛이 드는 땅)
(71) 야학(밤에 배움)
(72) 언행(말과 행동)
(73) 사후(죽은 뒤)
(74) 입사(회사에 들어감)
(75) 사지(죽음의 땅)
(76) 문병(앓는 사람을 찾아가 위로함)
(77) 작별(헤어짐)
(78) 후자(뒤에 있는 것)

4. 다음 漢字와 뜻이 反對 또는 相對되는 漢字를 쓰시오.(79~81)

(79) 曲 - (　　)　　　(80) 始 - (　　)

(81) 內 - (　　)

5. 다음 漢字와 뜻이 같거나 비슷한 漢字를 (　)속에 넣어 漢字語를 만드시오.(82~84)

(82) (　　)遠
　　　① 近　② 衣　③ 永　④ 長

(83) 道(　　)
　　　① 路　② 足　③ 首　④ 上

(84) (　　)爭
　　　① 世　② 各　③ 競　④ 走

6. 다음 (　)속에 들어갈 알맞은 漢字를【例예】에서 찾아 그 번호를 쓰시오.(85~88)

| 【例예】 | ① 反 | ② 面 | ③ 白 | ④ 百 |
| | ⑤ 口 | ⑥ 聞 | ⑦ 長 | ⑧ 救 |

(85) 敎學相(　　)　　　(86) 良藥苦(　　)

(87) (　　)年河淸　　　(88) 白(　　)書生

7. 다음 漢字와 音이 같은 漢字를 골라 그 번호를 쓰시오.(89~91)

(89) 化(　　)
　　　① 人　② 草　③ 花　④ 參

(90) 仙(　　)
　　　① 石　② 善　③ 賞　④ 生

(91) 住(　　)
　　　① 個　② 王　③ 主　④ 行

8. 다음 漢字語의 뜻을 쓰시오.(92~94)

(92) 擧手

(93) 好惡

(94) 決死反對

9. 다음 漢字의 필순에 대한 물음에 답하시오.(95~97)

(95) 由 자에서 ☆표한 획은 몇 번째 쓰는지 그 번호를 숫자로 쓰시오. ……(　　번째)

(96) 根 자에서 ☆표한 획은 몇 번째 쓰는지 그 번호를 숫자로 쓰시오. ……(　　번째)

(97) 方 자에서 ☆표한 획은 몇 번째 쓰는지 그 번호를 숫자로 쓰시오. ……(　　번째)

10. 다음 漢字의 略字를 쓰시오.(98~100)

(98) 區　　　　　　　(99) 舊

(100) 發

▶ 정답은 268쪽

제 9 회 한자능력검정시험 5급 예상문제

(시험시간 : 50분. 시험문항 : 100문제. 합격문항 : 70문제이상)   성명 _____

1. 다음 漢字語의 讀音을 쓰시오.(1~35)

   (1) 感情   (2) 格言
   (3) 見學   (4) 結合
   (5) 擧行   (6) 童話
   (7) 同期   (8) 讀書
   (9) 交通   (10) 到來
   (11) 賣店   (12) 名藥
   (13) 無形   (14) 文章
   (15) 病室   (16) 不買運動
   (17) 氷河   (18) 商店
   (19) 社屋   (20) 商船
   (21) 選擧集會   (22) 石炭
   (23) 世上萬事   (24) 歲月
   (25) 宿願   (26) 食水
   (27) 失手   (28) 安分知足
   (29) 十中八九   (30) 信用社會
   (31) 時調   (32) 白日場
   (33) 熱病   (34) 樂山樂水
   (35) 料金

2. 다음 漢字의 訓과 音을 쓰시오.(36~58)

   (36) 力   (37) 學
   (38) 島   (39) 事
   (40) 期   (41) 浴
   (42) 氷   (43) 服
   (44) 吉   (45) 讀
   (46) 外   (47) 海
   (48) 話   (49) 獨
   (50) 宅   (51) 打
   (52) 畫   (53) 寫
   (54) 筆   (55) 給
   (56) 車   (57) 考
   (58) 告

3. 다음 單語를 漢字로 쓰시오.(59~78)

   (59) 남녀(남자와 여자)
   (60) 숫자(수를 나타내는 글자)
   (61) 용지(쓰는 종이)
   (62) 외가(어머니의 친정)
   (63) 농토(농사 짓는 땅)
   (64) 온수(따뜻한 물)
   (65) 도로(차가 다니는 곳)
   (66) 야광(밤에 빛남)
   (67) 실업(일을 잃음)
   (68) 방심(마음의 긴장을 잠시 푸는 것)
   (69) 백설(흰 눈)
   (70) 명월(밝은 달)
   (71) 신입생(새로 들어온 사람)
   (72) 습자(글을 익힘)
   (73) 불신(믿지 않음)
   (74) 인명(사람의 목숨)
   (75) 전후(전쟁이 끝난 후)
   (76) 조석(아침과 저녁)
   (77) 청천(푸른 하늘)
   (78) 발표(널리 드러내 세상에 알림)

4. 다음 漢字와 뜻이 反對 또는 相對되는
   漢字를 쓰시오.(79~81)
   (79) 本 - (　)　　(80) (　) - 近
   (81) (　) - 弱

5. 다음 (　)속에 들어갈 알맞은 漢字를 써 넣어
   四字成語를 완성하시오.(82~85)
   (82) 固(　)不變　　(83) 以實(　)告
   (84) 十(　)知己　　(85) 一葉知(　)

6. 다음 漢字와 뜻이 같거나 비슷한 漢字를
   (　)속에 넣어 漢字語를 만드시오.(86~88)
   (86) 樹(　)　　　　(87) (　)洋
   (88) 家(　)

7. 다음 漢字와 음이 같은 漢字를 골라 그
   번호를 쓰시오.(89~91)
   (89) 擧 (　)
   　　　　① 去　② 法　③ 來　④ 高
   (90) 害 (　)
   　　　　① 每　② 夕　③ 多　④ 海
   (91) 全 (　)
   　　　　① 傳　② 良　③ 玉　④ 金

8. 다음 漢字語의 뜻을 쓰시오.(92~94)
   (92) 功過
   (93) 教育
   (94) 共感

9. 아래 漢字의 필순이 바르지 않은 것을
   골라 그 번호를 쓰시오.(95~97)
   (95) ……(　)
   　① 中 ➡ 中 中 中 中
   　② 子 ➡ 子 子 子
   　③ 女 ➡ 女 女 女
   　④ 九 ➡ 九 九
   　⑤ 止 ➡ 止 止 止 止

   (96) ……(　)
   　① 水 ➡ 水 水 水 水
   　② 母 ➡ 母 母 母 母 母
   　③ 民 ➡ 民 民 民 民 民
   　④ 交 ➡ 交 交 交 交 交 交
   　⑤ 雨 ➡ 雨 雨 雨 雨 雨 雨 雨

   (97) ……(　)
   　① 左 ➡ 左 左 左 左 左
   　② 右 ➡ 右 右 右 右 右
   　③ 有 ➡ 有 有 有 有 有 有
   　④ 友 ➡ 友 友 友 友
   　⑤ 性 ➡ 性 性 性 性 性 性 性

10. 다음 漢字의 略字를 쓰시오.(98~100)
    (98) 禮　　　　　　(99) 無
    (100) 寫

    ➡ 정답은 269쪽

제10회 한자능력검정시험 5급 예상문제

(시험시간 : 50분. 시험문항 : 100문제. 합격문항 : 70문제이상) 성명 _____

1. 다음 漢字語의 讀音을 쓰시오.(1~35)

(1) 黑白 (2) 孝行
(3) 效果 (4) 患者
(5) 許可 (6) 敗亡
(7) 宅地 (8) 土地
(9) 春秋 (10) 草木
(11) 天災地變 (12) 知識
(13) 地下 (14) 前後左右
(15) 種類 (16) 自給自足
(17) 有口無言 (18) 衣服
(19) 原書 (20) 業主
(21) 夜間 (22) 歷史
(23) 英雄 (24) 旅客
(25) 億萬長者 (26) 良心
(27) 信用社會 (28) 安全
(29) 食品 (30) 失望
(31) 新舊 (32) 市民公園
(33) 時計 (34) 世界平和
(35) 洗練

2. 다음 漢字의 訓과 音을 쓰시오.(36~58)

(36) 先 (37) 洗
(38) 速 (39) 相
(40) 明 (41) 仙
(42) 史 (43) 使
(44) 金 (45) 要
(46) 界 (47) 爭
(48) 野 (49) 利
(50) 産 (51) 貴
(52) 弱 (53) 打
(54) 全 (55) 安
(56) 心 (57) 藥
(58) 地

3. 다음 單語를 漢字로 쓰시오.(59~78)

(59) 휴교(학교가 쉼)
(60) 의복(옷)
(61) 신문(새로운 소식을 빨리 보도하는 정기 간행물)
(62) 지하(땅 속)
(63) 시계(시간을 알려주는 기계)
(64) 식목일(나무 심는 날)
(65) 실신(정신을 잃어버림)
(66) 안심(마음이 편안함)
(67) 식음(먹고 마심)
(68) 선생(남을 가르치는 사람)
(69) 백의민족(흰옷을 즐겨 입는 우리 민족을 이름)
(70) 신자(믿는 사람)
(71) 명산(이름난 산)
(72) 추석(한가위. 가을 저녁)
(73) 동족(같은 민족)
(74) 등산(산에 오름)
(75) 고생(괴롭고 힘드는 격음)
(76) 평화(평온하고 화목함)
(77) 어장(고기잡이를 하는 곳)
(78) 국민(한 나라를 구성하는 백성들)

4. 다음 漢字와 뜻이 反對 또는 相對되는 漢字를 쓰시오.(79~81)

(79) (   ) - 着   (80) 氷 - (   )

(81) 因 - (   )

5. 다음 (   )속에 들어갈 알맞은 漢字를 써 넣어 四字成語를 완성하시오.(82~85)

(82) (   )路交通   (83) 東(   )西答

(84) (   )前成市   (85) (   )變夕改

6. 다음 漢字와 뜻이 같거나 비슷한 漢字를 골라 그 번호를 쓰시오.(86~88)

(86) (   )屋
　　① 主 ② 客 ③ 家 ④ 族

(87) 江(   )
　　① 山 ② 河 ③ 强 ④ 羊

(88) 意(   )
　　① 方 ② 放 ③ 思 ④ 百

7. 다음 漢字와 소리는 같으나, 뜻이 다른 漢字를 골라 그 번호를 쓰시오.(89~91)

(89) 文(   )
　　① 間 ② 聞 ③ 無 ④ 有

(90) 公(   )
　　① 江 ② 山 ③ 工 ④ 夫

(91) 正(   )
　　① 不 ② 自 ③ 情 ④ 讀

8. 다음 漢字語의 뜻을 쓰시오.(92~94)

(92) 古今

(93) 同姓

(94) 到着

9. 다음 漢字의 필순에 대한 물음에 답하시오.(95~97)

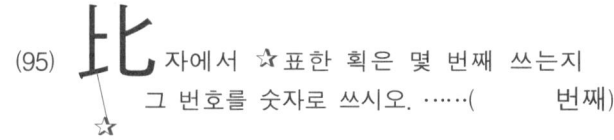

(95) 比 자에서 ☆표한 획은 몇 번째 쓰는지 그 번호를 숫자로 쓰시오. ……(번째)

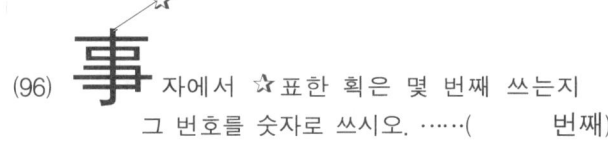

(96) 事 자에서 ☆표한 획은 몇 번째 쓰는지 그 번호를 숫자로 쓰시오. ……(번째)

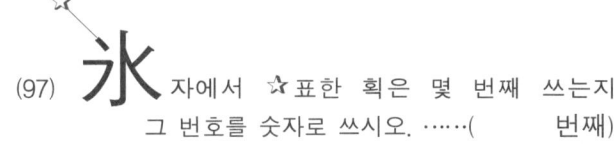

(97) 氷 자에서 ☆표한 획은 몇 번째 쓰는지 그 번호를 숫자로 쓰시오. ……(번째)

10. 다음 漢字의 略字를 쓰시오.(98~100)

(98) 萬   (99) 醫

(100) 會

▶ 정답은 269쪽

【5급Ⅱ 예상문제 정답】

〈제1회〉

(1)가격 (2)소망 (3)가정
(4)족장 (5)구식 (6)애독자
(7)역부족 (8)견물생심 (9)경로
(10)계산 (11)공약 (12)광고
(13)관광 (14)교육 (15)신선
(16)국가 (17)참석 (18)사각
(19)집중 (20)남북 (21)미술
(22)노동 (23)노사 (24)농사
(25)대화 (26)도로 (27)독립
(28)동문서답 (29)선임 (30)매일
(31)명산 (32)염두 (33)물가
(34)방향 (35)종류

(36)이름 호 (37)될 화
(38)마음 심 (39)글 서
(40)필 발 (41)맑을 청
(42)병 병 (43)아비 부
(44)법 법 (45)장사 상
(46)메 산 (47)아래 하
(48)살 활 (49)믿을 신
(50)밝을 명 (51)본받을 효
(52)발 족 (53)전할 전
(54)마을 촌 (55)다행 행
(56)서로 상 (57)일 사
(58)대할 대

(59)少 (60)手 (61)孫

(62)④ (63)⑥ (64)③ (65)⑨

(66)服 (67)訓 (68)法

(69)同心 (70)電線 (71)靑山

(72)행복하지 않음
(73)굳게 믿는 마음
(74)주인과 손님

(75)万 (76)医 (77)号
(78)國軍 (79)歌手 (80)先生
(81)父母 (82)不信 (83)水木
(84)書堂 (85)直角 (86)計算
(87)光明 (88)代身 (89)樂山樂水
(90)住所 (91)東風 (92)左右
(93)不足 (94)南北 (95)公明正大
(96)共生 (97)高級

(98) 9 (99) 5 (100) 4

〈제2회〉

(1)분류 (2)신념 (3)악단
(4)전기 (5)덕행 (6)선약
(7)위업 (8)애민 (9)구색
(10)단속 (11)행복 (12)친구
(13)여객 (14)덕성 (15)교리
(16)약국 (17)설명 (18)책임
(19)세례 (20)기금 (21)우정
(22)상업 (23)중천금 (24)과실
(25)효과 (26)과외 (27)고발
(28)품질 (29)병졸 (30)공감
(31)책망 (32)격언 (33)도착
(34)복용약 (35)당번

(36)어제 작 (37)종이 지
(38)기다릴 대 (39)셈 산
(40)수풀 림 (41)들 야
(42)자리 석 (43)차례 제
(44)신선 선 (45)예 구
(46)재목 재 (47)묶을 속
(48)낳을 산 (49)공 구
(50)기를 양 (51)받들 봉
(52)붓 필 (53)터 기
(54)구름 운 (55)재물 재
(56)펼 전 (57)공부할 과
(58)공경 경

(59)書體 (60)話題 (61)場所
(62)正答 (63)反省 (64)對立
(65)道場 (66)童心 (67)衣服
(68)新聞 (69)人力車 (70)空間
(71)旗手 (72)直線 (73)國歌
(74)音樂 (75)會社 (76)動植物
(77)姓名 (78)住民

(79)国 (80)実 (81)礼

(82)少 (83)舊 (84)長

(85)③ (86)① (87)③ (88)①

(89)本 (90)遠 (91)木

(92)苦戰 (93)共同 (94)前面

(95)④ (96)③ (97)④

(98)꽃이 핌
(99)구별하여 나눔
(100)소리내어 읽음

〈제3회〉

(1)연습 (2)승리 (3)신자
(4)반생 (5)교가 (6)공감
(7)인화 (8)부당 (9)고대
(10)불편 (11)작업 (12)연세
(13)재학 (14)병실 (15)다각
(16)행운 (17)소용 (18)특별
(19)조회 (20)주의 (21)집중
(22)형성 (23)시조 (24)문안
(25)일기 (26)도래 (27)차도
(28)신선 (29)음식 (30)실수
(31)역사 (32)은행 (33)분명
(34)발표 (35)방향

(36)씻을 세 (37)해할 해
(38)생각 념 (39)반드시 필
(40)흐를 류 (41)쉴 휴
(42)몸 기 (43)붓 필
(44)참여할 참 (45)큰 덕
(46)몸 체 (47)맑을 청
(48)기 기 (49)묶을 속
(50)채울 충 (51)법 전
(52)바랄 망 (53)차례 번
(54)갖출 구 (55)흉할 흉
(56)뜻 정 (57)군사 군
(58)이름 호

(59)弟子 (60)外家 (61)農林
(62)南海 (63)風聞 (64)氣色
(65)校歌 (66)手記 (67)正答
(68)來年 (69)所有 (70)父母
(71)每事 (72)草木 (73)白雪
(74)男女 (75)萬物 (76)工夫
(77)邑內 (78)市民

(79)공평하게 알림
(80)이름난 그림
(81)믿는 마음

(82)価 (83)気 (84)図

(85)朝 (86)春 (87)功

(88)① (89)② (90)③ (91)③

(92)衣 (93)海 (94)年

(95)下敎 (96)國家 (97)市場

(98) 9 (99) 1 (100) 1

〈제4회〉

(1)불편 (2)임명 (3)의술
(4)여객 (5)임야 (6)도착
(7)변질 (8)정원 (9)지식
(10)우정 (11)봉양 (12)아동
(13)세면 (14)제재 (15)격식
(16)상관 (17)친절 (18)개점
(19)약속 (20)사관 (21)대망
(22)동숙 (23)숙제 (24)낭독
(25)효능 (26)조화 (27)과실
(28)이북 (29)선명 (30)실효
(31)노고 (32)견문 (33)성능
(34)성급 (35)결속

(36)누를 황 (37)갖출 구
(38)요긴할 요 (39)값 가
(40)홀로 독 (41)가게 점
(42)몸 기 (43)고을 주
(44)법 전/책 전 (45)창 창
(46)과녁 적 (47)법식 례
(48)사기 사 (49)눈 설
(50)고할 고 (51)비 우
(52)구름 운 (53)약할 약
(54)그림 화/그을 획 (55)떼 부
(56)통할 통 (57)꾸짖을 책
(58)집 댁/집 택

(59)後 (60)上 (61)害

(62)⑤ (63)④ (64)② (65)⑥

(66)家 (67)果 (68)士. 卒

(69)古代 (70)公席 (71)敎訓

(72)집안의 교훈
(73)그림을 그리는 방
(74)바람의 빠르기

(75)国 (76)団 (77)対

(78)幸運 (79)明白 (80)班長
(81)農土 (82)圖書室 (83)新入生
(84)共生 (85)高級 (86)育成
(87)不利 (88)便利 (89)半百年
(90)放出 (91)安樂 (92)放出
(93)童心 (94)三八線 (95)明月
(96)發明 (97)放火

(98)② (99)③ (100)③

〈제5회〉

(1) 교양 (2) 주야 (3) 공덕
(4) 가격표 (5) 육지 (6) 운명
(7) 속도 (8) 내주 (9) 전래
(10) 전망 (11) 부동산 (12) 당연
(13) 제목 (14) 녹지 (15) 악한
(16) 행락 (17) 조상 (18) 충당
(19) 발신 (20) 도수 (21) 일수
(22) 특석 (23) 회식 (24) 종류
(25) 운집 (26) 미음 (27) 차창
(28) 반장 (29) 변화 (30) 요산요수
(31) 풍악 (32) 덕분 (33) 인심
(34) 형편 (35) 흉악

(36) 어제 작 (37) 나타날 현
(38) 들 야 (39) 붓 필
(40) 수풀 림 (41) 셈 산
(42) 아이 동 (43) 높을 고
(44) 아름다울 미 (45) 자리 석
(46) 사랑 애 (47) 홀로 독
(48) 강할 강 (49) 맡길 임
(50) 으뜸 원 (51) 구름 운
(52) 재물 재 (53) 공경 경
(54) 신선 선 (55) 주일 주
(56) 클 위 (57) 알 지
(58) 뒤 후

(59) 話題 (60) 國軍 (61) 反省
(62) 對立 (63) 童心 (64) 成長
(65) 神話 (66) 老人 (67) 春秋
(68) 大門 (69) 勇氣 (70) 山村
(71) 花草 (72) 民意 (73) 作文
(74) 先生 (75) 父母 (76) 安全
(77) 問題 (78) 上下

(79) 夜 (80) 海 (81) 强

(82) ⑥ (83) ① (84) ④ (85) ③

(86) ② (87) ④ (88) ②

(89) ② (90) ③ (91) ①

(92) 여름옷
(93) 마음이 바르고 곧음
(94) 이익과 손해

(95) 発 (96) 区 (97) 体

(98) 2 (99) 11 (100) 3

264

【5급 예상문제 정답】

〈제1회〉

(1)가속 (2)단체 (3)관광
(4)철로 (5)과거 (6)덕행
(7)가격 (8)최고 (9)기술
(10)상대 (11)개량 (12)추석
(13)신문 (14)패망 (15)책임
(16)탁구 (17)기질 (18)악덕
(19)순위 (20)결말 (21)합창
(22)실사 (23)순서 (24)약국
(25)경마 (26)무죄 (27)전선
(28)원인 (29)통관 (30)종말
(31)경치 (32)생산성 (33)전화국
(34)백두산 (35)과학자

(36)흉할 흉 (37)허락할 허
(38)바랄 망 (39)빌 축
(40)수풀 림 (41)법 규
(42)몸 기 (43)불 화
(44)호수 호 (45)자리 석
(46)뿔 각 (47)받들 봉
(48)말씀 담 (49)알 지
(50)나무 수 (51)알 식/기록할 지
(52)재물 재 (53)공경 경
(54)터 기 (55)열 개
(56)해 세 (57)집 옥
(58)다스릴 리

(59)勝利 (60)直線 (61)石油
(62)庭園 (63)消火 (64)高山
(65)東風 (66)世界 (67)愛國
(68)明月 (69)男女 (70)山村
(71)行動 (72)英才 (73)時計
(74)問答 (75)自習 (76)安全
(77)父親 (78)校訓

(79)新 (80)直 (81)勝, 成

(82)① (83)② (84)⑤ (85)④

(86)③ (87)② (88)①

(89)② (90)③ (91)①

(92)글월
(93)그 땅에 사는 백성
(94)가서 보고 배움

(95)学 (96)万 (97)区

(98)③ (99)① (100)①

〈제2회〉

(1)적도 (2)효행 (3)관광
(4)선명 (5)규약 (6)덕행
(7)전설 (8)독도 (9)자연
(10)상대 (11)아동 (12)황색
(13)문장 (14)활동 (15)책임
(16)탁구 (17)기질 (18)악덕
(19)자손 (20)최초 (21)순산
(22)경쟁 (23)순서 (24)사고
(25)창법 (26)무죄 (27)교류
(28)원인 (29)통관 (30)품격
(31)경치 (32)주유소 (33)태평양
(34)백두산 (35)작업복

(36)판 국 (37)자리 위
(38)들 야 (39)오를 등
(40)반드시 필 (41)일 사
(42)공경 경 (43)길할 길
(44)이를 치 (45)자리 석
(46)사랑 애 (47)볕 양
(48)말씀 담 (49)구원할 구
(50)쌀 미 (51)신선 선
(52)재물 재 (53)채울 충
(54)모양 형 (55)다툴 쟁
(56)익힐 련 (57)다리 교
(58)뒤 후

(59)姓名 (60)話題 (61)藥草
(62)正直 (63)童心 (64)溫氣
(65)市場 (66)親愛 (67)失身
(68)樹木 (69)農土 (70)家訓
(71)音樂 (72)時計 (73)外家
(74)白米 (75)美男 (76)所聞
(77)綠地 (78)有利

(79)④ (80)④ (81)②

(82)③ (83)⑤ (84)① (85)②

(86)實 (87)談 (88)邑

(89)果木 (90)道場 (91)立石

(92)책을 많이 읽음
(93)노동자와 사용자
(94)길 위

(95)価 (96)旧 (97)区

(98) 5 (99) 1 (100) 2

〈제3회〉

(1)농업 (2)지능 (3)건물
(4)발전 (5)식물 (6)본부
(7)속도 (8)신문 (9)친족
(10)소망 (11)여정 (12)가격
(13)요금 (14)통관 (15)책임
(16)기질 (17)전시 (18)충당
(19)빙탄 (20)개량 (21)분류
(22)상업 (23)효과 (24)종류
(25)열망 (26)다각 (27)망명
(28)신자 (29)반생 (30)발표
(31)명산 (32)방향 (33)일기
(34)세계화 (35)의약품

(36)가벼울 경 (37)단 단
(38)공부할 과/과정 과 (39)검을 흑
(40)홀로 독 (41)헤아릴 량
(42)찰 랭 (43)나무 수
(44)섬길 사 (45)자리 석
(46)법 규 (47)머리 수
(48)법 전/책 전 (49)구원할 구
(50)굳을 고 (51)거느릴 령
(52)재물 재 (53)무리 류
(54)도울 도 (55)발 족
(56)메 산 (57)처음 초
(58)생각할 고

(59)道 (60)市 (61)區
(62)郡 (63)邑 (64)面
(65)洞 (66)里 (67)野球
(68)美國 (69)始作 (70)運動
(71)前 (72)後 (73)左
(74)右 (75)現在 (76)人間
(77)社會 (78)自然

(79)答 (80)惡 (81)果

(82)家 (83)爭 (84)年

(85)③ (86)⑧ (87)⑤ (88)①

(89)서울. 한 나라를 대표하는 도시
(90)홀몸
(91)먼 조상. 윗대의 조상

(92)立場 (93)電線 (94)前後

(95)体 (96)观 (97)对

(98)① (99)① (100)④

〈제4회〉

(1)전사 (2)가결 (3)경기
(4)편리 (5)경치 (6)재료
(7)온수 (8)최고 (9)안건
(10)상대 (11)청춘 (12)시간
(13)지식 (14)교실 (15)책임
(16)실신 (17)가족 (18)악덕
(19)반장 (20)결말 (21)제목
(22)반대 (23)순서 (24)직각
(25)도로 (26)무죄 (27)하복
(28)형식 (29)창문 (30)종말
(31)승패 (32)한해 (33)종국
(34)숙제 (35)축복

(36)호수 호 (37)고할 고
(38)기약할 기 (39)붓 필
(40)빛날 요 (41)붉을 적
(42)베낄 사 (43)지날 과
(44)약할 약 (45)칠 타
(46)잎 엽 (47)집 택/집 댁
(48)말씀 담 (49)구원할 구
(50)목욕할 욕 (51)홀로 독
(52)잡을 조 (53)공경 경
(54)예 구 (55)다툴 쟁
(56)그림 화/그을 획 (57)집 옥
(58)코 비

(59)庭園 (60)國民 (61)感氣
(62)地下 (63)運動 (64)石油
(65)春秋 (66)農土 (67)平和
(68)發表 (69)靑天 (70)戰後
(71)人命 (72)朝夕 (73)敎育
(74)勝利 (75)苦生 (76)西洋
(77)親族 (78)新聞

(79)新 (80)敗 (81)直

(82)身 (83)算 (84)科 (85)言

(86)路 (87)樹 (88)話

(89)注力 (90)地區 (91)紙面

(92)나라를 세움
(93)쇠로 만든 다리
(94)음식물 등이 다른 형태나 성질로 변화됨.
  지식 등을 자기 것으로 만듦

(95)万 (96)数 (97)戦, 战

(98) 4 (99) 4 (100) 2

266

〈제5회〉

(1)감정 (2)개량 (3)개정
(4)곡선 (5)광고 (6)교가
(7)교실 (8)농사 (9)행운유수
(10)도로 (11)독서 (12)동문서답
(13)명신 (14)물가 (15)발명
(16)백설 (17)법식 (18)변화
(19)부모 (20)빙판 (21)산촌
(22)상품 (23)서당 (24)세계
(25)수술 (26)숙제 (27)신구
(28)실사 (29)안분지족 (30)어부지리
(31)연습 (32)영해 (33)요약
(34)용기 (35)운행

(36)다닐 행/항렬 항 (37)이할 리
(38)옷 복 (39)해할 해
(40)목숨 명 (41)줄 급
(42)생각할 고 (43)부를 창
(44)전할 전 (45)배 선
(46)뒤 후 (47)마디 절
(48)줄 선 (49)찰 한
(50)알 식/기록할 지 (51)칠 타
(52)머무를 정 (53)무리 류
(54)가장 최 (55)빌 축
(56)높을 탁 (57)물 하
(58)화할 화

(59)軍服 (60)便紙 (61)分家
(62)社長 (63)兄弟 (64)花草
(65)韓國 (66)上衣 (67)春夏秋冬
(68)飮食 (69)身土不二 (70)長短
(71)樹木 (72)自習 (73)有口無言
(74)銀行 (75)始終 (76)十中八九
(77)心身 (78)室內

(79)自 (80)落 (81)弱

(82)④ (83)③ (84)⑥ (85)⑤

(86)遠 (87)直 (88)始

(89)② (90)④ (91)②

(92)② (93)③ (94)④

(95)싸워서 이김
(96)믿어 의심하지 않음
(97)물건을 사고 파는 곳

(98)学 (99)楽 (100)団

〈제6회〉

(1)개량 (2)경치 (3)교훈
(4)급료 (5)대화 (6)독서
(7)매매 (8)명중 (9)반대
(10)정지 (11)주말 (12)지식
(13)집중 (14)재건 (15)음료
(16)양심 (17)역사 (18)시간
(19)시조 (20)성질 (21)불문곡직
(22)분류 (23)문명 (24)기술
(25)발착 (26)방학 (27)도시
(28)동심 (29)발전 (30)사건
(31)부친 (32)불화 (33)상업
(34)불길 (35)봉사

(36)결단할 결 (37)섬 도
(38)호수 호 (39)집 옥
(40)지날 과/허물 과 (41)잃을 실
(42)가르칠 교 (43)맺을 약
(44)셈 산 (45)느낄 감
(46)고할 고 (47)괴로울 고/쓸 고
(48)널 판 (49)귀할 귀
(50)예 구 (51)길할 길
(52)찰 랭 (53)터 기
(54)놈 자 (55)아이 동
(56)읽을 독/구절 두 (57)기약할 기
(58)말 마

(59)不遠千里 (60)讀後感 (61)美男
(62)民心 (63)法典 (64)百年
(65)用紙 (66)山村 (67)上下
(68)不和 (69)書堂 (70)遠近
(71)水上 (72)市民公園 (73)失望
(74)安樂 (75)金銀 (76)溫水
(77)永遠 (78)愛國

(79)足 (80)始 (81)溫

(82)② (83)⑦ (84)③ (85)⑤

(86)章 (87)身 (88)語

(89)③ (90)③ (91)④

(92)国 (93)区 (94)図

(95)늙은이
(96)나라
(97)가서 보고 배움

(98) 4 (99) 3 (100) 6

〈제7회〉

(1) 곡직　(2) 광고　(3) 교가
(4) 낙화　(5) 낭독　(6) 도로
(7) 마이동풍　(8) 문전성시　(9) 발표
(10) 백설　(11) 병원　(12) 산재
(13) 세월　(14) 수상　(15) 악단
(16) 양지　(17) 열망　(18) 운명
(19) 이기심　(20) 인명　(21) 재료
(22) 적십자　(23) 전무후무　(24) 절약
(25) 졸업　(26) 죄악　(27) 주제
(28) 가격　(29) 청년　(30) 타사
(31) 정담　(32) 춘추　(33) 집회
(34) 체조　(35) 축가

(36) 강할 강　(37) 들 거
(38) 굳셀 건　(39) 세울 건
(40) 가게 점　(41) 결단할 결
(42) 쇠 철　(43) 보일 시
(44) 안 내　(45) 단 단
(46) 찰 랭　(47) 귀할 귀
(48) 예 구　(49) 구원할 구
(50) 놈 자　(51) 기약할 기
(52) 될 화　(53) 뜻 정
(54) 큰 덕　(55) 낯 면
(56) 곱 배　(57) 아름다울 미
(58) 바를 정

(59) 放學　(60) 話題　(61) 反對
(62) 外家　(63) 發明　(64) 運動場
(65) 事由　(66) 西洋　(67) 書堂
(68) 音樂　(69) 手中　(70) 童心
(71) 惡德　(72) 家訓　(73) 農土
(74) 立席　(75) 車線　(76) 成長
(77) 白雪　(78) 上席

(79) ③　(80) ①　(81) ④

(82) 말씀
(83) 귀, 눈, 코, 입 즉 얼굴의 생김새
(84) 오늘에야 비로소 처음으로 들음

(85) ⑤　(86) ⑥　(87) ⑧　(88) ④

(89) 實　(90) 王, 主　(91) 和

(92) 母　(93) 買　(94) 使

(95) 実　(96) 画　(97) 発

(98) ③　(99) ④　(100) ④

〈제8회〉

(1) 대국　(2) 가족　(3) 규칙
(4) 내주　(5) 노사　(6) 대화
(7) 독도　(8) 동풍　(9) 매일
(10) 독선　(11) 문장　(12) 발전
(13) 방향　(14) 법전　(15) 변화
(16) 부모　(17) 부친　(18) 봉사
(19) 상대　(20) 생산　(21) 성공
(22) 속도　(23) 손자　(24) 수목
(25) 선남선녀　(26) 시장선거　(27) 숙제
(28) 시종　(29) 실내　(30) 심정
(31) 능력　(32) 예사　(33) 요소
(34) 요약　(35) 안전

(36) 인할 인　(37) 법 법
(38) 갈 거　(39) 갖출 구
(40) 고기잡을 어　(41) 말씀 언
(42) 수컷 웅　(43) 바 소
(44) 빛날 요/요일 요　(45) 뜻 정
(46) 익힐 습　(47) 뭍 륙
(48) 몸 기　(49) 실과 과
(50) 입 구　(51) 눈 목
(52) 뜻 의　(53) 언덕 원
(54) 옮길 운　(55) 모을 집
(56) 말씀 담　(57) 구원할 구
(58) 굽을 곡

(59) 弱小國　(60) 學業　(61) 油畫
(62) 意見　(63) 不在者　(64) 作文
(65) 勝戰　(66) 直線　(67) 木石
(68) 信用　(69) 王孫　(70) 陽地
(71) 夜學　(72) 言行　(73) 死後
(74) 入社　(75) 死地　(76) 問病
(77) 作別　(78) 後者

(79) 直　(80) 終, 末　(81) 外

(82) ③　(83) ①　(84) ③

(85) ⑦　(86) ⑤　(87) ④　(88) ②

(89) ③　(90) ②　(91) ③

(92) 손을 위로 들어올림
(93) 좋아하는 것과 싫어하는 것
(94) 죽을 결심을 하고 반대함

(95) 4　(96) 5　(97) 3

(98) 区　(99) 旧　(100) 発

〈제9회〉

(1)감정　　(2)격언　　(3)견학
(4)결합　　(5)거행　　(6)동화
(7)동기　　(8)독서　　(9)교통
(10)도래　(11)매점　(12)명약
(13)무형　(14)문장　(15)병실
(16)불매운동　(17)빙하　(18)상점
(19)사옥　(20)상선　(21)선거집회
(22)석탄　(23)세상만사　(24)세월
(25)숙원　(26)식수　(27)실수
(28)안분지족　(29)십중팔구　(30)신용사회
(31)시조　(32)백일장　(33)열병
(34)요산요수　(35)요금

(36)힘 력　　(37)배울 학
(38)섬 도　　(39)일 사
(40)기약할 기　(41)목욕할 욕
(42)얼음 빙　　(43)옷 복
(44)길할 길　　(45)읽을 독
(46)바깥 외　　(47)바다 해
(48)말씀 화　　(49)홀로 독
(50)집 택/집 댁　(51)칠 타
(52)그림 화/그을 획　(53)베낄 사
(54)붓 필　　(55)줄 급
(56)수레 거/차　(57)생각할 고
(58)고할 고

(59)男女　(60)數字　(61)用紙
(62)外家　(63)農土　(64)溫水
(65)道路　(66)夜光　(67)失業
(68)放心　(69)白雪　(70)明月
(71)新入生　(72)習字　(73)不信
(74)人命　(75)戰後　(76)朝夕
(77)靑天　(78)發表

(79)末　　(80)遠　　(81)强

(82)定　(83)直　(84)年　(85)秋

(86)木　(87)海　(88)屋

(89)①　(90)④　(91)①

(92)공로와 과실
(93)인간의 가치를 높이고자 가르치고 지도함
(94)자기도 그러하다는 공통된 느낌

(95)⑤　(96)②　(97)③

(98)礼　(99)无　(100)写

〈제10회〉

(1)흑백　　(2)효행　　(3)효과
(4)환자　　(5)허가　　(6)패망
(7)택지　　(8)토지　　(9)춘추
(10)초목　(11)천재지변　(12)지식
(13)지하　(14)전후좌우　(15)종류
(16)자급자족　(17)유구무언　(18)의복
(19)원서　(20)업주　(21)야간
(22)역사　(23)영웅　(24)여객
(25)억만장자　(26)양심　(27)신용사회
(28)안전　(29)식품　(30)실망
(31)신구　(32)시민공원　(33)시계
(34)세계평화　(35)세련

(36)먼저 선　　(37)씻을 세
(38)빠를 속　　(39)서로 상
(40)밝을 명　　(41)신선 선
(42)사기 사　　(43)하여금 사
(44)쇠 금　　(45)요긴할 요
(46)지경 계　　(47)다툴 쟁
(48)들 야　　(49)이할 리
(50)낳을 산　　(51)귀할 귀
(52)약할 약　　(53)칠 타
(54)온전 전　　(55)편안 안
(56)마음 심　　(57)약 약
(58)땅 지

(59)休校　(60)衣服　(61)新聞
(62)地下　(63)時計　(64)植木日
(65)失神　(66)安心　(67)食飮
(68)先生　(69)白衣民族　(70)信者
(71)名山　(72)秋夕　(73)同族
(74)登山　(75)苦生　(76)平和
(77)漁場　(78)國民

(79)發　　(80)炭　　(81)果

(82)道　(83)問　(84)門　(85)朝

(86)③　(87)②　(88)③

(89)②　(90)③　(91)③

(92)옛날과 지금
(93)같은 성씨
(94)목적지에 다다름

(95) 2　(96) 8　(97) 2

(98)万　(99)医　(100)会

【정답】

1.염원 2.염두 3.낙서 4.낙수 5.낙화 6.낭랑 7.낭독 8.냉수
9.냉온 10.냉전 11.냉기 12.냉해 13.양심 14.양서 15.여행 16.여객
17.여로 18.여비 19.역사 20.역대 21.연습 22.연병장 23.영애 24.영부인
25.영토 26.영해 27.영공 28.노고 29.노동자 30.요금 31.요리 32.유례
33.유만부동 34.유행 35.유통 36.육교 37.육로 38.육해 39.육상 40.육군
41.관념 42.신념 43.이념 44.당락 45.하락 46.명랑 47.개량 48.불량
49.선량 50.다량 51.역량 52.용량 53.중량 54.대량생산 55.내력 56.전력
57.학력 58.세련 59.훈련 60.구령 61.명령 62.법령 63.발령 64.두령
65.요령 66.과로 67.공로 68.무료 69.급료 70.식료품 71.분류 72.동류
73.일류 74.해류 75.청산유수 76.초파일

부록(附錄)

- 한자의 한글맞춤법
- 읽기장
- 부수자 일람표

5급·5급Ⅱ에 나오는 한자(漢字)의 한글 맞춤법

〈 소리에 관한 것 〉

- **두음법칙(頭音法則)**은 우리말의 첫음절 소리가 'ㄹ'이나 'ㄴ'이 옴을 꺼리는 현상을 말한다.

① 한자음 '념, 락, 랑, 랭, 량, 려, 력, 련, 령, 로, 료, 류, 륙'이 단어 첫머리에 올 적에는 '염, 낙, 낭, 냉, 양, 여, 역, 연, 영, 노, 요, 유, 육'으로 적는다.

　　염원(念願) 염두(念頭) 낙서(落書) 낙수(落水) 낙화(落花) 낭랑(朗朗) 낭독(朗讀)
　　냉수(冷水) 냉온(冷溫) 냉전(冷戰) 냉기(冷氣) 냉해(冷害) 양심(良心) 양서(良書)
　　여행(旅行) 여객(旅客) 여로(旅路) 여비(旅費) 역사(歷史) 역대(歷代) 연습(練習)
　　연병장(練兵場) 영애(令愛) 영부인(令夫人) 영토(領土) 영해(領海) 영공(領空)
　　노고(勞苦) 노동자(勞動者) 요금(料金) 요리(料理) 유례(類例) 유만부동(類萬不同)
　　유행(流行) 유통(流通) 육교(陸橋) 육로(陸路) 육해(陸海) 육상(陸上) 육군(陸軍) 등.

② 단어의 첫머리 이외의 경우에는 본래의 음을 적는다.

　　관념(觀念) 신념(信念) 이념(理念) 당락(當落) 하락(下落) 명랑(明朗) 개량(改良)
　　불량(不良) 선량(善良) 다량(多量) 역량(力量) 용량(用量) 중량(重量) 내력(來歷)
　　대량생산(大量生産) 전력(前歷) 학력(學歷) 세련(洗練) 훈련(訓練) 구령(口令)
　　명령(命令) 법령(法令) 발령(發令) 두령(頭領) 요령(要領) 과로(過勞) 공로(功勞)
　　무료(無料) 급료(給料) 식료품(食料品) 분류(分類) 동류(同類) 일류(一流) 해류(海流)
　　청산유수(靑山流水) 등.

〈 그 밖의 것 〉

한자어에서 본음으로도 나고 속음으로도 나는 것은 각각 그 소리에 따라 적는다.

- **속음(俗音)**은 한자의 원래 음이 변하여 널리 통용되는 음을 말한다.

　　初八日(초파일)

♣ 다음 한자어(漢字語)의 독음(讀音)을 쓰시오.　　　▶정답은 270쪽

1. 念:願 (　　)　　2. 念:頭 (　　)　　3. 落書 (　　)　　4. 落水 (　　)

5. 落花 (　　)　　6. 朗:朗 (　　)　　7. 朗:讀 (　　)　　8. 冷:水 (　　)

9. 冷:溫 (　　)　　10. 冷:戰 (　　)　　11. 冷:氣 (　　)　　12. 冷:害 (　　)

13. 良心 (　　)　　14. 良書 (　　)　　15. 旅行 (　　)　　16. 旅客 (　　)

17. 旅路 (　　)　　18. 旅費 (　　)　　19. 歷史 (　　)　　20. 歷代 (　　)

21. 練:習 (　　)　　22. 練:兵場 (　　)　　23. 令愛 (　　)　　24. 令夫人 (　　)

25. 領土 (　　)　　26. 領海 (　　)　　27. 領空 (　　)　　28. 勞苦 (　　)

29. 勞動者 (　　)　　30. 料:金 (　　)　　31. 料:理 (　　)　　32. 類:例 (　　)

33. 類:萬不同 (　　)　　34. 流行 (　　)　　35. 流通 (　　)　　36. 陸橋 (　　)

♣ 다음 한자어(漢字語)의 독음(讀音)을 쓰시오.   ▶정답은 270쪽

37. 陸路 ( ) 38. 陸海 ( ) 39. 陸上 ( ) 40. 陸軍 ( )

41. 觀念 ( ) 42. 信:念 ( ) 43. 理:念 ( ) 44. 當落 ( )

45. 下:落 ( ) 46. 明朗 ( ) 47. 改:良 ( ) 48. 不良 ( )

49. 善:良 ( ) 50. 多量 ( ) 51. 力量 ( ) 52. 用:量 ( )

53. 重:量 ( ) 54. 大:量生産 ( ) 55. 來歷 ( ) 56. 前歷 ( )

57. 學歷 ( ) 58. 洗:練 ( ) 59. 訓:練 ( ) 60. 口:令 ( )

61. 命:令 ( ) 62. 法令 ( ) 63. 發令 ( ) 64. 頭領 ( )

65. 要領 ( ) 66. 過:勞 ( ) 67. 功勞 ( ) 68. 無料 ( )

69. 給料 ( ) 70. 食料品 ( ) 71. 分類 ( ) 72. 同類 ( )

73. 一流 ( ) 74. 海:流 ( ) 75. 靑山流水 ( ) 76. 初八日 ( )

♣ 한자(漢字)의 훈음(訓音)을 가리고, 소리내어 읽어보시오.

5급(5급Ⅱ)-1

加	價	可	家	歌	各	角	間
더할 가	값 가	옳을 가	집 가	노래 가	각각 각	뿔 각	사이 간
感	江	强	改	開	客	去	擧
느낄 감	강 강	강할 강	고칠 개	열 개	손 객	갈 거	들 거
車	件	健	建	格	見	決	結
수레 거	물건 건	굳셀 건	세울 건	격식 격	볼 견	결단할 결	맺을 결
京	景	敬	競	輕	界	計	古
서울 경	볕 경	공경 경	다툴 경	가벼울 경	지경 계	셀 계	예 고
告	固	考	苦	高	曲	功	公
고할 고	굳을 고	생각할 고	쓸 고	높을 고	굽을 곡	공 공	공평할 공
共	工	空	果	過	科	課	觀
한가지 공	장인 공	빌 공	실과 과	지날 과	과목 과	공부할 과	볼 관
關	光	廣	交	校	橋	敎	九
관계할 관	빛 광	넓을 광	사귈 교	학교 교	다리 교	가르칠 교	아홉 구
具	區	口	救	球	舊	國	局
갖출 구	구분할 구	입 구	구원할 구	공 구	예 구	나라 국	판 국
郡	軍	貴	規	根	近	今	金
고을 군	군사 군	귀할 귀	법 규	뿌리 근	가까울 근	이제 금	쇠 금

♣ 한자(漢字)의 훈음(訓音)을 가리고, 소리내어 읽어보시오.

5급(5급Ⅱ)-2

急	級	給	己	基	期	汽	氣
급할 급	등급 급	줄 급	몸 기	터 기	기약할 기	물끓는김 기	기운 기
旗	技	記	吉	南	男	內	女
기 기	재주 기	기록할 기	길할 길	남녘 남	사내 남	안 내	계집 녀
年	念	農	能	多	壇	團	短
해 년	생각 념	농사 농	능할 능	많을 다	단 단	둥글 단	짧을 단
談	答	堂	當	代	大	待	對
말씀 담	대답 답	집 당	마땅 당	대신 대	큰 대	기다릴 대	대할 대
德	到	度	圖	島	都	道	獨
큰 덕	이를 도	법도 도	그림 도	섬 도	도읍 도	길 도	홀로 독
讀	冬	動	同	洞	東	童	頭
읽을 독	겨울 동	움직일 동	한가지 동	골 동	동녘 동	아이 동	머리 두
登	等	樂	落	朗	來	冷	良
오를 등	무리 등	즐길 락	떨어질 락	밝을 랑	올 래	찰 랭	어질 량
量	旅	力	歷	練	令	領	例
헤아릴 량	나그네 려	힘 력	지날 력	익힐 련	하여금 령	거느릴 령	법식 례
禮	勞	老	路	綠	料	流	類
예도 례	일할 로	늙을 로	길 로	푸를 록	헤아릴 료	흐를 류	무리 류

♣ 한자(漢字)의 훈음(訓音)을 가리고, 소리내어 읽어보시오.

5급(5급Ⅱ)-3

六	陸	利	李	理	里	林	立
여섯 륙	뭍 륙	이할 리	오얏 리	다스릴 리	마을 리	수풀 림	설 립
馬	萬	末	亡	望	每	買	賣
말 마	일만 만	끝 말	망할 망	바랄 망	매양 매	살 매	팔 매
面	名	命	明	母	木	目	無
낯 면	이름 명	목숨 명	밝을 명	어미 모	나무 목	눈 목	없을 무
問	文	聞	門	物	米	美	民
물을 문	글월 문	들을 문	문 문	물건 물	쌀 미	아름다울 미	백성 민
朴	半	反	班	發	放	方	倍
성 박	반 반	돌이킬 반	나눌 반	필 발	놓을 방	모 방	곱 배
白	百	番	法	變	別	兵	病
흰 백	일백 백	차례 번	법 법	변할 변	다를 별	병사 병	병 병
服	福	本	奉	夫	父	部	北
옷 복	복 복	근본 본	받들 봉	지아비 부	아비 부	떼 부	북녘 북
分	不	比	費	鼻	氷	事	仕
나눌 분	아닐 불	견줄 비	쓸 비	코 비	얼음 빙	일 사	섬길 사
使	士	史	四	寫	思	查	死
하여금 사	선비 사	사기 사	넉 사	베낄 사	생각 사	조사할 사	죽을 사

♣ 한자(漢字)의 훈음(訓音)을 가리고, 소리내어 읽어보시오.

5급(5급Ⅱ)-4

社	山	算	産	三	上	商	相
모일 사	메 산	셈 산	낳을 산	석 삼	윗 상	장사 상	서로 상
賞	色	生	序	書	西	夕	席
상줄 상	빛 색	날 생	차례 서	글 서	서녘 서	저녁 석	자리 석
石	仙	先	善	選	船	線	鮮
돌 석	신선 선	먼저 선	착할 선	가릴 선	배 선	줄 선	고울 선
說	雪	姓	性	成	省	世	洗
말씀 설	눈 설	성 성	성품 성	이룰 성	살필 성	인간 세	씻을 세
歲	小	少	消	所	束	速	孫
해 세	작을 소	적을 소	사라질 소	바 소	묶을 속	빠를 속	손자 손
水	手	樹	數	首	宿	順	術
물 수	손 수	나무 수	셈 수	머리 수	잘 숙	순할 순	재주 술
習	勝	市	始	時	示	式	植
익힐 습	이길 승	저자 시	비로소 시	때 시	보일 시	법 식	심을 식
識	食	信	新	神	臣	身	失
알 식	밥 식	믿을 신	새 신	귀신 신	신하 신	몸 신	잃을 실
室	實	心	十	兒	惡	安	案
집 실	열매 실	마음 심	열 십	아이 아	악할 악	편안 안	생각 안

♣ 한자(漢字)의 훈음(訓音)을 가리고, 소리내어 읽어보시오.

5급(5급Ⅱ)-5

愛	夜	野	弱	藥	約	洋	陽
사랑 애	밤 야	들 야	약할 약	약 약	맺을 약	큰바다 양	볕 양
養	漁	魚	語	億	言	業	然
기를 양	고기잡을 어	고기 어	말씀 어	억 억	말씀 언	업 업	그럴 연
熱	葉	永	英	五	午	屋	溫
더울 열	잎 엽	길 영	꽃부리 영	다섯 오	낮 오	집 옥	따뜻할 온
完	王	外	曜	要	浴	勇	用
완전할 완	임금 왕	바깥 외	빛날 요	요긴할 요	목욕할 욕	날랠 용	쓸 용
友	右	牛	雨	運	雲	雄	原
벗 우	오른 우	소 우	비 우	옮길 운	구름 운	수컷 웅	언덕 원
元	園	院	遠	願	月	位	偉
으뜸 원	동산 원	집 원	멀 원	원할 원	달 월	자리 위	클 위
油	由	有	育	銀	飲	音	意
기름 유	말미암을 유	있을 유	기를 육	은 은	마실 음	소리 음	뜻 의
衣	醫	邑	二	以	耳	人	因
옷 의	의원 의	고을 읍	두 이	써 이	귀 이	사람 인	인할 인
一	日	任	入	子	字	者	自
한 일	날 일	맡길 임	들 입	아들 자	글자 자	놈 자	스스로 자

♣ 한자(漢字)의 훈음(訓音)을 가리고, 소리내어 읽어보시오.

5급(5급Ⅱ)-6

作	昨	場	章	長	再	在	才
지을 작	어제 작	마당 장	글 장	긴 장	다시 재	있을 재	재주 재
材	災	財	爭	貯	的	赤	全
재목 재	재앙 재	재물 재	다툴 쟁	쌓을 저	과녁 적	붉을 적	온전 전
前	典	傳	展	戰	電	切	節
앞 전	법 전	전할 전	펼 전	싸움 전	번개 전	끊을 절	마디 절
店	停	定	庭	正	情	弟	第
가게 점	머무를 정	정할 정	뜰 정	바를 정	뜻 정	아우 제	차례 제
題	操	朝	祖	調	族	足	卒
제목 제	잡을 조	아침 조	할아비 조	고를 조	겨레 족	발 족	마칠 졸
種	終	左	罪	主	住	州	注
씨 종	마칠 종	왼 좌	허물 죄	임금 주	살 주	고을 주	부을 주
晝	週	中	重	地	止	知	紙
낮 주	주일 주	가운데 중	무거울 중	따 지	그칠 지	알 지	종이 지
直	質	集	着	參	唱	窓	責
곧을 직	바탕 질	모을 집	붙을 착	참여할 참	부를 창	창 창	꾸짖을 책
千	川	天	鐵	淸	靑	體	初
일천 천	내 천	하늘 천	쇠 철	맑을 청	푸를 청	몸 체	처음 초

♣ 한자(漢字)의 훈음(訓音)을 가리고, 소리내어 읽어보시오.

5급(5급Ⅱ)-7

草	寸	村	最	秋	祝	春	出
풀 초	마디 촌	마을 촌	가장 최	가을 추	빌 축	봄 춘	날 출
充	致	則	親	七	他	打	卓
채울 충	이를 치	법칙 칙	친할 친	일곱 칠	다를 타	칠 타	높을 탁
炭	太	宅	土	通	特	板	八
숯 탄	클 태	집 택	흙 토	통할 통	특별할 특	널조각 판	여덟 팔
敗	便	平	表	品	風	必	筆
패할 패	편할 편	평평할 평	겉 표	물건 품	바람 풍	반드시 필	붓 필
下	夏	河	學	寒	漢	韓	合
아래 하	여름 하	물 하	배울 학	찰 한	한수 한	한국 한	합할 합
害	海	行	幸	向	許	現	兄
해할 해	바다 해	다닐 행	다행 행	향할 향	허락할 허	나타날 현	형 형
形	湖	號	化	和	火	畫	花
모양 형	호수 호	이름 호	될 화	화할 화	불 화	그림 화	꽃 화
話	患	活	黃	會	孝	效	後
말씀 화	근심 환	살 활	누를 황	모일 회	효도 효	본받을 효	뒤 후
訓	休	凶	黑				
가르칠 훈	쉴 휴	흉할 흉	검을 흑				

부수자(部首字: 214자) 일람표(一覽表)

1 획
- 一 한 일
- 丨 뚫을 곤
- 丶 점 주
- 丿 삐칠 별
- 乙 새 을
- 亅 갈고리 궐

2 획
- 二 두 이
- 亠 머리부분 두
- 人亻 사람 인
- 儿 어진사람인
- 入 들 입
- 八 나눌 팔
- 冂 멀 경
- 冖 덮을 멱
- 冫 얼음 빙
- 几 걸상 궤
- 凵 입벌릴 감
- 刀 칼 도
- 力 힘 력
- 勹 감쌀 포
- 匕 숟가락 비
- 匚 상자 방
- 匸 감출 혜
- 十 열 십
- 卜 점 복
- 卩㔾 병부절
- 厂 언덕 한
- 厶 사사 사
- 又 손 우

3 획
- 口 입 구
- 囗 에워쌀 위
- 土 흙 토
- 士 선비 사
- 夂 뒤쳐올 치
- 夊 천천히 걸을 쇠
- 夕 저녁 석
- 大 큰 대
- 女 계집 녀
- 子 아들 자
- 宀 집 면
- 寸 마디 촌
- 小 작을 소
- 尢 절름발이 왕
- 尸 누울 시
- 屮 싹날 철
- 山 메 산
- 巛 내 천
- 工 장인 공
- 己 몸 기
- 巾 수건 건
- 干 방패 간
- 幺 작을 요
- 广 집 엄
- 廴 연이어 걸을 인
- 廾 두손 공
- 弋 주살 익
- 弓 활 궁
- 彐ヨ 돼지머리 계
- 彡 무늬 삼
- 彳 걸을 척

4 획
- 心 마음 심
- 戈 창 과
- 戶 지게문 호
- 手扌 손 수
- 支 나눌 지
- 攴攵 칠 복
- 文 글월 문
- 斗 말 두
- 斤 도끼 근
- 方 모 방
- 无 없을 무
- 日 해 일
- 曰 말할 왈
- 月 달 월
- 木 나무 목
- 欠 하품 흠
- 止 그칠 지
- 歹 남은뼈 알
- 殳 창 수
- 毋 말 무
- 比 견줄 비
- 毛 터럭 모
- 氏 뿌리 씨
- 气 기운 기
- 水氵 물 수
- 火灬 불 화
- 爪 손톱 조
- 父 아비 부
- 爻 점괘 효
- 爿 조각 장

5 획
- 玄 검을 현
- 玉 구슬 옥
- 瓜 외 과
- 瓦 기와 와
- 甘 달 감
- 生 날 생
- 用 쓸 용
- 田 밭 전
- 疋 발 소
- 疒 병들 녁
- 癶 걸을 발
- 白 흰 백
- 皮 가죽 피
- 皿 그릇 명
- 目 눈 목
- 矛 창 모
- 矢 화살 시
- 石 돌 석
- 示 보일 시
- 禸 짐승발자국 유
- 禾 벼 화
- 穴 구멍 혈
- 立 설 립

6 획
- 竹 대 죽
- 米 쌀 미
- 糸 실 사
- 缶 장군 부
- 网㓁罒 그물 망
- 羊 양 양
- 羽 날개 우
- 老 늙을 로
- 而 말이을 이
- 耒 쟁기 뢰
- 耳 귀 이
- 聿 붓 률
- 肉月 고기 육
- 臣 신하 신
- 自 코 자
- 至 이를 지
- 臼 절구 구
- 舌 혀 설
- 片 조각 편
- 牙 어금니 아
- 牛 소 우
- 犬 개 견
- 舛 어그러질 천
- 舟 배 주
- 艮 괘이름 간
- 色 빛 색
- 艸艹 풀 초
- 虍 범무늬 호
- 虫 벌레 충
- 血 피 혈
- 行 다닐 행
- 衣衤 옷 의
- 襾 덮을 아

7 획
- 見 볼 견
- 角 뿔 각
- 言 말씀 언
- 谷 골 곡
- 豆 콩 두
- 豕 돼지 시
- 豸 사나운짐승 치
- 貝 조개 패
- 赤 붉을 적
- 走 달릴 주
- 足 발 족
- 身 몸 신
- 車 수레 거(차)
- 辛 매울 신
- 辰 별 진
- 辵 갈 착
- 邑阝 고을 읍
- 酉 술 유
- 釆 분별할 변
- 里 마을 리

8 획
- 金 쇠 금
- 長 긴 장
- 門 문 문
- 阜阝 언덕 부
- 隶 미칠 체
- 隹 새 추
- 雨 비 우
- 靑 푸를 청
- 非 아닐 비

9 획
- 面 낯 면
- 革 가죽 혁
- 韋 다룸가죽 위
- 韭 부추 구
- 音 소리 음
- 頁 머리 혈
- 風 바람 풍
- 飛 날 비
- 食 밥 식
- 首 머리 수
- 香 향기 향

10 획
- 馬 말 마
- 骨 뼈 골
- 高 높을 고
- 髟 털늘어질 표
- 鬥 싸울 투
- 鬯 기장술 창
- 鬲 오지병 격
- 鬼 귀신 귀

11 획
- 魚 물고기 어
- 鳥 새 조
- 鹵 소금밭 로
- 鹿 사슴 록
- 麥 보리 맥
- 麻 삼 마

12 획
- 黃 누를 황
- 黍 기장 서
- 黑 검을 흑
- 黹 바느질할 치

13 획
- 黽 맹꽁이 맹
- 鼎 솥 정
- 鼓 북 고
- 鼠 쥐 서

14 획
- 鼻 코 비
- 齊 가지런할 제

15 획
- 齒 이 치

16 획
- 龍 용 룡
- 龜 거북 귀

17 획
- 龠 피리 약